GUIDE PRATIQUE DES VISITES INOPINÉES, PERQUISITIONS ET GARDES À VUE DANS L'ENTREPRISE

COMMENT BIEN SE PRÉPARER ?
COMMENT RÉAGIR DE FAÇON ADAPTÉE À TOUT TYPE DE VISITE (ADMINISTRATIVE, PÉNALE, CIVILE OU COMMERCIALE) ?
QUE FAIRE ENSUITE ?

Thomas Baudesson
Avocat au Barreau de Paris,
Clifford Chance
Ancien membre du Conseil
de l'Ordre

Charles-Henri Boeringer
Avocat au Barreau de Paris,
Clifford Chance
Ancien secrétaire de la
Conférence du Stage
du Barreau de Paris

Karine Huberfeld
Secrétaire générale et
directrice juridique
Ancien avocat
Ancien enquêteur au sein
d'une autorité de régulation

3e ÉDITION

GUIDE PRATIQUE DES VISITES INOPINÉES, PERQUISITIONS ET GARDES À VUE DANS L'ENTREPRISE

COMMENT BIEN SE PRÉPARER ?
COMMENT RÉAGIR DE FAÇON ADAPTÉE
À TOUT TYPE DE VISITE (ADMINISTRATIVE,
PÉNALE, CIVILE OU COMMERCIALE) ?
QUE FAIRE ENSUITE ?

Préface de Pascal BEAUVAIS
Avant-propos de Jean-Philippe GILLE

LexisNexis
LexisNexis SA
141, rue de Javel – 75015 Paris

Siège social : 141, rue de Javel – 75015 Paris

ISBN 978-2-7110-3183-2

ISSN 2119-3169

Liste des abréviations

ACPR	Autorité de contrôle prudentiel et de résolution
AFA	Agence française anticorruption
AMF	Autorité des marchés financiers
ANSM	Agence nationale de sécurité du médicament et des produits de santé
APJ	Agent de police judiciaire
ARS	Agence régionale de santé
Aut. conc.	Autorité de la concurrence
BaFin	Autorité fédérale de supervision financière (Allemagne)
BID	*Bulletin d'information et de documentation de la Direction générale de la concurrence, de la consommation et de la répression des fraudes*
Bull. crim.	*Bulletin des arrêts de la chambre criminelle de la Cour de cassation*
CA	Cour d'appel
Cass. 2e civ.	Cour de cassation, deuxième chambre civile
Cass. ass. plén.	Cour de cassation, assemblée plénière
Cass. com.	Cour de cassation, chambre commerciale
Cass. crim.	Cour de cassation, chambre criminelle
Cass. soc.	Cour de cassation, chambre sociale
C. assur.	Code des assurances
C. com.	Code de commerce
C. consom.	Code de la consommation
C. douanes	Code des douanes
CE	Conseil d'État
CEDH	Cour européenne des droits de l'homme
C. envir.	Code de l'environnement
CEPD	Comité européen de protection des données
CGI	Code général des impôts
Circ.	Circulaire
CJCE	Cour de justice des Communautés européennes
CJUE	Cour de justice de l'Union européenne
C. mon. fin.	Code monétaire et financier
C. mut.	Code de la mutualité
CNIL	Commission nationale de l'informatique et des libertés
Comm. UE	Commission de l'Union européenne
Cons. const.	Conseil constitutionnel
Cons. UE	Conseil de l'Union européenne
Conv. EDH	Convention européenne de sauvegarde des droits de l'homme et des libertés fondamentales
CPC	Code de procédure civile
C. pén.	Code pénal
CPI	Code de la propriété intellectuelle
CPP	Code de procédure pénale
CSE	Comité social et économique

CSP	Code de la santé publique
CSS	Code de la sécurité sociale
C. trav.	Code du travail
D.	Décret
Délib.	Délibération
DGCCRF	Direction générale de la concurrence, de la consommation et de la répression des fraudes
Dir.	Directive
Dr. pén.	*Droit pénal*
FCA	*Financial Conduct Authority* (Royaume-Uni)
GAV	Garde à vue
Gaz. Pal.	*Gazette du Palais (La)*
infra	ci-dessous
***JCP* A**	*JurisClasseur Périodique*, édition Administration et collectivités territoriales
***JCP* E**	*JurisClasseur périodique*, édition Entreprise et affaires
JLD	Juge des libertés et de la détention
JO	*Journal officiel* de la République française
L.	Loi
LPF	Livre des procédures fiscales
OPJ	Officier de police judiciaire
PE et Cons. UE	Parlement européen et Conseil de l'Union européenne
PIBD	*Propriété industrielle – Bulletin documentaire*
PV	Procès-verbal
Rapp.	Rapport
Rec. CJCE	*Recueil de la Cour de justice et du Tribunal de première instance des Communautés européennes*
Règl.	Règlement
Règl. gén. AMF	Règlement général de l'Autorité des marchés financiers
Rép. min.	Réponse ministérielle
RGPD	Règlement général sur la protection des données
RIN	Règlement intérieur national de la profession d'avocat
supra	ci-dessus
TGI	Tribunal de grande instance
TPICE	Tribunal de première instance des Communautés européennes
URSSAF	Union de recouvrement des cotisations de sécurité sociale et des allocations familiales
V.	Voir

Préface

La littérature juridique, traditionnellement constituée d'écrits scientifiques et pédagogiques issus des facultés, a tout à gagner à s'enrichir des réflexions et propositions des acteurs du droit, en particulier des magistrats et des avocats. Le droit est une matière éminemment vivante et instrumentale. C'est un champ du savoir, mais aussi de l'action. Art de la dialectique, le droit est un terrain de jeu et une arme. Or, pour restituer de manière *réaliste* cette richesse de l'univers juridique la doctrine se doit d'intégrer les analyses et stratégies de ceux qui, chaque jour, le mettent en mouvement.

C'est là le premier intérêt de l'ouvrage de maîtres Thomas Baudesson et Charles-Henri Boeringer, et ancienne avocate Karine Huberfeld : proposer une étude éclairée et didactique des perquisitions et visites inopinées sous l'angle, légitime et assumé, de la Défense. Les auteurs partagent non seulement leurs expériences et savoir-faire, mais également une vision de ces mesures fortement attentatoires aux droits fondamentaux.

Les perquisitions sont l'une des manifestations les plus spectaculaires du déséquilibre des procédures répressives : elles s'appuient (potentiellement ou réellement) sur la force (publique) pour s'immiscer, par surprise, dans l'intimité des personnes ou des groupements. Les auteurs montrent bien le rapport de force qui se noue alors au moyen d'une coercition non seulement juridique, mais aussi physique et psychologique. Ces mesures font indiscutablement primer la recherche de la manifestation de la vérité par les autorités publiques sur le droit au respect de la vie privée, et à l'inviolabilité du domicile, des individus. Ce livre n'est évidemment pas un guide pour les contourner, ni pour entraver le bon fonctionnement de la justice, mais il offre, à ceux qui auront à les subir, les connaissances et les outils permettant d'exercer pleinement et efficacement leurs droits.

Bien plus qu'un manuel pratique, il propose une analyse d'ensemble des différents régimes de perquisitions et visites, qui se sont multipliés ces dernières années sans véritable cohérence. Il a le mérite de ne pas s'en tenir aux perquisitions pénales mais d'intégrer, dans une approche globale, l'analyse de mesures proches moins connues, comme les visites des commissaires de justice accompagnés d'un expert informatique et de la force publique. Les auteurs classent, qualifient et, ce faisant, opèrent des distinctions fondamentales - comme, par exemple, entre les visites exécutées sans autorisation judiciaire et celles réalisées sur la base d'une telle autorisation.

Au-delà de la diversité des cadres juridiques, l'ouvrage met en évidence l'existence de principes communs. Il fourmille également de questions d'actualité qui, derrière leur dimension opérationnelle, soulèvent des problèmes essentiels : quelle est la place de l'avocat dans les perquisitions et visites ? Existe-t-il une obligation de coopérer ? Quels sont les risques en cas d'entrave ? Les consultations des juristes d'entreprise et les informations relevant du secret des affaires sont-elles protégées ?

Maîtres Thomas Baudesson et Charles-Henri Boeringer nous livrent leurs conseils : des recommandations juridiques, organisationnelles et opérationnelles très complètes à destination des personnes et des entreprises qui pourraient faire l'objet de ces mesures. Elles expriment une certaine conception de la justice pénale :

ce n'est pas seulement la phase du procès qui doit être contradictoire et équitable, mais la plupart des actes de procédure, même les plus inquisitoriaux. Il convient donc toujours de s'assurer de la nécessité, de la proportionnalité et de la loyauté de ces opérations. En partageant leurs méthodes, sous ce prisme de l'égalité des armes, les auteurs contribuent à l'approfondissement de l'Etat de droit.

Enfin, l'ouvrage propose de manière très didactique, sous formes de fiches thématiques, un panorama complet de chacun des régimes applicables. Cette recension fort instructive d'une trentaine de dispositifs n'avait, à notre connaissance, jamais ainsi été réalisée.

L'on recommandera donc la lecture de cet ouvrage non seulement aux personnes qui entendent se préparer à ces mesures, pour être en capacité le cas échéant d'exercer pleinement leurs droits, mais aussi aux magistrats et enquêteurs afin qu'ils n'oublient jamais de les inscrire dans le cadre libéral du respect des droits fondamentaux. De manière générale, tous ceux qui s'intéressent au fonctionnement de la justice gouteront la lecture de ce livre très clair qui leur dévoilera les rouages et les usages de ces opérations aussi anciennes qu'impressionnantes du système répressif. Page après page, il livre une belle leçon : le droit est au service de l'Etat, mais aussi des justiciables qui peuvent légitimement le mobiliser comme un bouclier.

Pascal BEAUVAIS
Professeur de droit privé et de sciences criminelles à l'École de droit de la Sorbonne (Université Paris I)

Avant-propos

Le guide des visites inopinées, un outil pratique au service des entreprises.

Faire face au mieux à une visite inopinée, n'est-ce pas la préoccupation de tous les juristes d'entreprise responsables ? Les entreprises et directions juridiques ont aujourd'hui généralement anticipé ces événements et pensent être bien préparés. Cependant, les perquisitions et visites domiciliaires demeurent encore des événements relativement exceptionnels de sorte que lorsqu'ils se produisent, il faut être en mesure d'avoir les bons réflexes immédiatement dans un contexte où le temps de préparation est extrêmement limité.

Le choix des auteurs de structurer le guide pratique des visites inopinées sous forme de fiches thématiques et synthétiques facilitera le travail des juristes et des autres personnels concernés le jour de la visite. Un avocat peut-il être présent ? Les membres de l'entreprise sont-ils tenus de répondre aux questions posées par les enquêteurs ? Ces derniers sont-ils en droit de saisir n'importe quel document ? Peut-on leur opposer un secret quelconque ? Autant de questions auxquelles l'entreprise trouvera rapidement des réponses adaptées à cette situation d'urgence.

Cette nouvelle édition du guide tient compte également des dernières évolutions législatives et jurisprudentielles, ainsi que des discussions en cours au Parlement sur la protection des avis juridiques des juristes d'entreprises, un combat mené par les juristes depuis une trentaine d'années.

Véritable panorama des différents cas d'enquêtes, ce guide méthodique apporte les éléments nécessaires à tout juriste pour faire face sereinement aux visites inopinées.

Jean-Philippe GILLE

Président de l'Association Française des Juristes d'Entreprise (AFJE)

Sommaire

Remerciements

Nous tenons à remercier chaleureusement tous ceux qui ont contribué, au sein du cabinet Clifford Chance, à l'élaboration et l'actualisation de cet ouvrage et qui nous ont fait bénéficier de leur précieuse expertise. Parmi ceux-ci, un remerciement particulier est adressé à Karima Chaïb, avocate, dont l'énergie et la technicité ont été déterminants au succès de cette nouvelle édition.

INTRODUCTION

1. – La situation est la suivante :

1° des inspecteurs d'une autorité de régulation (Autorité de la concurrence, Autorité des marchés financiers…), accompagnés de policiers, se présentent un matin aux portes de votre entreprise, sans avoir prévenu de leur arrivée ;

2° les personnes présentes se retrouvent alors face à plusieurs enquêteurs, sans forcément bien comprendre ce qui se passe ni savoir ce qu'elles peuvent ou doivent faire ;

3° le personnel d'accueil (hôtesse, gardien, agent de sécurité…) est le premier point de contact des enquêteurs. Il est pris de court et ne sait pas comment réagir face à cette situation inédite. Il y a là un premier danger pour l'entreprise ;

4° ensuite, ce sont potentiellement toutes les personnes présentes sur les lieux (employés, cadres, dirigeants, prestataires, clients, fournisseurs) qui sont susceptibles de rencontrer les enquêteurs, au gré de leurs déplacements dans l'entreprise. Il paraît alors difficile d'encadrer chacune des personnes présentes et de maîtriser leur réaction. Pourtant, des garde-fous peuvent être mis en place ;

5° enfin, les enquêteurs posent des questions, prennent des documents, s'aventurent dans les locaux, branchent une clé USB pour copier les disques durs des ordinateurs, fouillent les armoires… Une réaction inadéquate ou un propos maladroit peut avoir des conséquences graves pour l'entreprise. L'important est alors de savoir comment bien réagir.

2. – Cette situation n'est pas rare ou exceptionnelle. Elle fait au contraire partie de la vie des entreprises qui, de plus en plus souvent, sont confrontées à des visites inopinées opérées par diverses autorités. La presse se fait d'ailleurs régulièrement l'écho de ce type d'interventions lorsqu'elles ont lieu dans les grandes entreprises. Les administrations et autorités de régulation, de même que les autorités judiciaires, n'hésitent plus à se rendre dans les entreprises, qui réunissent en leur sein un immense volume d'informations.

Les visites de commissaires de justice (anciennement dénommés « huissiers »), accompagnés d'un expert informatique et de la force publique, autorisées par un juge dans le but de recueillir des informations à la requête d'un concurrent ou d'un acteur hostile, se sont aussi considérablement développées.

Le plus souvent, les entreprises sont déroutées, elles ont du mal à se repérer et sont insuffisamment préparées à cette situation. C'est d'ailleurs l'objectif des enquêteurs que de prendre par surprise. Même si l'entreprise n'a rien à se reprocher, une telle intrusion est toujours une épreuve déstabilisante et stressante.

3. - Chacun redoute ainsi d'avoir à faire face à une visite inopinée dans son entreprise. Le mieux est donc de s'y préparer. Cette préparation doit permettre tout à la fois :

- de surmonter ses craintes ;
- de connaître ses droits et obligations ;
- de maîtriser le processus de la visite ;
- d'éviter de susciter inutilement méfiance et soupçons chez les enquêteurs ;
- de sensibiliser l'ensemble du personnel afin d'éviter des réactions inappropriées ;

bref, de sécuriser l'entreprise tout entière.

4. - Il existe une grande variété de cadres juridiques dans lesquels une visite inopinée peut avoir lieu. La réglementation française offre en effet la possibilité à différentes administrations, autorités judiciaires ou de régulation de venir dans une entreprise pour recueillir des informations, réunir des preuves, interroger des personnes, saisir des documents. Même un concurrent ou un partenaire de votre entreprise peut faire diligenter ce type de visite s'il bénéficie d'une autorisation préalable d'un juge. Il n'est donc nullement nécessaire d'être en présence d'une infraction pénale pour qu'une opération de ce type ait lieu.

5. - Mais une certaine confusion existe en matière de visites inopinées :

- sémantique tout d'abord : dans le langage courant, on parle indistinctement de « perquisition » quel que soit le type de visite dès lors qu'elle est inopinée et imposée, alors qu'une perquisition est, techniquement, une visite effectuée dans un cadre pénal ;
- la présence de policiers, ensuite, est un autre facteur de confusion car celle-ci ne signifie pas nécessairement que l'enquête est de nature pénale : des policiers participent en effet souvent à des visites inopinées en dehors de tout cadre pénal ;
- enfin, les droits de l'entreprise et les pouvoirs des enquêteurs ne sont pas les mêmes selon le type de visite concerné.

Dans un tel contexte, le profane a toutes les chances de s'y perdre.

6. - L'objet de cet ouvrage est de tenter de démêler cet écheveau afin d'être en mesure de faire face à l'arrivée impromptue d'enquêteurs au sein de l'entreprise. C'est parce que nous avons été et sommes encore les témoins d'un réel besoin des entreprises de « s'y retrouver » et de bénéficier rapidement de conseils pratiques, que nous avons décidé de rédiger cet ouvrage en 2007, puis de le rééditer en 2014 et à nouveau en 2024.

Il ne s'agit pas d'un recueil juridique technique, mais d'un guide pratique rédigé dans un langage accessible à tous et notamment aux non-juristes qui cherchent avant tout à comprendre vite et clairement.

Ainsi, cet ouvrage a pour objectif d'aborder la question des visites et perquisitions en entreprise sous un angle résolument pragmatique et concret. C'est un outil qui doit permettre à la fois :

1° de se préparer à l'éventualité d'une visite inopinée en amont : définir l'équipe, connaître les cadres procéduraux, prendre conscience de ses droits… ;

2° de gérer une telle situation de crise dans l'urgence : y faire face le jour J, acquérir les bons réflexes, savoir réagir ;

3° de se repérer parmi la multitude de cas dans lesquels une telle visite peut avoir lieu (enquête pénale, enquête d'une autorité administrative indépendante, visite d'un commissaire de justice…).

Ce guide a été élaboré par des spécialistes des enquêtes bénéficiant d'une très grande expérience de terrain, pour répondre aux besoins du plus grand nombre :

1° de personnes : membres des directions juridiques bien sûr, mais aussi dirigeants, responsables de site, directeurs juridiques ou de conformité, responsables des services généraux, etc. ;

2° d'entreprises : sociétés cotées, petites et moyennes entreprises ou encore professions libérales et micro-entreprises.

7. - Dans cette optique, ce guide pratique a été conçu avec le souci permanent que son accès soit aussi facile et rapide que possible. Si la formation préparatoire recommandée dans cet ouvrage est bien entendue nécessaire, elle est aussi insuffisante. Il est en effet indispensable que cette préparation, tout aussi pratique soit-elle, soit accompagnée d'un support susceptible d'être utilisé le jour J. Muni ainsi d'un guide facile d'accès, vous pourrez plus aisément « maîtriser » la visite.

8. - Cet ouvrage se divise en trois parties :

1° la première partie propose une synthèse des différents régimes entre les enquêtes administrative, pénale et civile et présente les principes communs applicables à toutes les visites inopinées ;

2° la deuxième partie propose de passer au crible toutes les étapes d'une visite inopinée pour bien s'y préparer et acquérir les bons réflexes. Elle est présentée sous forme de questions/réponses. Sont ainsi répertoriées les questions principales que l'entreprise peut se poser depuis l'arrivée des enquêteurs jusqu'à leur départ et même après ;

3° la troisième partie est divisée en **trente fiches thématiques,** recouvrant chacune un cas de visite selon l'autorité qui l'effectue. Lorsque les enquêteurs se présentent, s'identifient et indiquent l'autorité pour le compte de laquelle ils agissent (par ex. : DGCCRF, AMF, URSSAF, juge d'instruction…), il suffira alors de se reporter immédiatement à la Fiche pratique concernée pour y trouver rapidement tous les éléments essentiels à connaître pour suivre, accompagner et contrôler au mieux cette visite.

À chaque étape et pour chaque type de visite, **des conseils pratiques et des recommandations** sont fournis à l'attention de l'utilisateur.

PREMIÈRE PARTIE

SE PRÉPARER À UNE VISITE INOPINÉE

CHAPITRE 1 COMPRENDRE CE QU'EST UNE VISITE INOPINÉE

9. – Pour se préparer, il faut comprendre. Quel est l'objectif d'une visite inopinée ? Quelles formes peut-elle prendre ? Dans quel contexte s'inscrit-elle ? Quels sont les principes qui la régissent ?…

Cette appréhension permet aux entreprises de mieux se préparer et de mieux réagir le jour venu. Elle permet surtout une meilleure maîtrise de la situation.

SECTION 1 POURQUOI UNE VISITE INOPINÉE ?

10. – « Perquisition », « visite domiciliaire », « saisie »… Il existe différentes appellations qui recouvrent une réalité commune, celle de la visite, le plus souvent impromptue, de policiers et/ou agents de l'administration. Techniquement, le terme de perquisition ne s'applique que dans le cadre d'une procédure pénale. En matière d'enquête administrative, les textes parlent de « visite » et de « saisie », mais cela recouvre la même réalité, c'est-à-dire l'accès par des policiers et/ou agents de l'administration aux locaux de votre entreprise ou à votre domicile en vue de recueillir des éléments de preuve utiles à leur enquête.

Pour les besoins des développements ci-après, on utilisera indifféremment le terme générique « visite » pour aborder généralement la venue d'enquêteurs quelle qu'en soit la raison. De même la notion d'« enquêteur » est utilisée au sens générique et recouvre tout aussi bien les policiers que les agents des autorités de régulation. Dans le détail ensuite de chaque type de visite, nous utiliserons le terme technique approprié.

De même, nous distinguerons trois catégories d'enquêtes :

– pénales ;

– administratives, recouvrant celles diligentées par l'administration ou par une autorité de régulation ;

– civiles ou commerciales, autorisées par un juge sur requête d'une partie.

11. – Caractéristiques communes. D'une façon générale, les différents types de visites inopinées répondent à des caractéristiques communes :

– elles sont toujours destinées à recueillir des éléments de preuve ou éviter leur déperdition ;

– elles s'inscrivent dans le cadre d'une procédure strictement encadrée par la loi ;

– elles sont réalisées par des personnes spécifiquement habilitées pour y procéder ;

– enfin, elles sont réalisées soit sur pouvoir propre de l'autorité qui y procède, soit sur la base d'une autorisation judiciaire spéciale.

12. - **Les autres moyens d'obtenir de l'information.** La visite inopinée, même si elle est devenue courante, demeure le moyen le plus intrusif dans la panoplie des pouvoirs d'enquête disponibles. Avant d'en arriver là, les enquêteurs peuvent tenter d'obtenir des informations autrement, et notamment sur une base volontaire.

En matière pénale, les enquêteurs peuvent commencer, par exemple, par une « réquisition judiciaire » qui consiste à solliciter d'une personne la transmission des documents ou informations en sa possession. Le fait de s'abstenir de répondre dans les meilleurs délais est un délit puni d'une amende de 3 750 €[1] (18 750 € pour les personnes morales).

En matière administrative, les régulateurs disposent également de cette option. Par exemple :

– en matière fiscale, l'administration peut procéder à une demande de renseignements auprès du contribuable[2]. Celle-ci n'est pas contraignante, mais si le contribuable ne répond pas, l'administration peut décider d'engager des mesures coercitives ;

– en matière boursière et financière, l'Autorité des marchés financiers (AMF) peut procéder à une demande de renseignements ou de communication de documents[3]. Si la personne ne répond pas, ou si elle estime ce procédé plus efficace, l'AMF peut se déplacer et opérer une visite inopinée pour obtenir les données demandées ;

– en matière de concurrence, l'Autorité de la concurrence peut demander à une entreprise de lui communiquer des renseignements ou des documents. Si l'entreprise ne s'y conforme pas, l'Autorité peut lui enjoindre, sous astreinte, de procéder à la communication[4]. La Commission européenne peut, dans le cadre d'enquêtes, obtenir des renseignements d'entreprises par une « simple demande »[5] ; les représentants de la société sont tenus de fournir ces renseignements.

En matière civile et commerciale, un commissaire de justice peut, à la demande de son mandant, et sans autorisation judiciaire, faire sommation à une personne de lui communiquer des éléments en sa possession. Toutefois, le refus de répondre n'est assorti d'aucune sanction. Il s'agit donc essentiellement pour le mandant de faire pression sur son adversaire par le truchement d'un officier ministériel.

13. - **Pourquoi une visite ?** La visite est un mode de recherche de preuve : elle sert à recueillir des informations pour établir l'existence et l'étendue d'un ou plusieurs faits. Les faits recherchés peuvent avoir un rapport avec :

– une infraction pénale ;

– une infraction administrative ;

– ou encore, un litige privé.

Parfois, un même fait peut être recherché à la fois sur un plan administratif et pénal et dans le cadre d'un litige privé.

(1) CPP, art. 60-1.
(2) LPF, art. L. 10, al. 3.
(3) Règl. gén. AMF, art. 143-2.
(4) C. com., art. L. 464-2.
(5) Règl. n° 1/2003, art. 18.

Au moment de leur visite, les enquêteurs disposent d'ores et déjà d'éléments de nature à fonder un soupçon d'infraction à l'encontre soit de la personne faisant l'objet de la visite (le plus souvent), soit d'un tiers. Ils doivent procéder à la recherche d'éléments de nature à le corroborer (ou l'invalider le cas échéant). Disposent-ils d'une lettre de dénonciation, d'un dossier leur provenant d'une autre enquête ou d'éléments publics révélant des anomalies ? Le moyen le plus efficace d'en savoir plus est de se rendre à la source, c'est-à-dire dans les locaux de l'entreprise concernée.

L'objectif ultime est de réunir des éléments de preuve en vue de l'exercice de poursuites.

14. - **Pourquoi inopinée ?** Une visite inopinée produit un effet de surprise que ne permet évidemment pas une visite dont la date et l'objet sont annoncés à l'avance. Dans des affaires dont les enjeux sont importants, les enquêteurs peuvent craindre un dépérissement ou une dissimulation des preuves. C'est ce qui les conduit à agir par surprise. Au surplus, la surprise peut être déstabilisante pour l'entreprise, ce qui la rend plus vulnérable aux pressions des enquêteurs.

15. - **Qu'est-ce qu'une saisie ?** Les visites inopinées peuvent donner lieu à des saisies. Une saisie se définit comme l'appréhension forcée de tout objet, document ou donnée considérés comme nécessaires à la manifestation de la vérité.

16. - **L'usage de la contrainte.** La visite inopinée peut revêtir un caractère contraignant si elle est autorisée par une décision judiciaire. Bien que certaines visites en soient dépourvues (et s'apparentent à de simples demandes d'informations), la contrainte demeure le plus souvent une possibilité accessible aux enquêteurs lorsqu'ils le jugent nécessaire. L'entreprise qui fait l'objet d'une visite sans contrainte doit garder à l'esprit que les enquêteurs, s'ils n'obtiennent rien spontanément, peuvent revenir munis d'une autorisation judiciaire les autorisant à pénétrer dans les locaux de l'entreprise sans son assentiment et à saisir les documents utiles. Ils peuvent aussi, dans certains cas, reprocher à l'entreprise de ne pas avoir été suffisamment coopérative et décider de la poursuivre au titre d'un manquement ou d'un délit d'entrave.

17. - **Une mesure volontairement déstabilisante.** L'arrivée des enquêteurs, incluant parfois des policiers, dans l'entreprise est très impressionnante, et se veut comme telle. Ainsi, même s'ils sont généralement courtois, les enquêteurs se montrent fermes et adoptent une attitude destinée à maintenir l'entreprise dans une position aussi docile que possible. Ainsi, se montrent-ils généralement peu diserts sur les motifs de leur enquête et muets sur les éléments à charge dont ils disposent déjà. Cette dissymétrie d'information leur procure un avantage psychologique important. De même, leur arrivée peut créer un climat de suspicion généralisé au sein du personnel.

18. - **Contre qui ?** L'entreprise visitée est en général celle qui fait l'objet d'une enquête, c'est-à-dire celle contre laquelle il existe un soupçon d'infraction. Mais les entreprises peuvent également être visitées dans le cadre d'enquêtes ne les concernant pas directement si elles sont susceptibles de détenir des informations utiles.

Par exemple, l'enquête peut viser les dirigeants à titre personnel et non l'entreprise visitée elle-même. C'est souvent le cas dans les enquêtes concernant des manquements d'initiés, où les dirigeants sont visés, mais une grande partie de l'information utile se trouve au sein de l'entreprise. De même, si une société fait l'objet d'un contrôle fiscal parce qu'elle est soupçonnée d'avoir occulté une partie de son chiffre d'affaires réalisé notamment avec votre entreprise, les inspecteurs de l'administration fiscale pourront rechercher au sein de celle-ci des renseignements pour fixer l'assiette de l'impôt dû et consécutivement le montant du redressement de la société. Des visites de commissaires de justice peuvent également intervenir dans votre entreprise alors qu'elles concernent un litige auquel cette dernière n'a pas ultimement vocation à être partie.

Ainsi, une entreprise peut être la cible d'une visite en raison de ses liens ou relations avec d'autres acteurs. Le schéma ci-dessous montre ces différentes interférences.

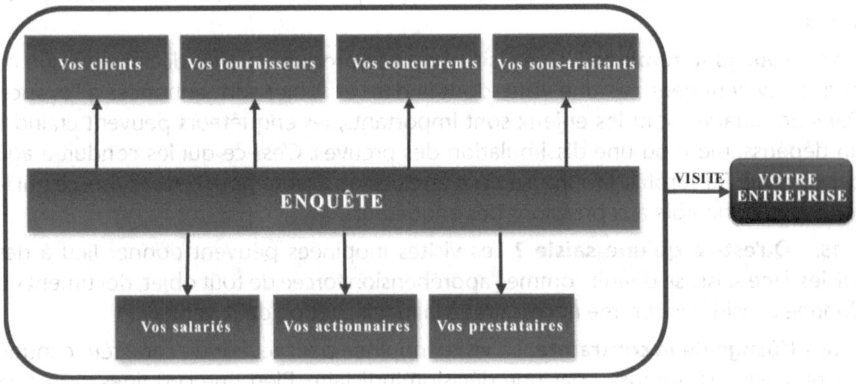

SECTION 2 LES DIFFÉRENTS TYPES D'ENQUÊTES

19. – Les visites inopinées peuvent intervenir dans le cadre d'enquêtes de natures très différentes.

Les prérogatives des enquêteurs, et corrélativement les droits et obligations de l'entreprise, varient en fonction du type d'enquête. C'est pourquoi il est important d'être en mesure de déterminer à quelle enquête l'entreprise est confrontée.

Il n'est pas question, à ce stade, de détailler chacun des cas de visite en entreprise (on en dénombre plus d'une vingtaine), mais de permettre au lecteur d'avoir un aperçu rapide et synthétique des trois grandes catégories d'enquêtes :

- l'enquête pénale ;
- l'enquête administrative ;
- la mesure d'instruction civile ou commerciale.

20. – Ainsi que le schéma ci-dessous le montre, il existe, à l'intérieur de ces trois grandes catégories d'enquêtes, des sous-catégories plus spécifiques qui seront étudiées en détail dans la troisième partie de l'ouvrage.

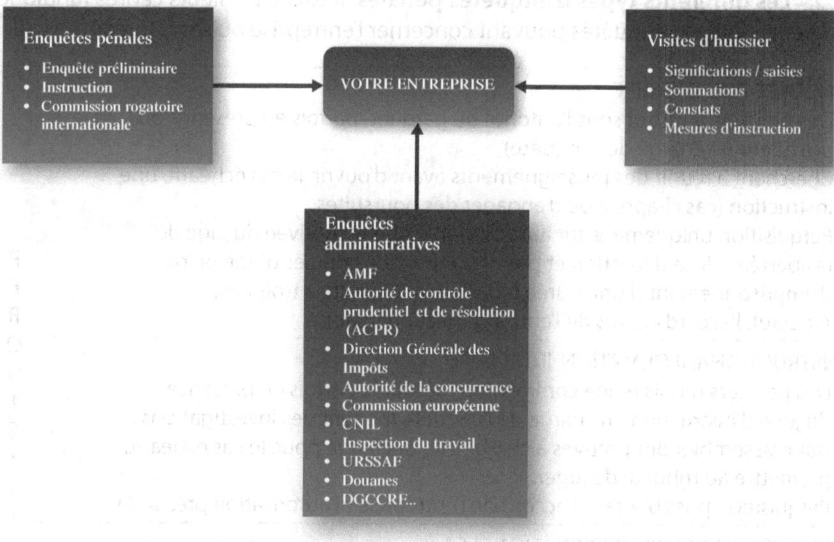

A. – L'enquête pénale

21. – Objet. L'enquête pénale, diligentée sous l'autorité du procureur de la République ou du juge d'instruction, a pour objet de déterminer les circonstances de la commission d'une ou de plusieurs infractions pénales et d'en identifier le ou les auteurs et complices.

22. – Les différents types d'enquêtes pénales. Il existe plusieurs cadres juridiques différents pour les enquêtes pouvant concerner l'entreprise ou ses dirigeants[6] :

ENQUÊTE PRÉLIMINAIRE • Des policiers agissant sous l'autorité du parquet (parfois en présence du procureur en charge de l'enquête). • Cherchent à réunir des renseignements avant d'ouvrir, le cas échéant, une instruction (cas ci-après) ou d'engager des poursuites. • Perquisition uniquement sur autorisation écrite et motivée du juge de la liberté et de la détention et pour les infractions punies d'une peine d'emprisonnement d'une durée légale ou supérieure à trois ans. • À défaut, l'accord exprès de l'entreprise est obligatoire.	→
INSTRUCTION/INFORMATION JUDICIAIRE • Des policiers munis d'une commission rogatoire, parfois en présence du juge d'instruction en charge de l'enquête mènent des investigations pour rassembler des preuves à charge et à décharge pour, le cas échéant, permettre au tribunal de juger. • Perquisition possible sans l'accord de l'entreprise ni autorisation préalable.	→ PERQUISITION
ENTRAIDE JUDICIAIRE INTERNATIONALE • Un juge d'instruction (et son greffier) et/ou des policiers et/ou le procureur de la République, agissant à la demande d'un juge étranger. • Réalisent en France les investigations. • Perquisition soumise aux mêmes règles, soit de l'enquête préliminaire, soit de l'instruction. • Éventuellement avec des règles étrangères (de l'État qui demande les investigations en France).	→

23. – Comment les enquêtes pénales sont-elles initiées ? Les enquêtes pénales sont initiées par le parquet (ou ministère public, généralement, le procureur de la République) ou par une personne s'estimant victime de l'infraction qu'elle dénonce par le biais d'une plainte avec constitution de partie civile.

En l'absence de plainte avec constitution de partie civile, le parquet est maître de décider de l'opportunité des poursuites, c'est-à-dire qu'il est seul juge pour engager une enquête ou classer le dossier sans suite. Dans l'hypothèse d'une plainte avec constitution de partie civile, le juge d'instruction est automatiquement saisi. À moins qu'il ne décide, sur la base de l'article 86 du Code de procédure pénale, de rendre une ordonnance de refus d'informer dans les cas où les faits ne sont pas susceptibles de revêtir une qualification pénale, s'il est manifeste que les faits n'ont pas été commis ou pour toute autre cause affectant l'action publique (prescription par exemple), le juge d'instruction doit instruire l'affaire.

Une fois les poursuites pénales engagées, le parquet dans le cadre de l'enquête préliminaire, ou le juge d'instruction dans le cadre d'une information judiciaire, dirige l'enquête dont le but est de rassembler les éléments de nature à établir la commission d'une ou de plusieurs infractions.

(6) L'enquête de flagrance (qui est ouverte sur-le-champ lorsque la police judiciaire ou le juge d'instruction constate une infraction qui vient ou qui est en train d'être commise – CPP, art. 53 et s.) ne concerne généralement pas les entreprises, peu à même d'être surprises en flagrant délit. Elle ne sera donc pas abordée dans cet ouvrage.

Dans le cadre d'une **commission rogatoire internationale**, le juge d'instruction ou les officiers de police judiciaire agissent sur demande d'une autorité judiciaire étrangère. Il existe différents régimes de coopération judiciaire internationale qui dépendent des pays requérants et des conventions internationales applicables.

Dans le cadre de l'Union européenne, la décision-cadre n° 2003/577/JHA du Conseil du 22 juillet 2003 relative à l'exécution des décisions de gel de biens ou d'éléments de preuve doit être mentionnée. Aux termes de ce texte, les autorités judiciaires de l'État d'exécution doivent prendre sans délai les mesures nécessaires à l'exécution de la saisie de preuves, qui peuvent se traduire par une perquisition. L'ordonnance n° 2016-1636 du 1er décembre 2016[7] a également introduit la décision d'enquête européenne, qui coexiste désormais avec la commission rogatoire internationale : cette ordonnance a modifié le Code de procédure pénale, qui précise désormais que toute demande d'entraide judiciaire en matière pénale entre la France et les autres États membres doit par principe se faire par l'intermédiaire d'une décision d'enquête européenne[8].

→ Pour aller plus loin

L'entrée en vigueur du Parquet européen le 1er juin 2021 suscite des interrogations et marque un renforcement significatif de la vigilance des autorités s'agissant de la répression des infractions économiques et financières. Certaines infractions, qui auraient pu échapper à la vigilance des autorités nationales, peuvent maintenant faire l'objet d'enquêtes par des procureurs européens. Le Parquet européen est organisé à un double niveau : un niveau central et un niveau décentralisé, à l'échelle des États membres. Chaque État membre compte au moins deux procureurs européens délégués, qui agissent au nom et pour le compte du Parquet européen, en réalisant des actes d'enquêtes au sein des États membres. Ils peuvent donc, à l'instar des procureurs nationaux, ordonner des mesures contraignantes (perquisition, détention) à l'encontre des personnes morales comme physiques.

Le Parquet européen a toutefois un champ de compétence restreint à plusieurs niveaux. Tout d'abord, il n'est compétent qu'à l'égard de certaines infractions : celles qui portent atteinte aux intérêts financiers de l'Union européenne. Cette définition couvre un très grand nombre d'infractions : fraude en matière de dépenses et de recettes, fraude transfrontalière à la TVA (si celle-ci entraîne un préjudice d'au moins 1 million d'euros), blanchiment de capitaux, corruption et détournement de fonds. Ensuite, il n'est compétent que si les faits commis ont un lien avec le territoire de deux États membres et entraînent un préjudice d'un montant total d'au moins 10 000 €, plancher souvent atteint dans ce type d'infraction.

Toute entreprise, européenne ou non, peut faire l'objet d'une enquête par le Parquet européen, qu'elle ait commis une infraction sur le sol de l'Union européenne ou en dehors.

En dehors de ce cadre, d'autres conventions efficaces permettent la mise en œuvre d'une commission rogatoire internationale, telle que la Convention européenne

(7) Cette ordonnance transpose la directive 2014/41/UE du Parlement européen et du Conseil du 3 avril 2014 concernant la décision d'enquête européenne en matière pénale.
(8) CPP, art. 694-15.

d'extradition et d'entraide judiciaire de 1959. Celle-ci permet également de procéder à des perquisitions et saisies sur demande des États signataires de la convention.

En dehors de l'Union européenne, les demandes d'entraide judiciaire sont régies par le droit commun ou par des conventions bilatérales entre l'État requérant et la France.

Nous avons établi le schéma ci-dessous qui trace le processus suivi en cas d'infraction pénale.

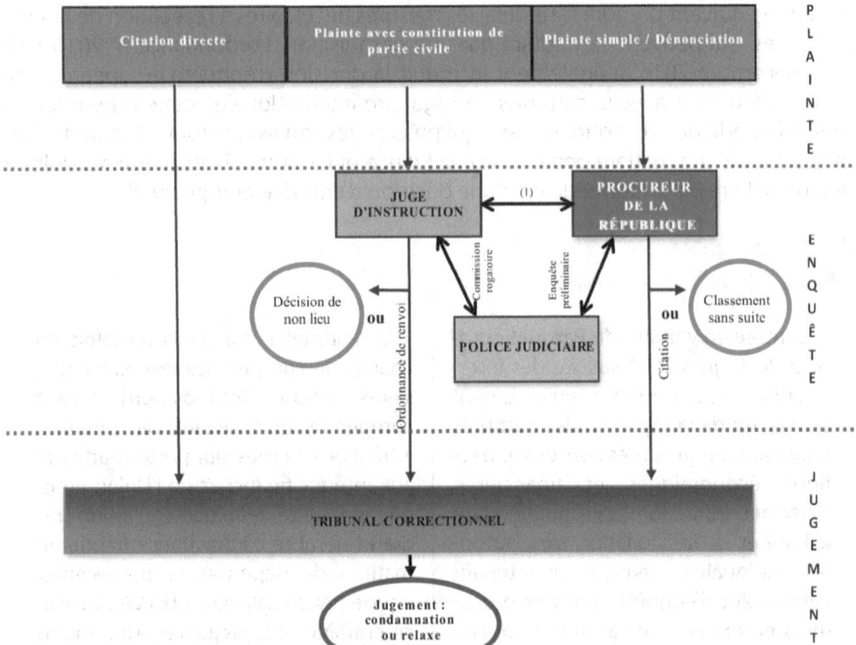

(1) Si l'affaire est complexe, le procureur de la République peut désigner un juge d'instruction. Le juge d'instruction est en communication régulière avec le procureur de la République lors de l'instruction.

24. – Enquête préliminaire. En matière d'enquête préliminaire, « les perquisitions, visites domiciliaires et saisies de pièces à conviction, ou de biens dont la confiscation est prévue à l'article 131-21 du code pénal, ne peuvent être effectuées sans l'assentiment exprès de la personne chez qui l'opération a lieu »[9], sauf si les enquêteurs disposent d'une autorisation judiciaire.

Cet assentiment doit faire l'objet d'une déclaration écrite « de la main de l'intéressé », c'est-à-dire de la main de quelqu'un ayant qualité pour représenter l'entreprise. La simple mention « lu et approuvé » ne suffit pas. Les enquêteurs, à leur arrivée dans votre entreprise, ont ainsi l'obligation d'obtenir l'assentiment de l'entreprise pour pouvoir y pénétrer et disposent généralement d'un formulaire contenant cette autorisation à vous faire signer. Il est donc possible à l'entreprise de refuser l'accès à ses locaux.

L'assentiment de l'entreprise doit en principe être donné par le « représentant qualifié » de la personne morale[10], et la jurisprudence a admis la validité de l'assentiment

(9) CPP, art. 76.
(10) Cass. crim., 28 févr. 1989.

donné par une personne se comportant comme tel[11]. Il n'est donc pas nécessaire qu'il s'agisse du représentant légal au sens strict du terme, la notion de représentant qualifié se déduisant plutôt de « l'apparence d'un pouvoir de direction » et du « comportement de l'intéressé au moment de la perquisition »[12]. Dès lors que l'apparence peut suffire, il est d'autant plus important de désigner une personne spécifiquement habilitée à prendre cette décision.

Si les enquêteurs anticipent un refus, ou se le sont déjà vu opposé, ou s'ils cherchent à préserver l'effet de surprise, ils peuvent préférer obtenir du juge des libertés et de la détention une décision judiciaire préalable les autorisant à perquisitionner sans l'assentiment de l'entreprise.

Cette autorisation ne peut être obtenue que dans le cadre d'enquêtes concernant un crime ou un délit puni d'au moins trois ans d'emprisonnement, depuis la loi n° 2019-222 du 23 mars 2019, ou s'il s'agit de rechercher des biens en vue de leur confiscation. En droit pénal des affaires, certaines infractions sont punies de moins de trois ans d'emprisonnement (harcèlement moral, délit d'entrave…) et ne peuvent donc, sauf pour les besoins d'une confiscation, donner lieu à une visite contraignante dans le cadre d'une enquête préliminaire. En revanche, ces infractions peuvent donner lieu à perquisition dans le cadre d'une information judiciaire.

L'ordonnance par laquelle le juge des libertés et de la détention autorise la perquisition doit être écrite et motivée. Elle doit préciser la qualification de l'infraction dont la preuve est recherchée et l'adresse des lieux où pourront se dérouler les opérations. L'ordonnance doit être motivée. Elle n'est pas susceptible de recours immédiat et autonome[13]. La nullité de l'ordonnance, et donc de la perquisition ne peut être demandée que dans le cadre du procès au fond devant le tribunal correctionnel, si celui-ci a lieu[14]. Également, une requête en nullité de la perquisition est possible depuis la loi n° 2019-222 du 23 mars 2019 qui ajoute l'article 802-2 au Code de procédure pénale. Cet article permet à la personne ayant fait l'objet d'une perquisition ou d'une visite domiciliaire de faire une demande en annulation auprès du juge des libertés et de la détention, si elle n'a pas été poursuivie devant une juridiction d'instruction ou de jugement après un délai de six mois à compter de l'accomplissement de la mesure. Cette ouverture de l'action en nullité durant l'enquête est tout à fait originale, puisque par définition, la personne visée par la perquisition n'est pas partie à la procédure. Il s'agit donc d'un recours autonome.

D'une manière générale, deux hypothèses sont ainsi possibles dans le cadre d'une enquête préliminaire :

– soit les enquêteurs effectuant la visite ne disposent pas d'une autorisation judiciaire, et ils doivent recueillir l'assentiment exprès d'un représentant de l'entreprise pour pénétrer dans ses locaux ;

– soit les enquêteurs disposent d'une autorisation du juge des libertés et de la détention, et ils doivent l'exhiber ou, à tout le moins en faire clairement état, avant de pouvoir pénétrer dans les locaux, sans que l'entreprise ne puisse opposer un refus.

(11) Cass. crim., 12 juill. 1994.

(12) Cass. crim., 13 mars 2012, n° 11-88.159.

(13) Circ. CRIM-04-16-E8, 21 sept. 2004, pt. 1.2.2.2.

(14) C'est-à-dire si, à l'issue de l'enquête, le procureur de la République décide de saisir le tribunal correctionnel des faits.

→ Pour aller plus loin

Sur la loi de programmation 2018 – 2022 et de réforme pour la justice

La réforme du 23 mars 2019 dite de « programmation 2018-2022 et de réforme pour la justice » apporte plusieurs innovations en matière de perquisition pénale.

En premier lieu, le législateur a abaissé le *quantum* de la peine requis pour donner lieu à une perquisition sans le consentement de la personne concernée, le faisant passer de cinq à trois ans[15]. Ainsi les perquisitions sont désormais possibles lors des enquêtes préliminaires portant sur tous les délits dont la peine encourue est de trois ans d'emprisonnement au minimum.

La seconde innovation, plus favorable aux droits de la défense, réside dans la création d'un recours contre la perquisition réalisée dans le cadre d'une enquête préliminaire. Le nouvel article 802-2 du Code de procédure pénale consacre le droit pour la personne ayant fait l'objet d'une perquisition ou d'une visite domiciliaire d'en demander l'annulation au juge des libertés et de la détention (JLD), et ce dans un délai d'un an à compter de la date de la mesure. La seule condition posée par le texte est que la personne visée n'ait pas été poursuivie devant une juridiction d'instruction ou de jugement dans un délai de six mois après cette mesure. Le JLD a par la suite un délai d'un mois pour statuer, et sa décision est susceptible d'appel devant le président de la chambre de l'instruction.

Le reproche qui peut être fait à cette réforme est d'ignorer une fois encore la question du droit à la présence de l'avocat, qui n'est toujours pas reconnu en matière de perquisitions pénales. Ce point a fait l'objet de nombreux débats à l'occasion des discussions à l'Assemblée nationale et au Sénat. Lors de l'examen du projet de loi en commission, les sénateurs avaient amendé le texte en exigeant l'assistance de l'avocat pour la personne chez qui l'officier de police judiciaire se transporte au titre de l'article 56 du Code de procédure pénale. Mais le gouvernement a obtenu le retrait de cet amendement en affirmant, d'une part, que l'assistance de l'avocat constituerait une complexification majeure de la procédure et, d'autre part, que son absence ne porterait nullement atteinte au principe du contradictoire ou à la régularité de la procédure, puisque celle-ci peut faire l'objet de débats devant la juridiction d'instruction et de jugement. En réponse aux interrogations des sénateurs au sujet des droits de la défense et aux obligations européennes, la garde des Sceaux a précisé en séance que : « Les textes européens ne l'imposent pas. En outre, dans une perquisition, il n'y a pas d'interrogatoire, donc pas de présence nécessaire d'un avocat. Enfin, le Gouvernement n'a pas estimé nécessaire de préciser que la personne peut appeler son avocat car rien ne l'interdit »[16].

L'absence d'un droit explicite à l'assistance d'un avocat lors des perquisitions pénales est une exception française et une incohérence juridique. Dès lors que sa présence est admise, voire encouragée lors des visites domiciliaires administratives, pourquoi ne pas la généraliser ? Dès lors qu'elle est introduite dans plusieurs autres pays d'Europe[17], pour-

(15) C. pén., art. 76.
(16) Compte-rendu analytique officiel du Sénat du 12 février 2019.
(17) Comme la Croatie (Code de procédure pénale croate, art. 253), les Pays-Bas (Code de procédure pénale néerlandais, sect. 99a), la Roumanie (Code de procédure pénale roumain, art. 159), la Suède (Code

quoi la refuser ? Puisque la jurisprudence européenne, aussi bien la Cour européenne des droits de l'homme[18] que la Cour de justice de l'Union européenne[19], intègre la nécessité d'être assisté juridiquement dès la phase d'enquête, la France devrait s'inscrire dans ce mouvement sous peine de se voir rapidement condamnée. Néanmoins, dans un arrêt du 5 mars 2024[20], la Chambre criminelle de la Cour de cassation a reconnu qu'un droit pouvait exister en l'absence d'un texte le prévoyant expressément dans le droit positif national, notamment dans le cadre des droits de la défense. Cette motivation pourrait permettre de consacrer implicitement la présence d'un avocat au cours d'une perquisition pénale.

→ Pour aller plus loin

Loi n° 2023-1059 du 20 novembre 2023 d'orientation et de programmation du ministère de la Justice 2023 - 2027

Promulguée le 20 novembre 2023, la LOPJ a été publiée le 21 novembre 2023 au *Journal Officiel*.

La LOPJ modifie certaines dispositions de l'enquête préliminaire, notamment l'article 75-3 du Code de procédure pénale qui précise que la durée de l'enquête préliminaire ne peut excéder 2 ans à compter du premier acte d'audition libre, de garde à vue ou de perquisition.

L'article 77-2 relatif à l'accès au dossier a aussi été modifié. En cas de prolongation de l'enquête préliminaire par le procureur, l'accès automatique à une copie du dossier et le droit de formuler des observations s'ouvrent seulement lorsque l'enquête est exceptionnellement prolongée par le procureur en application du quatrième alinéa de l'article 75-3 du Code de procédure pénale.

Le nouvel article 59-1 du Code de procédure pénale, qui entre en vigueur le 30 septembre 2024, permet de réaliser des perquisitions pendant une enquête de flagrance entre 21h et 6h du matin, sur ordonnance spécialement motivée du JLD à la demande du procureur, en cas de risque imminent d'atteinte à la vie ou à l'intégrité physique, de risque immédiat de disparation de preuves, pour permettre l'interpellation du suspect ou pour l'empêcher de porter atteinte à sa vie ou à celle des enquêteurs.

Aussi, l'article 2 la LOPJ habilite le Gouvernement à réécrire, dans un délai de deux ans et à droit constant, par ordonnance, la partie législative du Code de procédure pénale.

25. – L'information judiciaire. En matière **d'information judiciaire**, la perquisition est réalisée soit directement par le juge d'instruction (accompagné d'officiers de police judiciaire) soit, le plus souvent, par des officiers de police judiciaire agissant sur commission rogatoire. L'assentiment de la personne chez qui la perquisition a lieu ou une autorisation du JLD n'est pas requis. Les enquêteurs

de procédure pénale suédois, sect. 7), l'Arménie (Code de procédure pénale arménien, art. 227) ou la Russie (Code de procédure pénale russe, art. 182).

(18) CEDH, 16 mars 2017, *Modestou c/ Grèce*.

(19) CJCE, 17 oct. 1989, *Dow Chemical Ibérica, SA c/ Commission des Communautés européennes*.

(20) Cass. crim., 5 mars 2024, n° 23-80.229.

peuvent pénétrer dans les lieux et saisir les informations utiles à leur enquête en dépit de tout refus ou résistance.

Le pouvoir coercitif des enquêteurs procède de la commission rogatoire qui n'est autre qu'une délégation de pouvoir en leur faveur par le juge d'instruction. Les visites peuvent intervenir dans le cadre d'une enquête concernant n'importe quel délit (ou crime). Les enquêteurs font généralement état du fait qu'ils agissent sur commission rogatoire dans le cadre d'une information judiciaire, mais n'ont pas d'obligation textuelle d'exhiber la commission rogatoire en question.

La commission rogatoire est un acte donnant délégation aux officiers de police judiciaire pour enquêter sur les faits faisant l'objet de l'instruction. En pratique, cette délégation n'indique pas de façon précise la nature des actes d'enquête devant être diligentés par les policiers, ce qui leur laisse la liberté d'apprécier l'opportunité de procéder à une perquisition. Ainsi, si un tel acte s'avère nécessaire pour les besoins de l'enquête, les policiers peuvent opérer sans requérir une autorisation spéciale du juge d'instruction.

En pratique, les perquisitions peuvent intervenir sur la base d'infractions très diverses sans limitation tenant à une peine minimale encourue (contrairement à l'enquête préliminaire). Nous pouvons citer le délit d'initié, l'abus de biens sociaux, la corruption publique ou privée, mais aussi la violation des règles d'hygiène et de sécurité applicables à l'entreprise, le délit d'entrave, le harcèlement moral, etc.

→ Pour aller plus loin

Les recours possibles

En enquête préliminaire, et dans l'hypothèse où la personne visée n'a pas été poursuivie devant une juridiction d'instruction ou de jugement dans un délai de six mois après la perquisition, une demande d'annulation de la mesure peut être faite devant le juge des libertés et de la détention selon la procédure de l'article 802-2 du Code de procédure pénale décrite plus haut.

Dans l'hypothèse d'une instruction judiciaire, il est possible de saisir la chambre de l'instruction aux fins d'annulation d'un acte ou d'une pièce de la procédure[21]. La demande doit être formée dans un délai de six mois suivant l'interrogatoire de première comparution[22]. En l'absence de mise en examen, un recours reste possible en application de l'article 802-2 du Code de procédure pénale.

Lors de la phase de jugement, lorsqu'il n'est pas saisi par renvoi d'un juge d'instruction, le tribunal peut connaître de la nullité d'une perquisition avant toute défense au fond.

Une irrégularité peut entraîner la nullité de la perquisition lorsque (i) la disposition violée est d'ordre public (nullité d'ordre public) ou (ii) lorsqu'une disposition expresse de la loi est violée (nullité textuelle ou substantielle)[23] et qu'elle fait grief à la personne qui l'invoque.

La nullité de la perquisition peut entraîner le retrait du dossier du procès-verbal de perquisition avec toutes les pièces saisies ainsi que de tous les actes qui y trouvent leur support nécessaire.

(21) CPP, art. 170.
(22) CPP, art. 173-1.
(23) CPP, art. 171.

26. – Sur quelle base une perquisition est-elle décidée ? Lorsqu'une enquête pénale est initiée, le procureur de la République ou le juge d'instruction (ou les policiers saisis), selon le type d'enquête, peut estimer nécessaire l'exécution d'une perquisition.

En cas **d'enquête préliminaire**, l'autorisation du juge des libertés et de la détention est requise pour pouvoir procéder à une perquisition sans l'assentiment de la personne concernée. La décision de ce magistrat doit être motivée « par référence aux éléments de fait et de droit justifiant que ces opérations sont nécessaires ». Il appartient donc au juge de constater que les éléments de fait déjà recueillis par les enquêteurs laissent présumer qu'il est possible de trouver des éléments utiles dans le lieu de la perquisition. Autrement dit, la perquisition n'intervient que sur la base d'éléments tangibles, et non sur la base d'une simple intuition des enquêteurs. Ceci doit rester présent à l'esprit de la personne visitée qui ne doit pas sous-estimer le niveau d'information des enquêteurs.

En cas **d'information judiciaire**, le Code de procédure pénale ne prévoit pas de critères spécifiques, en lien avec le fond du dossier, devant être réunis pour procéder à une perquisition. Celle-ci doit simplement être utile à la manifestation de la vérité. Le Code de procédure pénale n'impose pas au juge d'instruction de solliciter une autorisation du tribunal pour procéder à une perquisition, ou de motiver lui-même les raisons qui justifient cette mesure. Les officiers de police judiciaire peuvent procéder à la perquisition dans le cadre d'une commission rogatoire ayant pour objet général de réunir tous éléments utiles à la manifestation de la vérité. Ils peuvent donc être à l'initiative de la perquisition sans avoir à motiver leur décision.

Toutefois, l'objet de la perquisition est limité à la recherche et la constatation des infractions visées dans l'autorisation du juge des libertés et de la détention (enquête préliminaire) ou dans la commission rogatoire (information judiciaire). Il ne peut aller au-delà.

En cas de perquisition sur **commission rogatoire internationale**, c'est-à-dire à la demande d'une autorité judiciaire étrangère, le juge d'instruction saisi de la demande la fera exécuter par des officiers de police judiciaire (à moins qu'il ne l'exécute lui-même) qui disposeront des mêmes pouvoirs que dans l'hypothèse d'une commission rogatoire classique.

27. – Les différents types de saisies réalisés dans le cadre d'une enquête pénale. En matière pénale, les saisies pouvant être réalisées en cours d'enquête répondent soit à un objectif probatoire, soit à un objectif confiscatoire[24].

1° Saisies dans l'intérêt de la manifestation de la vérité

28. – Les saisies pénales ont longtemps été limitées aux saisies dans l'intérêt de la manifestation de la vérité (dites probatoires). Ce type de saisie vise l'appréhension des biens, informations ou documents susceptibles de constituer un moyen de preuve[25] dans le cadre des investigations puis du procès.

(24) Outre les mesures conservatoires pouvant être ordonnées sur les biens des personnes mises en examen afin de garantir le paiement des amendes encourues et l'indemnisation des victimes (CPP, art. 706-166).

(25) E. Camous, *Les saisies en procédure pénale : un régime juridique modernisé. – Commentaire des dispositions pénales de droit interne de la loi n° 2010-768 du 9 juillet 2010 visant à faciliter la saisie et la confiscation en matière pénale : Dr. pén.* janv. 2011, n° 1, étude 1.

Ces saisies sont le plus souvent opérées à l'occasion de perquisitions « effectuées dans tous les lieux où peuvent se trouver des objets ou des données informatiques **dont la découverte serait utile à la manifestation de la vérité** (...) »[26]. Dans ce cadre, l'officier de police judiciaire peut maintenir la saisie « de documents ou données informatiques utiles à la manifestation de la vérité », qui seront inventoriés et placés sous scellés[27].

Pourra donc être ordonnée la saisie de tout bien utile à la manifestation de la vérité.

2° Saisies réalisées en vue de sécuriser des biens susceptibles de faire l'objet d'une peine de confiscation

29. - La procédure pénale autorise aussi les perquisitions en vue de procéder à la mise sous main de justice de biens susceptibles d'être concernés par une peine de confiscation pouvant être ordonnée au terme du procès sur le fond de l'affaire.

Ainsi, dès lors qu'une enquête porte sur une infraction punie de la peine complémentaire de confiscation, elle peut donner lieu à des saisies conservatoires ayant pour objet de préserver les biens en vue de leur éventuelle confiscation future.

La peine complémentaire de confiscation est encourue pour tous les crimes et les délits punis d'une peine de prison supérieure à un an (sauf les délits de presse), ce qui rend le champ de ce type de perquisition très large.

La confiscation peut porter notamment sur tous les biens ayant servi à la commission de l'infraction ou sur ceux qui sont l'objet ou le produit direct ou indirect de l'infraction.

L'objet des saisies conservatoires est de rendre la chose saisie indisponible jusqu'à ce que la juridiction compétente se soit prononcée sur le fond[28].

30. - Par qui sont menées les perquisitions ? Les enquêtes pénales sont menées sous le contrôle du procureur de la République ou du juge d'instruction selon le type d'enquête.

Il est fréquent que la visite domiciliaire soit menée par la police judiciaire en l'absence du procureur de la République ou du juge d'instruction. Dans ce cas, la présence d'un *officier* de police judiciaire est obligatoire. Le ou les officiers de police judiciaire peuvent s'adjoindre des agents de police judiciaire.

Ils peuvent aussi se faire accompagner d'un expert ou de toute personne qualifiée, par exemple en informatique, pour les aider dans leurs constatations et saisies[29]. Il est également possible que les enquêteurs aient recours à des agents provenant d'autres autorités telles que l'Autorité de la concurrence.

31. - Que contient l'autorisation judiciaire de perquisition ? Dans le cadre d'une enquête préliminaire, l'ordonnance du juge des libertés et de la détention autorisant une perquisition doit être écrite et motivée à peine de nullité. À ce titre, elle doit en principe expliciter ce qui rend nécessaire la mesure par référence aux éléments de fait et de droit du dossier.

L'ordonnance doit aussi préciser la qualification de l'infraction dont la preuve est recherchée ainsi que l'adresse des lieux dans lesquels ces opérations peuvent être

(26) CPP, art. 94.
(27) CPP, art. 97.
(28) L. n° 2010-768, 9 juill. 2010.
(29) CPP, art. 60 et 77-1.

effectuées. La jurisprudence a rappelé l'exigence de motivation de l'ordonnance du juge des libertés et de la détention, indiquant qu'il ne peut se contenter de reprendre les éléments laissant présumer l'existence d'une infraction tels qu'exposés dans la requête du ministère public[30].

Les opérations réalisées en vertu de cette ordonnance ne peuvent avoir un autre objet que la recherche et la constatation des infractions visées dans la décision du juge des libertés et de la détention ou la saisie des biens dont la confiscation est prévue à l'article 131-21 du Code pénal.

Dans le cadre d'une information judiciaire, la perquisition est réalisée par les enquêteurs sur commission rogatoire. Cette commission rogatoire s'apparente à une délégation de pouvoir incluant celui de perquisitionner, ce qui dispense les enquêteurs de recueillir une autorisation spéciale ou d'en expliciter les raisons. Généralement la commission rogatoire ne contient pas de précision sur les contours d'une éventuelle perquisition.

➤ Pour une description détaillée des perquisitions, V. Fiches pratiques 1 à 4.

32. – **Les perquisitions font-elles l'objet d'un procès-verbal ?** Oui. À l'issue de la perquisition, l'officier de police judiciaire ou le magistrat qui l'a conduite doit établir un procès-verbal, qui relate le déroulement de la mesure, fait état des éventuelles difficultés rencontrées ou des réserves de la personne chez qui elle a eu lieu, et liste les catégories de documents ou données saisis. Ce procès-verbal n'est pas remis à la personne faisant l'objet de la perquisition.

→ Pour aller plus loin

Le délai d'exécution d'une perquisition après autorisation du JLD

Dans l'hypothèse d'une enquête préliminaire, la Cour de cassation a jugé[31] que le JLD devait, dans sa décision d'autorisation écrite, fixer le délai dans lequel la perquisition, la visite domiciliaire ou la saisie doit être exécutée.

Cette solution ne s'oppose pas à ce que la personne visée saisisse le juge d'une requête en nullité tirée de la tardiveté de l'exécution des mesures autorisées, s'il est démontré qu'elles n'étaient plus nécessaires à la recherche et à la constatation des infractions en cause.

B. – L'enquête administrative

33. – **Objet.** L'enquête administrative consiste à recueillir des informations, à les analyser, afin de déterminer si un manquement a été commis et, le cas échéant, d'en déterminer les circonstances (où, quand, par qui, comment).

En cela, l'enquête administrative est similaire à l'enquête pénale et il est vrai que leurs finalités sont proches. Toutefois, ce qui les différencie fondamentalement, c'est que dans l'enquête administrative, l'élément intentionnel de l'infraction n'est pas une

(30) Cass. crim., 23 nov. 2016, n° 15-83.649, publié au bulletin.
(31) Cass. crim., 9 avr. 2019, n° 19-90.010 [QPC].

condition à la qualification du manquement[32]. En effet, dans l'enquête administrative, le manquement est défini par son seul élément matériel, à savoir la violation de la règle, peu importe les motifs ou que cela ait été réalisé sciemment, de bonne ou de mauvaise foi. Les enquêteurs s'attachent donc à réunir les éléments de fait qui établiront la preuve matérielle du manquement. Les raisons, bonnes ou mauvaises, qui ont conduit à sa réalisation sont en principe indifférentes à sa caractérisation. Seule la preuve objective et factuelle compte.

Les éléments propres aux motifs qui ont conduit à la réalisation du manquement et qui pourront être réunis par les enquêteurs n'entrent pas dans la constitution du manquement. Ils seront toutefois pris en compte dans la sanction qui sera le cas échéant prononcée. En effet, la mauvaise foi ou la volonté consciente d'enfreindre la règle sont des éléments de circonstances qui viendront alourdir, le cas échéant, le *quantum* de la sanction.

34. - **Les différents types d'enquête administrative.** Il existe au moins autant de types d'enquête administrative qu'il existe d'autorités pour les mener. Les autorités ayant le pouvoir de conduire une enquête administrative sont notamment :

- Autorité de la concurrence ;
- Direction générale de la concurrence, de la consommation et de la répression des fraudes (DGCCRF) ;
- Inspection du travail ;
- Union de recouvrement des cotisations de sécurité sociale et d'allocations familiales (URSSAF) ;
- Direction générale des finances publiques ;
- Douanes ;
- Autorité des marchés financiers (AMF) ;
- Commission nationale de l'informatique et des libertés (CNIL)...

En dépit de la pluralité d'autorités/administrations dotées du pouvoir de conduire des enquêtes et de réaliser des visites, ces enquêtes administratives et les visites subséquentes recouvrent des caractéristiques communes.

(32) En droit pénal, sauf exceptions prévues par la loi, les délits se composent d'un élément matériel et d'un élément intentionnel (la volonté ou la conscience de commettre l'infraction).

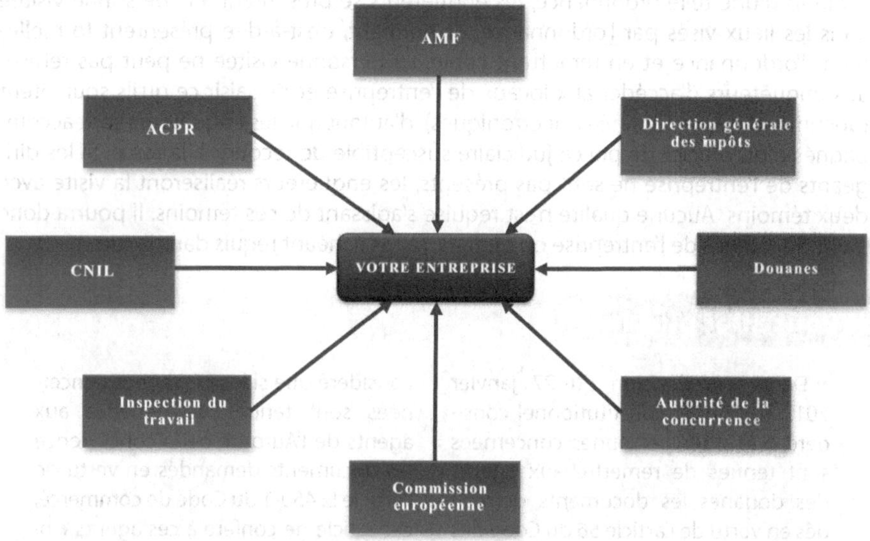

35. – Distinction entre visite sur pouvoirs propres et visite sur autorisation judiciaire. On peut distinguer deux types de visites réalisées dans le cadre d'enquêtes administratives, quelle que soit l'autorité qui en est en charge :

– les visites réalisées sur la base des pouvoirs propres aux enquêteurs de l'autorité/administration concernée ;

– les visites sur autorisation judiciaire qui nécessitent la décision préalable d'un juge, le plus souvent le juge des libertés et de la détention.

Cette distinction est essentielle.

Lorsque les enquêteurs se présentent, généralement de façon inopinée, sans produire d'ordonnance du juge, c'est qu'ils agissent **sur leurs pouvoirs propres**. S'ils bénéficient d'un droit d'accès aux locaux de l'entreprise, ils n'ont pas le pouvoir de fouiller les lieux et de procéder à des saisies. Il en résulte qu'une fois installés dans les locaux de l'entreprise, les enquêteurs n'ont d'autre choix que de solliciter la remise des informations qu'ils jugent utiles à leur enquête.

La personne visitée peut donc, en présence de motifs légitimes, refuser de remettre les documents demandés par les enquêteurs se présentant sur pouvoirs propres. Un tel refus, acté au procès-verbal, doit être exempt de mauvaise foi et il est recommandé de ne le faire qu'en concertation avec un avocat car il comporte des risques.

Les enquêteurs peuvent également solliciter du juge, de façon non contradictoire, **une autorisation** à procéder à une visite domiciliaire (coercitive). Ils peuvent le faire s'ils se sont vus opposer un refus de communication de la part de la personne visitée une première fois sur pouvoirs propres, s'ils anticipent un tel refus, s'ils recherchent un effet de surprise ou encore en cas de visite au domicile d'une personne (car celui-ci bénéficie d'une protection juridique renforcée par rapport aux locaux d'une entreprise).

Une telle ordonnance est rendue par un juge sur la base d'une requête motivée. La requête expose notamment les manquements concernés, les raisons justifiant des soupçons des enquêteurs et la nécessité pour eux de se rendre à tel endroit pour y recueillir des informations utiles à l'enquête.

Munis d'une telle ordonnance, les enquêteurs se présentent à la personne visitée dans les lieux visés par l'ordonnance, et notifient, c'est-à-dire présentent formellement l'ordonnance et en remettent copie. La personne visitée ne peut pas refuser aux enquêteurs d'accéder aux locaux de l'entreprise et de saisir ce qu'ils souhaitent (documents papier, données électroniques), d'autant que les enquêteurs sont accompagnés d'un officier de police judiciaire susceptible de recourir à la force. Si les dirigeants de l'entreprise ne sont pas présents, les enquêteurs réaliseront la visite avec deux témoins. Aucune qualité n'est requise s'agissant de ces témoins. Il pourra donc s'agir de salariés de l'entreprise ou de tiers, le cas échéant requis dans la rue.

→ Pour aller plus loin

Dans une décision du 27 janvier 2012, le Conseil constitutionnel considère que si les personnes concernées sont tenues de remettre aux agents des douanes les documents demandés en vertu de l'article 56 du Code des douanes, cet article « ne confère pas à ces agents un pouvoir d'exécution forcé pour obtenir la remise des documents », ni « un pouvoir général d'audition ou un pouvoir de perquisition ».

Ainsi en l'absence d'autorisation judiciaire, « seuls les documents qui ont été volontairement communiqués à l'administration peuvent être saisis ».

Dans une décision en date du 8 juillet 2016, le Conseil constitutionnel a considéré que si les personnes concernées sont tenues de remettre aux agents de l'Autorité de la concurrence les documents demandés en vertu de l'article L. 450-1 du Code de commerce, cet article ne confère à ces agents « ni un pouvoir d'exécution forcée pour obtenir la remise de ces documents, ni un pouvoir général d'audition ou un pouvoir de perquisition ».

Ainsi en l'absence d'autorisation judiciaire, « seuls les documents volontairement communiqués peuvent être saisis »[33].

Les deux décisions rappellent ici clairement la distinction entre les visites coercitives et celles qui ne le sont pas.

36. – Que contient l'ordonnance du juge des libertés et de la détention autorisant la visite domiciliaire ? L'ordonnance du juge rappelle les faits qui lui ont été exposés au soutien de la requête, précise en quoi la visite domiciliaire apparaît nécessaire et autorise celle-ci, en visant précisément :

– le nom et la qualité du demandeur à la mesure ;

– les lieux concernés par la visite (ce qui signifie qu'en dehors des lieux limitativement énumérés, la visite domiciliaire ne peut avoir lieu et n'est pas valable) ;

– la date avant laquelle la visite domiciliaire doit être réalisée ;

– les noms des personnes autorisées à être présentes (enquêteurs et officier de police judiciaire, le cas échéant les techniciens/assistants d'enquête, ou encore magistrat en cas de visite au domicile d'un journaliste ou d'une société de presse, ou bien d'un membre du Conseil de l'Ordre en cas de visite au domicile ou au cabinet d'un avocat) ;

– le nom du magistrat ayant rendu l'ordonnance ;

– les voies de recours.

(33) Cons. const., 8 juill. 2016, n° 2016-552 QPC, *Sté Brenntag*.

En pratique, l'ordonnance est le plus souvent prérédigée par l'autorité requérante et le juge se limite à la signer après avoir pris connaissance de la requête.

L'ordonnance est susceptible d'appel, non suspensif. L'ordonnance est notifiée à l'entreprise concernée.

37. - **Comment les enquêtes administratives sont-elles initiées ?** En matière administrative, les enquêtes sont initiées par l'autorité en charge de l'enquête lorsqu'elle a connaissance de faits qui sont susceptibles de constituer un manquement au corps de règles qu'elle a la charge de faire respecter. Ces faits peuvent lui être rapportés par toute personne, et notamment par : 1) les services de l'autorité elle-même, 2) un tiers qui s'estimerait victime d'un manquement et le dénoncerait à ladite autorité, 3) une autre autorité ayant un autre champ de compétence ou 4) une autorité étrangère ayant un domaine d'intervention similaire.

38. - **Sur quelle base une visite est-elle décidée ?** Dès lors qu'une enquête administrative est ouverte, les enquêteurs doivent recueillir les éléments de fait susceptibles d'établir la réalisation ou non de l'infraction soupçonnée. En conséquence, les enquêteurs se rendent dans les lieux dans lesquels ils considèrent que des éléments d'information peuvent se trouver. Qu'ils agissent sur leurs pouvoirs propres ou sur autorisation préalable du juge, les enquêteurs sont maîtres de décider des lieux de visite, à condition que la visite soit nécessaire à l'enquête.

39. - **Par qui les enquêtes administratives sont-elles menées ?** Les enquêtes administratives sont menées par les agents de l'autorité administrative qui a ouvert l'enquête. Les agents peuvent également être accompagnés d'assistants techniques (en informatique par exemple pour la copie des données électroniques), d'experts et, en matière de visite sur autorisation judiciaire, de policiers.

La présence d'un officier de police judiciaire est impérative lors d'une visite autorisée par un juge. La mission de celui-ci est en principe d'assurer le respect du secret professionnel et des droits de la défense. Il est également le relais du juge des libertés et de la détention concernant le déroulement des opérations. Il n'a pas vocation à enquêter, de sorte qu'il ne procède pas lui-même aux recherches ni ne peut mener d'interrogatoire.

40. - **Quels sont les pouvoirs des enquêteurs lors des visites ?** Lors d'une visite sur pouvoirs propres (sans autorisation du juge), les enquêteurs demandent la communication de documents et données. Cette visite n'étant pas contraignante, ils ne peuvent pas vous forcer à leur remettre ces éléments. En revanche, ces éléments doivent être en rapport avec l'objet de l'enquête, même si celui-ci peut recouvrir un large domaine. Parfois, ils peuvent également avoir recours à des auditions ou à des demandes d'explication sur place.

En cas de visite sur autorisation du juge, les enquêteurs peuvent entrer sans votre accord dans l'entreprise, fouiller les lieux, ouvrir les pièces, armoires et coffres-forts et appréhender tous les documents et données qu'ils souhaitent. En cas d'opposition, l'officier de police judiciaire présent peut recourir à la force.

➤ Pour une description détaillée des différents types de visite administrative, V. Fiches pratiques 6 à 27.

41. - **Les opérations de visite et saisie font-elles l'objet d'un procès-verbal ?** Oui. À l'issue de la perquisition, les enquêteurs doivent établir un procès-verbal qui relate le déroulement de la mesure, fait état des difficultés rencontrées ou des réserves de la

personne chez qui elle a eu lieu. Le procès-verbal liste les catégories de documents ou données saisis. Ces réserves peuvent être ajoutées par les enquêteurs au PV ou faire l'objet d'une note à part pouvant être annexée au PV à la demande de l'entreprise.

C. – La mesure d'instruction civile ou commerciale

42. – **Objet.** Les mesures d'instruction civiles ou commerciales sont ordonnées sur le fondement de l'article 145 du Code de procédure civile aux termes duquel :

« S'il existe un motif légitime de conserver ou d'établir avant tout procès la preuve de faits dont pourrait dépendre la solution d'un litige, les mesures d'instruction légalement admissibles peuvent être ordonnées à la demande de tout intéressé, sur requête ou en référé ».

La mesure d'instruction, autorisée par un juge, consiste en ce qu'un commissaire de justice, accompagné le plus souvent d'un expert informatique, se rende au sein de votre entreprise pour recueillir des éléments de preuve dont pourrait dépendre la solution d'un litige envisagé contre votre entreprise ou un tiers.

L'objet d'une telle visite est donc de collecter au sein de votre documentation et/ou de vos données informatiques des éléments de preuve pouvant être utilisés contre votre entreprise par votre adversaire judiciaire (un concurrent, un fournisseur, un client…).

43. – **Comment les mesures d'instruction au sein de l'entreprise sont-elles initiées ?** Ces mesures d'instruction sont demandées sur requête auprès d'un juge, c'est-à-dire de façon non contradictoire (en votre absence et sans que vous en soyez informé), pour préserver l'effet de surprise, par la personne y ayant intérêt. Sur la base des éléments exposés par le requérant, le juge rend une ordonnance autorisant (ou refusant) la mesure, qui sera exécutée par le commissaire de justice désigné. La mesure peut aussi être ordonnée après une procédure contradictoire de référé, mais cela est beaucoup moins fréquent en pratique.

44. – **Sur quelle base une visite est-elle décidée ?** La visite du commissaire de justice est décidée sur la base des éléments factuels présentés au juge par le seul requérant. Toutefois, le juge doit apprécier s'il existe des « motifs légitimes » d'ordonner une telle mesure et doit limiter le champ des investigations demandées à des mesures « légalement admissibles ».

La notion de « motif légitime » exige en particulier que le requérant démontre l'existence d'un intérêt à obtenir la mesure demandée dans la perspective d'un éventuel litige. En d'autres termes, les éléments recherchés doivent être utiles à la solution du litige. Même si les contours du litige envisagé ne doivent pas nécessairement être exposés avec une grande précision au stade de la requête, ils doivent être suffisamment déterminables pour permettre l'examen de la légitimité de la mesure demandée.

La jurisprudence prend soin d'encadrer de plus en plus rigoureusement les mesures « légalement admissibles » pouvant être ordonnées par le juge. Celles-ci doivent être ainsi limitées dans leur objet et dans le temps. Les mesures trop générales, pouvant s'apparenter à une *fishing expedition* ou à une perquisition civile, ne sont pas admises.

→ Pour aller plus loin

Les mesures d'instruction sont par nature intrusives et doivent à ce titre être rigoureusement encadrées. Par deux arrêts du 25 mars 2021, la Cour de cassation rappelle les critères auxquels doivent répondre de telles mesures : « être circonscrites dans le temps et dans leur objet et proportionnées à l'objectif poursuivi »[34]. C'est au juge qu'il revient d'effectuer un tel contrôle avant de rendre son ordonnance autorisant ou refusant la mesure demandée, en vérifiant « si la mesure ordonnée était nécessaire à l'exercice du droit à la preuve du requérant, et proportionnée aux intérêts antinomiques en présence »[35].

45. - **Que contient l'ordonnance autorisant la visite ?** L'ordonnance autorisant la visite contient essentiellement la description de la mission donnée au commissaire de justice, c'est-à-dire les éléments de preuve qui doivent être recueillis. Ainsi, l'ordonnance liste souvent une série de documents ou de thématiques. De même, pour ce qui concerne les recherches informatiques, l'ordonnance énonce des mots-clés qui guideront les recherches.

Les arguments de fait et de droit ayant décidé le juge à rendre l'ordonnance peuvent être indiqués dans celle-ci. Le juge peut aussi se contenter de renvoyer à la requête établie par le requérant, qui fait alors corps avec l'ordonnance et en constitue, en quelque sorte, la motivation. L'ordonnance et la requête sont notifiées ensemble par le commissaire de justice à la partie requise au moment de la visite.

Il est très important de lire attentivement l'ordonnance afin de s'assurer tout au long de la mesure que le commissaire de justice et/ou l'expert informatique n'outrepassent pas le champ d'investigation limitativement décrit dans l'ordonnance.

46. - **Par qui sont-elles menées ?** Les mesures d'instruction ordonnées de manière non contradictoire sur le fondement de l'article 145 du Code de procédure civile sont généralement menées par un commissaire de justice. Le plus souvent ce commissaire de justice est accompagné d'un expert informatique qui s'occupera de procéder aux recherches techniques sur les ordinateurs de la société. Il est aussi fréquent que le commissaire de justice se fasse accompagner de la force publique et d'un serrurier.

47. - **Les visites de l'article 145 font-elles l'objet d'un procès-verbal ?** Oui. À l'issue de la visite, le commissaire de justice établit un procès-verbal de constat, dans lequel il relate les diligences qu'il a menées, les difficultés qui sont survenues et les types de documents ou de données qu'il a saisis. Le commissaire de justice communique ce procès-verbal.

48. - **Le placement sous séquestre des documents et données collectés par le commissaire de justice.** L'ordonnance prévoit généralement que le commissaire de justice doit, dans un premier temps, conserver les données saisies sous séquestre, sans les communiquer au requérant, pour que puisse avoir lieu un débat contradictoire avant que n'intervienne la mise à disposition des données au requérant. Vous avez alors l'opportunité de contester la saisie de certaines pièces devant le juge qui a rendu l'ordonnance. Le requérant ne pourra accéder aux pièces que si le juge l'accepte à l'issue de ce débat.

(34) Cass. 2e civ., 25 mars 2021, n° 20-14.309.
(35) Cass. 2e civ., 25 mars 2021, n° 19-20.156.

49. – Les autres types de mesures probatoires diligentées par un commissaire de justice. En matière civile ou commerciale, les parties peuvent utiliser un commissaire de justice pour obtenir des éléments de preuve utiles à leur position. La mesure d'instruction diligentée par un commissaire de justice au sein d'une entreprise est la plus déstabilisante. D'autres mesures ne nécessitant pas d'autorisation judiciaire sont également possibles :

❖*Sommations*	→	Pour faire une demande formelle (de payer / de faire quelque chose / de répondre à des questions)	sans autorisation du juge
❖*Constats*	→	Pour constater un fait / une situation	
❖*Mesures d'instruction*	→	Pour chercher des preuves en prévision d'un litige (par ex.: établir une concurrence déloyale)	autorisées par un juge
❖*Saisies-contrefaçons*	→	Pour prouver la violation de droits de propriété intellectuelle	

➤ Pour une description détaillée de ce type de mesure, V. Fiches pratiques 28 et 29.

D. – Comment s'y retrouver ?

50. – Mode d'emploi. En fonction de la qualité des enquêteurs qui se présentent, vous êtes à même d'identifier la nature de l'enquête.

QUI ?		NATURE DE L'ENQUÊTE
1) Policier(s) seul(s) + éventuellement avec juge ou procureur	→	Enquêtes pénales
2) Agent(s) ou inspecteur(s) de l'administration ou d'une autorité + éventuellement avec policier(s)	→	Enquêtes administratives
3) Commissaire de justice(s) et/ou expert(s) + éventuellement avec policier(s) + éventuellement avec technicien(s)	→	Mesures d'instruction civile ou commerciale

51. – Une fois déterminée la nature de l'enquête, il convient encore d'identifier le cadre précis dans lequel les enquêteurs agissent.

Il vous appartient alors simplement de poser la question aux enquêteurs, qui vous indiqueront leur identité, et le cas échéant, celle de leur administration, ainsi que la nature de l'enquête en cours.

S'ils disposent d'une autorisation judiciaire, ils vous la montreront (enquête pénale) ou vous la notifieront (enquête administrative ou 145 CPC), selon les cas.

52. – Lisez attentivement ce document. Vous trouverez l'essentiel des informations importantes permettant de déterminer rapidement le cadre dans lequel les enquêteurs se présentent à votre entreprise et l'objet de l'enquête.

En effet, l'ordonnance autorisant la visite précise nécessairement :

– le nom de l'autorité demandant la mesure (ou, pour les visites civiles et commerciales, le nom de la partie requérante) et la qualité de la personne la représentant dans le cadre de la requête ;

– la qualification de l'infraction pour laquelle la visite apparaît nécessaire pour rechercher les preuves y afférentes ;

– les éléments de fait et de droit sur la base desquels la visite est autorisée ;

– l'adresse des lieux à visiter.

E. – Synthèse

53. – De manière générale pour toutes les enquêtes, il convient de faire une distinction fondamentale entre, d'une part, les visites exécutées **sans autorisation judiciaire** (ou « sur pouvoir propre » des enquêteurs) et, d'autre part, celles réalisées **sur la base d'une telle autorisation.**

Dans le premier cas, les enquêteurs ne disposent **pas de pouvoirs coercitifs** en tant que tels. C'est-à-dire qu'ils ne peuvent légalement ni procéder à des fouilles, ni vous forcer à leur remettre des documents ou des informations. Toutefois, si le refus de l'entreprise est considéré comme une obstruction à la justice, elle peut être sanctionnée pénalement et/ou administrativement dans certains cas. Un développement dédié à la question des risques encourus en cas d'opposition de l'entreprise à la visite se trouve *infra*, n° 70.

Dans le second cas, les enquêteurs peuvent pénétrer dans les locaux de l'entreprise sans son assentiment et saisir toutes les informations utiles à leurs investigations. La mesure est alors réalisée sous l'autorité et le contrôle du juge qui l'a autorisée. Ce dernier peut se rendre sur les lieux pendant l'intervention, et demander la suspension ou l'interruption de la mesure à tout moment.

Il est donc essentiel de déterminer de prime abord dans quel cadre juridique agissent les enquêteurs.

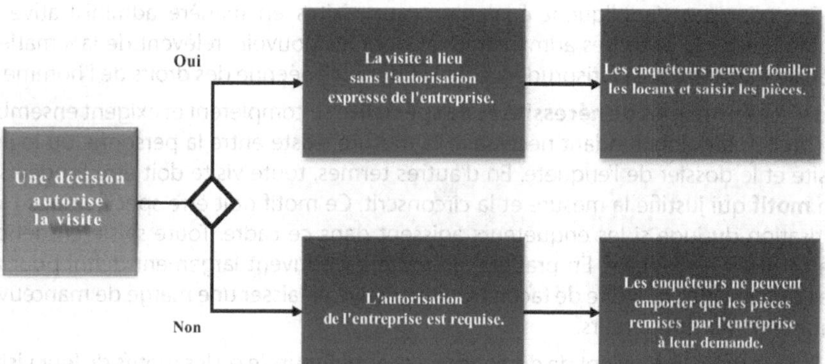

On retrouve cette distinction dans les trois grandes catégories d'enquête énoncées ci-dessus :

– **enquête pénale :** en l'absence de commission rogatoire donnée par le juge d'instruction (information judiciaire) ou d'ordonnance du juge des libertés et de la détention (enquête préliminaire), les enquêteurs ne peuvent pénétrer dans les locaux de l'entreprise sans l'assentiment exprès de cette dernière ;

– **enquête administrative :** les enquêteurs doivent obligatoirement disposer d'une autorisation spéciale du juge des libertés et de la détention pour pouvoir fouiller les locaux de l'entreprise sans votre assentiment et procéder aux saisies. En l'absence d'une telle autorisation, ils peuvent se rendre à vos locaux mais, en présence de motifs légitimes, la remise de documents peut leur être refusée ;

– **mesure d'instruction civile ou commerciale :** seul un juge peut autoriser un commissaire de justice et la force publique à pénétrer dans les locaux de l'entreprise. Toutefois, à la différence des deux autres types d'enquêtes, il est toujours envisageable de refuser l'accès à vos locaux à un commissaire de justice même muni d'une autorisation judiciaire. Il n'existe pas de risque pénal à s'opposer à la visite, mais le juge saisi sur le fond pourra tirer toute conséquence de ce refus de se soumettre à une décision judiciaire.

Pour connaître l'étendue de vos droits, il est donc crucial de déterminer dès l'arrivée des enquêteurs sous quel régime se situe leur visite.

SECTION 3 LES GRANDS PRINCIPES APPLICABLES À LA VISITE

A. – Principes de nécessité, de spécialité et de proportionnalité

54. - En tant que mesure contraignante, les visites et saisies doivent se conformer aux principes de nécessité, de spécialité et de proportionnalité. Ces principes transversaux sont rappelés dans l'article préliminaire du Code de procédure pénale, selon lequel les mesures coercitives « doivent être strictement limitées aux nécessités de la procédure, proportionnées à la gravité de l'infraction reprochée et ne pas porter atteinte à la dignité de la personne ».

Ces principes s'appliquent également aux visites en matière administrative et notamment aux autorités administratives dont les pouvoirs relèvent de la « matière pénale » au sens de la jurisprudence de la Cour européenne des droits de l'homme[36].

55. - Les principes de nécessité et de spécialité se complètent et exigent ensemble qu'un lien tangible rendant nécessaire la mesure existe entre la personne ou le lieu visité et le dossier de l'enquête. En d'autres termes, toute visite doit être fondée sur un **motif** qui justifie la mesure et la circonscrit. Ce motif doit être spécifié dans l'autorisation du juge si les enquêteurs agissent dans ce cadre. Toute saisie en dehors de ce motif est illégale. En pratique, le motif est souvent largement défini pour ne pas circonscrire l'enquête de façon trop restrictive et laisser une marge de manœuvre suffisante aux enquêteurs.

Sur le terrain, il convient de demander aux enquêteurs le ou les motifs de leur visite.

En matière administrative, lorsque la visite se déroule sur pouvoirs propres (sans autorisation judiciaire), les enquêteurs n'ont pas d'obligation textuelle de justifier avec précision des motifs sur la base desquels ils procèdent. En pratique, les ordres

(36) CEDH, 8 juin 1976, *Engel*.

de mission sont rédigés de façon très large sans qu'il soit possible d'identifier l'objet précis de l'enquête et encore moins de la visite.

Le principe de loyauté semble pourtant imposer qu'un minimum d'informations soit délivré quant à l'objet de l'enquête. Si les enquêteurs refusent de donner toute indication, l'entreprise pourra demander que ce refus soit acté au procès-verbal au titre de ses réserves sur le déroulement de l'enquête. Si, au cours de cette visite, des auditions ont lieu, les enquêteurs ont l'obligation de préciser l'objet de leur enquête (V. *infra*, n° 58).

Lorsque la visite se déroule sur la base d'une autorisation judiciaire, les enquêteurs doivent notifier l'ordonnance en matière administrative ou en faire état en matière pénale. Cette ordonnance précise les motifs retenus par le juge pour autoriser la mesure. Si, au cours de la visite, l'entreprise constate que les enquêteurs procèdent à des saisies sans lien avec l'objet de leur enquête, il convient d'en faire mention au procès-verbal.

56. - **Le principe de proportionnalité** exige que les informations ne puissent être saisies que si elles sont susceptibles de participer à la manifestation de la vérité. Autrement dit, les enquêteurs doivent se concentrer sur les informations utiles à leur enquête et en lien avec les infractions recherchées. Il en découle que si certains des objets saisis s'avèrent inutiles, ils pourront être restitués par les enquêteurs.

57. - L'appréciation de ces principes est laissée aux enquêteurs sur place, sous le contrôle du juge. Leur respect pourra être vérifié *a posteriori* dans l'éventualité d'un recours, notamment à travers l'analyse du procès-verbal décrivant le déroulement et l'étendue de la perquisition.

B. - Principe de loyauté

58. - Les enquêteurs sont soumis au principe de loyauté dans la recherche de la preuve.

À ce titre, ils ne peuvent, à peine de nullité, utiliser lors de leurs visites des procédés déloyaux, de ruse ou des stratagèmes pour obtenir des informations ou des documents. Sont également prohibées toutes formes de provocation de la part des enquêteurs[37].

Le principe de loyauté impose aux enquêteurs d'exhiber leur qualité à leur arrivée. Il s'impose également dans l'hypothèse où les enquêteurs souhaiteraient procéder à des auditions lors de la visite[38]. En particulier, ils doivent dans ce cas faire connaître clairement l'objet de leur enquête[39] et les droits de la personne auditionnée[40].

(37) Il convient de noter que s'agissant des enquêtes conduites par l'AMF, la loi du 26 juillet 2013 a introduit la possibilité pour les enquêteurs de faire usage d'une identité d'emprunt. Ainsi, même si une telle « fausse » identité ne saurait être utilisée lors d'une visite, cette seule faculté octroyée à une autorité administrative est de nature à entacher le principe de loyauté exigé par ailleurs.

(38) Cass. com., 24 mai 2011, n° 10-18.267.

(39) CA Paris, 8 avr. 1994, n° 93/17256.

(40) CA Paris, 13 sept. 2012, n° 2011/17362.

→ Pour aller plus loin

Le principe de loyauté dans l'administration et la recherche de la preuve est un principe cardinal des procédures d'enquête devant les autorités administratives indépendantes depuis l'arrêt de l'assemblée plénière du 7 janvier 2011[41]. Cette solution a depuis été reprise par la chambre commerciale de la Cour de cassation[42] et la cour d'appel de Paris le 13 septembre 2012[43].

Dans cette affaire, les enquêteurs s'étaient rendus dans les locaux d'une société où le secrétaire général les avait reçus. Alors que la visite concernait la saisie de documents, les déclarations spontanées du secrétaire général sur le fond du dossier ont été recueillies par les enquêteurs et consignées dans le procès-verbal. Statuant sur renvoi après cassation, les juges de la cour d'appel ont décidé d'annuler le procès-verbal et la procédure subséquente au motif qu'« aucun élément ne per-met[tait] d'affirmer que M. X, dont les déclarations ont été recueillies par les enquêteurs dans les locaux de la société Y, aurait, préalablement à celles-ci, renoncé au bénéfice des règles applicables aux auditions, visant à assurer la loyauté de l'enquête ». Cet arrêt confirme la tendance jurisprudentielle de consécration du principe de loyauté.

C. – Droits de la défense

59. – Les personnes faisant l'objet d'une visite inopinée ont droit au respect des droits de la défense, regroupant l'ensemble des garanties qui permettent à un mis en cause de faire valoir ses arguments et d'avoir accès à un tribunal. Les droits de la défense ont valeur constitutionnelle et sont également garantis par la Convention européenne de sauvegarde des droits de l'homme (art. 6, § 3), extensivement interprétée par la jurisprudence de la Cour européenne des droits de l'homme.

Sur cette base, les enquêteurs en matière pénale et administrative ont l'obligation de « provoquer préalablement toutes mesures utiles pour que soit assuré le respect du secret professionnel et des droits de la défense »[44].

C'est ainsi que l'officier de police judiciaire, dont la présence est obligatoire dans toutes les visites domiciliaires effectuées sur autorisation de justice, a précisément pour mission de veiller au respect du secret professionnel et des droits de la défense.

En pratique, cela recouvre essentiellement trois aspects.

60. – Le respect de la confidentialité de la communication avec le ou les avocats de l'entreprise. Les enquêteurs ne peuvent ni saisir, ni même prendre connaissance de toute correspondance avec un avocat, quels que soient sa nature, son support ou son contenu. Ce point fait l'objet d'un développement détaillé *infra*, n° 73.

61. – Le droit à ne pas s'auto-incriminer. Le droit de ne pas s'auto-incriminer implique que l'auteur d'une infraction dispose d'un droit de se taire ainsi que d'un droit à ne pas contribuer à sa propre incrimination[45]. Ce droit découle de l'article 6 de la Convention européenne de sauvegarde des droits de l'homme et s'applique

(41) Cass. ass. plén., 7 janv. 2011, n°s 09-14.316 et 09-14.667.

(42) Cass. com., 24 mai 2011, n° 10-18.267.

(43) CA Paris, 13 sept. 2012, n° 2011/17362.

(44) CPP, art. 56 et 96.

(45) CEDH, 8 févr. 1996, *John Murray c/ Royaume-Uni*.

aux procédures pénales et administratives. Concrètement, une personne ne peut pas voir sa responsabilité engagée parce qu'elle n'a pas, de façon volontaire, porté à la connaissance des enquêteurs certains documents ou informations la compromettant.

62. – **Le droit au silence.** Le droit au silence en matière pénale est le corollaire du droit de ne pas s'auto-incriminer. Depuis le 31 décembre 2021, le droit de se taire sur tous les faits qui lui sont reprochés doit être notifié à toute personne suspectée ou poursuivie, avant tout recueil de ses observations, interrogatoires, renseignements sur sa personnalité ou avant de prononcer une mesure de sûreté ou avant sa première présentation devant tout service mandaté par l'autorité judiciaire[46].

Dans la mesure où les visites inopinées font partie intégrante de la procédure pénale, et que la pénétration des services d'enquête au domicile d'une personne peut constituer la première présentation de la personne devant un service d'enquête, il est possible de considérer que cette obligation vaut également en cas de perquisition.

Le droit au silence est également applicable en matière administrative. La Cour de justice de l'Union européenne a en effet reconnu, en 2021, le droit au silence des personnes physiques poursuivies pour des infractions administratives à caractère pénal, en précisant que les États membres ne pouvaient valablement « sanctionner une personne physique pour son refus de fournir à cette autorité des réponses dont pourrait ressortir sa responsabilité pour une infraction passible de sanctions administratives présentant un caractère pénal ou sa responsabilité pénale »[47]. Pour autant, il est précisé que « le droit au silence ne saurait justifier tout défaut de coopération avec les autorités compétentes, tel qu'un refus de se présenter à une audition prévue par celles-ci ou des manœuvres dilatoires visant à en reporter la tenue ».

Enfin, ce droit est reconnu aux personnes physiques, ce qui exclut les personnes morales. Il est donc doublement limité, par le devoir de coopération et par son champ d'application, qui se restreint aux personnes physiques.

63. – **Droit d'accès à un tribunal.** Le droit d'accès à un tribunal est un droit fondamental qui découle de l'article 6 de la Convention européenne de sauvegarde des droits de l'homme. En matière de visite, ce droit implique que les personnes concernées puissent obtenir un contrôle effectif de la régularité de la décision qui ordonne la visite et de toutes les opérations effectuées en application de cette décision[48]. Les visites doivent se dérouler sous le contrôle d'un juge compétent pour statuer sur la régularité, en fait comme en droit, de la visite. En pratique, les personnes doivent avoir la possibilité de soumettre à ce juge les difficultés rencontrées dans le cadre de la visite et, lorsqu'il constate une irrégularité, ce juge doit pouvoir, soit prévenir la survenance de l'opération, soit, dans l'hypothèse où la visite irrégulière a déjà eu lieu, fournir à la personne concernée une réparation appropriée.

Pour ce qui concerne les visites domiciliaires effectuées sur autorisation judiciaire, cela se traduit par :

– le fait que la visite est effectuée sous le contrôle du juge qui l'a autorisée, ce dernier ayant le pouvoir de la suspendre ou de l'interrompre ;

– le fait que des voies de recours sont disponibles contre les décisions judiciaires ordonnant la visite domiciliaire et contre les conditions dans lesquelles s'est exercée

(46) CPP, art. préliminaire.
(47) CJUE, 2 févr. 2021, aff. C-481/19, *DB c/ Commissione Nazionale per le Società e la Borsa (Consob).*
(48) CEDH, 21 mai 2008, *Ravon et a. c/ France.*

la visite, ce qui explique l'importance de faire acter au procès-verbal toute difficulté intervenue au cours de celle-ci.

En revanche, les visites inopinées effectuées sans autorisation judiciaire ne peuvent faire l'objet d'un recours indépendant de l'affaire au fond.

→ Pour aller plus loin

Le droit d'accès à un tribunal, selon la Cour européenne des droits de l'homme, « implique en matière de visite domiciliaire que les personnes concernées puissent obtenir un contrôle juridictionnel effectif, en fait comme en droit, de la régularité de la décision prescrivant la visite ainsi que, le cas échéant, des mesures prises sur son fondement ; le ou les recours disponibles doivent permettre, en cas de constat d'irrégularité, soit de prévenir la survenance de l'opération, soit, dans l'hypothèse où une opération jugée irrégulière a déjà eu lieu, de fournir à l'intéressé un redressement approprié »[49].

Le Conseil constitutionnel s'est également prononcé en ce sens le 4 avril 2014 (Cons. const., 4 avr. 2014, n° 2014-387 QPC) en déclarant inconstitutionnel l'article L. 8271-13 du Code du travail. L'article annulé donnait au président du tribunal de grande instance le pouvoir d'autoriser les officiers de police judiciaire à procéder à des visites domiciliaires, perquisitions et saisies sans préciser si cette ordonnance était susceptible de recours. Le Conseil constitutionnel a considéré que cela portait atteinte au droit d'exercer un recours effectif. La portée de cette décision pourrait dépasser les frontières du droit pénal du travail et concerner tant les enquêtes préliminaires que l'information judiciaire dans lesquelles les décisions autorisant les perquisitions ne sont pas susceptibles d'appel. La décision du 4 avril 2014 ouvre ainsi la voie à des contestations de constitutionnalité dans ce domaine.

64. – Limites aux droits de la défense. Les droits de la défense sont d'une portée limitée dans le cadre de la visite elle-même.

Le code de procédure pénale ne prévoit pas explicitement le droit d'être assisté par un avocat pendant la visite. La jurisprudence récente de la Chambre criminelle semble toutefois consacrer implicitement ce droit, en ce qu'elle a récemment reconnu qu'un droit peut exister en l'absence d'un texte spécial le prévoyant expressément[50].

Pour certains types de visites, telles que celles diligentées par l'Autorité de la concurrence, les textes ne consacrent pas un droit, mais seulement une *faculté* d'être assisté par un avocat, comme nous le verrons *infra*, n° 65, ce qui implique que la visite peut commencer même si l'avocat n'est pas encore arrivé sur place.

Aussi, les droits tels que celui d'être informé précisément des motifs de l'enquête, celui d'accéder au dossier justifiant l'autorisation judiciaire de la visite ou de contester cette autorisation, ne trouvent à s'appliquer **qu'après la visite** et ne sauraient en commander ni l'interruption, ni la suspension.

(49) CEDH, 21 mai 2008, *Ravon et a. c/ France*.
(50) Cass. crim., 5 mars 2024, n° 23-80.229.

→ Pour aller plus loin

Dans le cadre d'une enquête AMF, le Conseil d'État a considéré, dans un arrêt du 12 juin 2013[51], que le principe des droits de la défense ne s'applique pas à la phase d'enquête préalable à la procédure de sanction ouverte par la notification des griefs. Le Conseil d'État a ainsi précisé que les enquêteurs n'ont pas à notifier aux personnes entendues leur droit de garder le silence.

Cette décision doit toutefois être conciliée avec la jurisprudence de la Cour de cassation en vertu de laquelle il existe un principe général de loyauté dans l'administration de la preuve posé et une interdiction aux agents administratifs de porter une « atteinte irrémédiable » aux droits de la défense des intéressés.

D. – Faculté d'être assisté par un avocat

65. – Le droit au respect des droits de la défense n'entraîne pas explicitement celui d'être assisté d'un avocat pendant toute la durée de la visite. L'entreprise ne peut donc exiger la suspension de la mesure jusqu'à ce que son avocat se soit rendu sur place.

En matière administrative, l'assistance d'un avocat demeure une *faculté* reconnue par les textes. En certaines matières, l'ordonnance autorisant la saisie, notifiée en début de visite, doit obligatoirement comporter la mention de cette faculté[52].

En matière pénale, aucun texte ne vient consacrer explicitement cette faculté de se faire assister par un avocat[53]. Juridiquement, rien ne s'oppose néanmoins à ce que l'avocat de l'entreprise soit présent pendant la perquisition. En pratique, il est pourtant fréquent que les enquêteurs s'y opposent. Il convient, dans ce cas, de le faire acter au procès-verbal.

En matière civile et commerciale, le commissaire de justice ne peut s'opposer à la présence d'un avocat sur place pendant la visite.

En toutes matières, il est vivement conseillé de prévenir et faire intervenir son avocat aussi vite que possible. Ce professionnel, qui connaît la procédure, sera en mesure non seulement de conseiller utilement l'entreprise, mais le plus souvent aussi de dialoguer avec les enquêteurs notamment sur les questions liées au respect des droits de la défense.

→ Pour aller plus loin

En matière administrative, l'article L. 450-4 du Code de commerce garantit à la personne perquisitionnée la possibilité d'informer son conseil dès le début des opérations de visite. Aucune disposition n'impose aux enquêteurs d'attendre l'arrivée le cas échéant de l'avocat, mais ils ne peuvent différer la possibilité pour la personne de le prévenir. La cour d'appel de Paris l'a rappelé par un arrêt du 28 mars 2018[54] en annulant les opérations de

(51) CE, 12 juin 2013, n°s 349185 et 350064.

(52) Autorité de la concurrence : C. com., art. L. 450-4. Fisc : LPF, art. L. 16 B. AMF : C. mon. fin., art. L. 621-12.

(53) Néanmoins, dans un arrêt récent du 5 mars 2024, la Chambre criminelle a précisé que le fait qu'un droit ne soit pas explicitement prévu par le code de procédure pénale ne permet pas pour autant de l'exclure. Cette motivation pourrait permettre de consacrer implicitement la présence d'un avocat au cours d'une perquisition pénale (Cass, Crim, 5 mars 2024, n°23-80.229).

(54) CA Paris, pôle 5, ch. 15, 28 mars 2018, n° 17/16586.

visite et de saisie au motif que la société avait été privée du « bénéfice de l'assistance effective et immédiate d'un avocat ».

E. – Droit au respect de la vie privée, du domicile et de la correspondance

66. – Il s'agit, au même titre que les droits de la défense, d'un droit constitutionnel[55]. Il est garanti par l'article 8 de la Convention européenne des droits de l'homme et s'applique aussi bien aux personnes physiques qu'aux personnes morales[56]. À ce titre, il impose la proportionnalité entre la violation de la vie privée impliquée par la visite et les besoins de l'enquête.

Même si en tant que tel, ce droit peut rarement être opposé aux enquêteurs lors de la visite, il est à la source de limites s'imposant à l'enquête telles que l'interdiction des visites nocturnes, l'obligation de la présence d'un représentant de l'entreprise lors de la visite, ou l'obligation de la présence du dirigeant en cas de perquisition de son bureau. C'est aussi ce principe qui impose la nécessité d'une autorisation judiciaire pour procéder à une visite forcée dans les locaux de l'entreprise.

F. – Confidentialité de l'enquête

67. – Les enquêtes administratives ou pénales sont secrètes.

En matière pénale, l'article 11 du Code de procédure pénale pose très clairement le principe (« la procédure au cours de l'enquête et de l'instruction est secrète »). Les personnes concourant à cette enquête, c'est-à-dire les enquêteurs eux-mêmes mais aussi leurs adjoints ou le personnel judiciaire (greffiers…), sont tenues par le secret professionnel et ne peuvent divulguer aucune information de l'enquête à un tiers sous peine de sanction pénale. La loi n° 2021-1729 du 22 décembre 2021 pour la confiance dans l'institution judiciaire a d'ailleurs aggravé cette sanction, ce qui illustre bien l'intention du législateur de renforcer le secret de l'enquête en matière pénale. Les avocats des parties, même s'ils ne concourent pas à l'enquête au sens strict, sont également tenus par le secret professionnel concernant les informations auxquelles ils ont accès dans le cadre de leur mission.

En matière administrative, les agents de l'administration concourant à une enquête administrative sont également soumis au secret professionnel. À ce titre, ils ne peuvent divulguer à des tiers aucune des informations recueillies dans le cadre des enquêtes qu'ils diligentent sous peine d'engager leur responsabilité pénale.

En matière civile et commerciale, le commissaire de justice est tenu par le secret professionnel et ne peut divulguer à des tiers les éléments de preuve recueillis lors de sa visite. Lorsque, comme c'est le cas le plus souvent, l'ordonnance prévoit la mise sous séquestre des éléments collectés, le commissaire de justice n'est pas habilité à en indiquer le contenu.

(55) Le droit au respect de sa vie privée n'est pas explicitement rappelé par la Constitution, mais il découle de l'article 2 de la Déclaration des droits de l'homme et du citoyen de 1789.
(56) CEDH, 16 avr. 2002, *Sté Colas Est et a. c/ France*.

En pratique, de nombreuses « fuites » dans les médias ont lieu sur les affaires susceptibles d'intéresser le public. Si le secret maintient une certaine confidentialité des enquêtes, il convient de l'appréhender avec réalisme.

G. – Existe-t-il une obligation de coopérer ?

68. – En matière pénale, l'obligation de coopérer ou de collaborer n'est pas affirmée en tant que telle par les textes mais découle, dans une certaine mesure, de plusieurs dispositions.

En particulier, elle a été renforcée par la loi du 9 mars 2004[57] qui a inséré à l'article 56 du Code de procédure pénale un dernier alinéa, selon lequel :

« Si elles sont susceptibles de fournir des renseignements sur les objets, documents et données informatiques saisis, les personnes présentes lors de la perquisition peuvent être retenues sur place par l'officier de police judiciaire le temps strictement nécessaire à l'accomplissement de ces opérations ».

La faculté donnée aux enquêteurs de retenir sur place les personnes susceptibles d'apporter des renseignements utiles pose en creux une obligation de coopérer.

Aussi, les articles 60-1 et 77-1-1 du Code de procédure pénale imposent qu'une réponse soit apportée à toute réquisition judiciaire (demande de renseignement) formulée par le procureur de la République ou un officier de police judiciaire. S'abstenir de répondre « dans les meilleurs délais » est puni d'une amende de 3 750 €.

Dès lors, même en l'absence d'obligation positive en ce sens, il est souvent dans l'intérêt de l'entreprise de coopérer en répondant aux demandes des enquêteurs. Cette coopération n'implique pas de fournir des réponses qui dépasseraient le champ des questions posées, ni de s'auto-incriminer, ni de fournir spontanément des éléments qui ne sont pas demandés par les enquêteurs. Un certain degré de coopération s'impose, mais il doit se concevoir strictement, c'est-à-dire comme imposant de répondre aux sollicitations des enquêteurs et de ne pas faire obstacle à leurs investigations.

69. – Il en va différemment **en matière administrative**, où l'obligation de coopérer a été rappelé par l'Autorité de la concurrence dans les termes les plus clairs : « L'entreprise faisant l'objet d'une mesure d'investigation est ainsi soumise à une obligation de collaboration active et loyale, qui implique qu'elle tienne à la disposition des services d'instruction tous éléments d'information et justificatifs répondant à l'objet des leurs demandes »[58].

L'obligation de coopérer découle aussi, en creux, des sanctions applicables en cas d'entrave.

- En matière d'enquêtes menées par l'Autorité de la concurrence, l'inertie de l'entreprise contrôlée n'est pas répréhensible en soi : c'est le fait de « s'opposer, de quelque façon que ce soit », aux demandes et contrôles de l'Autorité de la concurrence qui est puni de 300 000 € d'amende (1 500 000 € pour les personnes morales)[59]. L'ordonnance du 13 novembre 2008 a également introduit un manquement d'entrave que l'Autorité peut sanctionner elle-même (V. encadré *infra*, n° 71 *in fine*).
- En matière d'enquêtes menées par l'Autorité des marchés financiers, le fait de communiquer des « renseignements inexacts » est un délit puni de 300 000 €

(57) L. n° 2004-204, 9 mars 2004.
(58) Aut. conc., 3 mai 2021, déc. n° 21-D-10.
(59) C. com., art. L. 450-8.

d'amende (1 500 000 € pour les personnes morales)[60]. En outre, la loi du 26 juillet 2013 a introduit un manquement d'entrave que l'AMF peut poursuivre elle-même (V. encadré *infra*, n° 71 *in fine*).

Ainsi une coopération s'impose et consiste, à tout le moins, à répondre aux sollicitations précises et en lien avec l'objet de l'enquête et à ne pas faire obstacle aux investigations.

- En matière d'enquêtes menées par la CNIL, le fait de communiquer des informations non conformes au contenu des enregistrements est puni de 15 000 € d'amende[61].

70. - **En matière civile et commerciale**, la visite d'un commissaire de justice est un acte hostile obtenu par un adversaire judiciaire. Il n'existe dans ce cadre aucune obligation de coopération et aucun texte ne vient sanctionner pénalement une attitude non coopérative. Tout en restant naturellement dans les limites du respect et de la courtoisie dus au commissaire de justice, l'entreprise visitée n'a donc aucune raison d'apporter une aide quelconque à la mesure diligentée, sauf si elle considère que c'est dans son intérêt. Il faut toutefois garder à l'esprit que le juge saisi sur le fond du litige pourra tirer toutes les conséquences d'un refus de coopérer.

H. - Quels sont les risques en cas d'entrave ?

71. - L'obstruction aux actes d'enquête ou à la manifestation de la vérité au moment de la visite peut, dans certaines circonstances, entraîner une mise en cause de la responsabilité pénale de l'entreprise ou des dirigeants, au titre du délit d'entrave.

En matière pénale, est puni d'une peine de prison de trois ans et d'une amende d'un montant de 45 000 €[62] le fait, pour faire obstacle à la manifestation de la vérité, de modifier l'état des lieux de commission d'un délit ou d'un crime ou de procéder à la destruction, la soustraction, l'altération de documents utiles à l'enquête. La modification des lieux consiste en la suppression ou l'altération de traces ou d'indices laissés par la commission d'un délit ou d'un crime. La destruction ou la soustraction de documents doit avoir lieu dans le dessein de faire obstacle à l'action de la justice[63], mais l'intention est souvent déduite de la commission de l'acte[64]. La peine est portée à cinq ans d'emprisonnement et 75 000 € d'amende lorsque ces faits sont commis par une personne qui, par ses fonctions, est appelée à concourir à la manifestation de la vérité.

(60) C. mon. fin., art. L. 642-2.
(61) C. pén., art. 226-22-2.
(62) C. pén., art. 434-4.
(63) Cass. crim., 18 janv. 1989, n° 88-80.163.
(64) Cass. crim., 25 oct. 1995, n° 95-80.417.

→ Pour aller plus loin

L'article 434-15-2 du Code pénal punit de trois ans de prison et de 270 000 € d'amende le refus de donner aux autorités judiciaires la convention secrète de déchiffrement d'un moyen de cryptologie susceptible d'avoir été utilisé pour préparer, faciliter ou commettre un crime ou un délit. Dans un arrêt du 7 novembre 2022[65], la Cour de cassation retient que « le code de déverrouillage d'un téléphone mobile peut constituer une clé de déchiffrement si ce téléphone est équipé d'un moyen de cryptologie ». Or que le téléphone portable visé fonctionne grâce à un logiciel IOS (Apple) ou Android (Google), les données sont désormais automatiquement chiffrées. Il en résulte que le code de déverrouillage d'un téléphone mobile constitue généralement une clé de déchiffrement qu'il convient de partager avec les enquêteurs.

En matière administrative, le délit d'entrave est sanctionné lorsqu'il s'agit de faire obstacle aux pouvoirs d'enquête d'une autorité. Chaque type d'enquête dispose d'un délit d'entrave qui lui est propre et soumis à des peines différentes[66]. L'entrave est souvent définie de façon large, comme « le fait pour quiconque de s'opposer, de quelque façon que ce soit » à l'exercice des fonctions des enquêteurs, et peut donc être caractérisée par toute obstruction de mauvaise foi.

Il a notamment été jugé que l'entrave était caractérisée par :

– le fait de refuser à l'agent l'entrée de locaux de vente et de dépôt d'un magasin[67] (amende de 7 000 F) ;

– le fait de refuser l'accès à la cave de stockage pour contrôler les boissons distribuées par un bar[68] (amende de 5 000 F) ;

– le refus de fournir des renseignements et des documents ainsi que mettre en œuvre des manœuvres dilatoires visant à empêcher les investigations[69] ;

– le fait de refuser de produire des pièces demandées[70] (trois mois de prison avec sursis et 7 000 € d'amende) ;

– le fait de refuser de communiquer des documents réclamés dans leur intégralité sous couvert de secret professionnel[71] (amende de 3 000 € prononcée par les juges du fond).

Le délit d'entrave est une infraction pénale largement définie, devant conduire l'entreprise à prendre toutes les précautions et à coopérer, dans la limite de l'objet de la visite, avec les enquêteurs. Elle ne doit pas pour autant inhiber l'entreprise qui dispose en premier lieu du droit de se défendre et de faire respecter ses droits.

Un tableau récapitulatif des différents délits d'entrave se trouve *infra*, n° 125.

(65) Cass. crim., 7 nov. 2022, n° 21-83.146.
(66) C. com., art. L. 450-8 ; C. mon. fin., art. L. 642-2 ; C. pén., art. 226-22-2.
(67) CA Grenoble, 17 nov. 1988 : *JurisData* n° 1988-047808.
(68) TGI Paris, 14 janv. 1998 : *BID* 12/1998.
(69) Cass. crim., 14 nov. 2000, n° 00-81.084.
(70) Cass. crim., 27 sept. 2007, n° 07/00294.
(71) Cass. crim., 24 févr. 2009, n° 08-84.410 : *Bull. crim.* n° 46.

Impossibilité du cumul entre manquement et délit d'entrave

Dans la perspective d'une meilleure répression et d'une plus grande efficacité, le législateur a créé un manquement d'entrave aux enquêtes de l'Autorité de la concurrence (par une ordonnance du 13 novembre 2008) et de l'AMF (par une loi du 26 juillet 2013).

Ainsi, l'article L. 464-2, V, alinéa 2 du Code de commerce dispose que « lorsqu'une entreprise ou une association d'entreprises a fait obstruction à l'investigation ou à l'instruction, notamment en fournissant des renseignements incomplets ou inexacts, ou en communiquant des pièces incomplètes ou dénaturées, l'Autorité peut, à la demande du rapporteur général, et après avoir entendu l'entreprise en cause et le commissaire du gouvernement, décider de lui infliger une sanction pécuniaire », qui peut se monter au maximum à 1 % du chiffre d'affaires mondial de l'entreprise.

De même, d'après l'article L. 621-15, II (*f*) du Code monétaire et financier : « La commission des sanctions [de l'AMF] peut, après une procédure contradictoire, prononcer une sanction à l'encontre des personnes suivantes : (...) *f)* toute personne qui, (...), sur demande des enquêteurs et sous réserve de la préservation d'un secret légalement protégé et opposable à l'Autorité des marchés financiers, refuse de donner accès à un document, quel qu'en soit le support, et d'en fournir une copie, refuse de communiquer des informations ou de répondre à une convocation, ou refuse de donner accès à des locaux professionnels ». La sanction peut aller jusqu'à 100 millions d'euros ou au décuple de l'avantage retiré du manquement.

Or, dans deux décisions récentes[72], le Conseil constitutionnel a déclaré contraire au principe de nécessité des délits et des peines (et donc à la Constitution) le cumul possible entre la répression administrative de ces manquements d'entrave et la répression pénale des délits d'entrave, prévues aux articles L. 450-8 du Code de commerce (pour l'Autorité de la concurrence) et L. 642-2 du Code monétaire et financier (pour l'AMF). Par conséquent, il sera désormais impossible de cumuler les deux procédures : l'Autorité et l'AMF devront choisir *ab initio* la voie par laquelle elles souhaitent sanctionner l'entrave.

(72) Cons. const., 26 mars 2021, n° 2021-892 QPC et Cons. const., 28 janv. 2022, n° 2021-965 QPC.

CHAPITRE 2 **LES DONNÉES SENSIBLES DE L'ENTREPRISE**

SECTION 1 **LE SECRET PROFESSIONNEL ET LES DROITS DE LA DÉFENSE**

A. – Définition du secret professionnel avocat / client

72. - Le secret professionnel de l'avocat implique à la fois l'interdiction pour celui-ci de divulguer les informations relatives à son client et l'interdiction pour les autorités de prendre connaissance des correspondances échangées entre un avocat et son client.

B. – L'insaisissabilité des documents couverts par le secret professionnel avocat / client

73. - Le secret professionnel de l'avocat couvre, quels qu'en soient les supports, toutes les informations liées aux rapports entre l'avocat et son client. Cela concerne notamment :

- les consultations données par l'avocat à l'entreprise ;
- les correspondances entre l'entreprise et son avocat ;
- le nom des clients de l'avocat ;
- toutes les informations reçues par l'avocat dans l'exercice de sa profession[1].

Les documents qui contiennent ces informations sont couverts par le secret professionnel de l'avocat et sont donc insaisissables par les autorités quelles qu'elles soient.

En pratique, la question du secret professionnel crée de nombreuses discussions entre les enquêteurs et les personnes faisant l'objet de la visite. Il n'est pas rare qu'un débat, parfois vif, ait lieu quant au champ d'application du secret professionnel.

Couvre-t-il toutes les correspondances avocat/client indépendamment de leur objet, ce qui inclut celles qui n'ont aucun lien avec le litige ?

Du point de vue de l'avocat, la réponse est oui.

Toutefois, en pratique, l'étendue de la protection du secret professionnel diffère selon le type de visite.

(1) RIN, art. 2.

1) Perquisitions en matière pénale

En matière pénale, les enquêteurs ont longtemps imposé une vision restrictive du secret professionnel, qui ne leur interdit la saisie des correspondances avocat/client que dans la mesure où elle porterait atteinte aux droits de la défense. Autrement dit, les enquêteurs ne s'interdisent de saisir que les correspondances avocat/client pouvant avoir un lien avec une enquête pénale et considèrent que tout le reste – et en particulier tout ce qui relève de l'activité de conseil de l'avocat – est saisissable.

La jurisprudence a validé cette lecture restrictive. Ainsi, dans une décision récente, la Cour de cassation a affirmé que si « les pièces échangées entre l'avocat et son client sont couvertes par le secret professionnel, aucune disposition légale ou conventionnelle ne fait obstacle à ce que l'officier de police judiciaire, le procureur de la République ou le juge d'instruction (…) procèdent à la saisie de telles pièces utiles à la manifestation la vérité lorsque leur contenu est étranger à l'exercice des droits de la défense ou lorsqu'elles sont de nature à établir la preuve de la participation de l'avocat à une infraction »[2].

L'adoption de la loi n° 2021-1729 du 22 décembre 2021 pour la confiance dans l'institution judiciaire peut permettre d'espérer un changement, car l'intention du législateur semble être de renforcer la protection du secret professionnel. L'article préliminaire du Code de procédure pénale garantit désormais « le respect du secret professionnel de la défense et du conseil » au cours de la procédure, avec une seule exception : d'après l'article 56-1-2, le secret professionnel attaché aux documents relevant des activités de conseil de l'avocat n'est pas opposable aux enquêteurs lorsque (i) l'enquête porte sur des faits de corruption, de fraude fiscale, de financement du terrorisme et de blanchiment de ces infractions et que (ii) ces documents « établissent la preuve de leur utilisation aux fins de commettre ou de faciliter la commission desdites infractions ».

Cependant, la circulaire d'application de la loi n° 2021-1729 laisse penser que les autorités d'enquête ne sont pas prêtes à abandonner leur lecture restrictive. Elle retient en effet que « le secret du conseil est désormais protégé, mais à la condition qu'il se rapporte à l'exercice des droits de la défense », c'est-à-dire uniquement lorsque la personne qui sollicite les conseils de l'avocat cherche à préparer sa défense en matière pénale. À l'inverse, la protection ne s'appliquerait pas « lorsque des conseils sont demandés à un avocat avant toute commission d'une infraction ».

Il est donc probable que les enquêteurs continueront à vouloir saisir largement les documents couverts par le secret professionnel qui relèveraient de l'activité de conseil de l'avocat. Seules seront véritablement insaisissables les correspondances qui ont un lien avec une enquête pénale en cours ou à venir, quelle qu'elle soit. À ce titre, il importe peu que les documents saisis aient trait à une autre procédure, sans aucun lien avec celle qui a donné lieu à la perquisition litigieuse[3].

(2) Cass. crim., 4 oct. 2016, n° 16-82.308.
(3) Cass. crim., 13 déc. 2006, n° 06-87.169.

→ Pour aller plus loin

Depuis le 1er mars 2022, la personne chez qui il est procédé à une perquisition pénale peut s'opposer à la saisie des documents qu'elle considère couverts par le secret professionnel jusqu'à ce que le juge des libertés et de la détention statue sur ce point. En attendant, les documents doivent être placés sous scellés fermés. Cette pratique est donc désormais de droit en matière pénale.

D'une façon générale, il peut être décidé de s'opposer à toute consultation ou saisie par les enquêteurs de correspondances avocat/client indépendamment de leur objet.

Ces documents sont généralement facilement identifiables sous un format papier, ce qui facilite l'exclusion des documents couverts par le secret.

Sous forme électronique (en particulier les échanges d'e-mails), les enquêteurs peuvent faire valoir la difficulté technique de faire le tri sur place (en arguant notamment de l'insécabilité des boîtes e-mails, ce qui est techniquement erroné).

Dans ce cas, il est recommandé de disposer d'une liste des avocats travaillant avec l'entreprise afin de pouvoir, par le biais d'une recherche par mots-clés ou par le nom de l'expéditeur/destinataire/personne mise en copie, identifier et exclure les courriels (et leurs pièces jointes) couverts par le secret professionnel.

En cas de difficultés relatives au secret professionnel :

– se faire assister du responsable informatique de la société pour pouvoir, le cas échéant, apporter des réponses techniques aux difficultés de tri invoquées par les enquêteurs ;

– demander que les documents soient placés dans une enveloppe scellée en attendant qu'une juridiction se prononce sur leur caractère saisissable ;

– ou proposer de ne remettre qu'une copie expurgée des éléments couverts par le secret professionnel et prévoir une copie de sauvegarde de l'intégralité des données informatiques placée sous scellé dont vous conservez la garde dans un but de préservation des preuves ;

– faire mention de toute difficulté dans le procès-verbal, en ce compris la simple consultation par les enquêteurs de correspondances avocat/client.

2) Perquisitions en matière de concurrence

Dans les perquisitions administratives qui relèvent du contrôle de la chambre criminelle de la Cour de cassation (c'est-à-dire celles qui sont diligentées par l'Autorité de la concurrence et la DGCCRF), la jurisprudence a entériné la même lecture restrictive qu'en matière pénale. Ainsi, dans une décision récente, la Cour de cassation a affirmé que si « les correspondances échangées entre le client et son avocat sont, en toutes matières, couvertes par le secret professionnel, il demeure qu'elles peuvent notamment être saisies (…) dès lors qu'elles ne concernent pas l'exercice des droits de la défense »[4]. Par conséquent, comme en matière pénale, les enquêteurs ne s'interdisent de saisir que les correspondances avocat/client pouvant avoir un lien avec une enquête.

3) Autres visites

Dans les autres matières, la jurisprudence sur la protection des échanges avocat-client est moins restrictive. Ainsi, dans un arrêt récent rendu à propos d'une visite

(4) Cass. crim., 25 nov. 2020, n° 19-84.304.

domiciliaire de l'administration fiscale[5], la chambre commerciale de la Cour de cassation a annulé la saisie d'un courrier d'avocat, en rappelant que le secret professionnel couvre toutes les correspondances de l'avocat, la seule exception étant les échanges à caractère officiel avec ses confrères. De même, lorsqu'elle est saisie de recours contre des opérations de visites et saisies conduites par l'AMF[6], la cour d'appel de Paris retient une acception large du secret professionnel, en citant *in extenso* le texte qui fonde celui-ci[7]. Par conséquent, en matière de répression administrative relevant de la chambre commerciale de la Cour de cassation, les correspondances entre un avocat et son client sont mieux protégées contre les saisies qu'en matière pénale ou de concurrence.

4) Droit européen et communautaire

La Cour européenne des droits de l'homme et la Cour de justice de l'Union européenne protègent également le secret professionnel.

Dans la jurisprudence de la Cour européenne des droits de l'homme, cette protection passe par le prisme du droit au respect de la vie privée, et plus particulièrement du secret des correspondances (Conv. EDH, art. 8). Par conséquent, l'atteinte au secret professionnel est possible, mais elle doit « être prévue par la loi », « répondre à un ou des buts légitimes » et être « nécessaire dans une société démocratique »[8]. À ce titre, la Cour exige du juge qu'il contrôle *in concreto* la proportionnalité de la saisie effectuée. C'est ainsi qu'elle a condamné la France dans un dossier où la DGCCRF avait saisi l'intégralité de certaines messageries électroniques contenant des échanges entre l'avocat et la société requérante, et avait ainsi porté une atteinte disproportionnée au droit au respect de la vie privée de la société requérante[9].

Le droit de l'Union européenne protège également la confidentialité des correspondances entre l'avocat et son client dans l'objectif de « sauvegarder le plein exercice des droits de la défense des justiciables » et de protéger l'exigence pour tout justiciable d'avoir « la possibilité de s'adresser en toute liberté à son avocat »[10]. Ainsi, dans une décision du 17 septembre 2007, le Tribunal de première instance des Communautés européennes (devenu le Tribunal de l'Union européenne), précise que « l'entreprise faisant l'objet d'une vérification (...) est en droit de refuser aux agents de la Commission la possibilité de consulter, même d'une façon sommaire, un ou plusieurs documents concrets dont elle soutient qu'ils sont protégés par la confidentialité, pourvu qu'elle considère qu'un tel examen sommaire est impossible sans dévoiler le contenu desdits documents et qu'elle l'explique, de façon motivée, aux agents de la Commission »[11].

Pour déterminer quels documents méritent cette protection, la Cour de justice des Communautés européennes a posé deux critères : « la confidentialité des correspondances entre les avocats et leurs clients devrait faire l'objet d'une protection au niveau de l'Union, sous réserve de deux conditions cumulatives : un lien avec l'exercice des droits de la défense et l'indépendance de l'avocat »[12]. L'indépendance doit être comprise au sens d'absence de relation salariale entre l'avocat et son client. Les

(5) Cass, com., 10 avr. 2019, n° 17-26.802.
(6) CA Paris, pôle 5, ch. 15, 29 mai 2019, n° 18/09125.
(7) L. n° 71-1130, 31 déc. 1971, art. 66-5.
(8) CEDH, 24 mai 2018, n° 28798/13, *Laurent c/ France*.
(9) CEDH, 2 avr. 2015, n°s 63629/10 et 60567/10, *Vinci construction et GTM génie civil et services c/ France*.
(10) CJCE, 14 sept. 2010, aff. C-550/07, *Akzo Nobel Chemicals Ltd. c/ Commission européenne*.
(11) TPICE, 17 sept. 2007, aff. jtes T-125/03 et T-253/03, *Akzo Nobel Chemicals Ltd.*
(12) CJCE, 18 mai 1982, *AM & S Europe Ltd c/ Commission des Communautés européennes*.

échanges avec les juristes internes de l'entreprise, même inscrits à un barreau, ne sont donc pas confidentiels. La notion de droits de la défense, quant à elle, est légèrement différente de celle qui prévaut en France. En effet, la Cour de justice retient que l'existence d'un « lien avec l'objet de la procédure » suffit à rattacher les correspondances aux droits de la défense[13]. Par conséquent, dès lors qu'il existe un lien de connexité avec les faits objet de l'enquête, la correspondance antérieure à l'ouverture de la procédure est protégée.

→ Pour aller plus loin

La Cour de cassation a validé la pratique du scellé fermé provisoire des fichiers de messageries électroniques, ainsi que la saisie globale de ces messageries en permettant, par la suite, à l'entreprise de faire connaître les correspondances qui, selon elle, doivent être protégées au titre de la confidentialité des correspondances entre l'avocat et son client[14].

C. – Le « privilège de confidentialité » attaché aux avis juridiques des juristes d'entreprise

74. – Le cadre juridique de la confidentialité des avis juridiques des juristes d'entreprise était en cours de discussion au Parlement, avant la dissolution de l'Assemblée nationale au mois de juin 2024.

Une disposition relative à la confidentialité des consultations des juristes d'entreprise avait initialement été insérée dans la loi d'orientation et de programmation du ministère de la Justice (2023-2027), avant d'être censurée comme « cavalier législatif » par le Conseil constitutionnel le 16 novembre 2023 en ce qu'elle ne présentait pas de lien, même indirect, avec le projet de loi initial.

Une proposition de loi, portée par le sénateur et ancien avocat Louis Vogel a ensuite été enregistrée à la Présidence du Sénat le 17 novembre 2023, reprenant les mêmes dispositions que celles censurées par le Conseil constitutionnel. Une seconde proposition de loi, similaire, portée par le député Jean Terlier a été enregistrée à la Présidence de l'Assemblée nationale le 21 décembre 2023.

Les deux propositions de loi ont été adoptées par le Sénat le 14 février 2024 et à l'Assemblée nationale le 30 avril 2024, avant que n'intervienne la dissolution décidée au mois de juin 2024.

Les propositions de loi précisent que les avis juridiques des juristes d'entreprise ne pourront pas faire l'objet d'une saisie ou d'une obligation de remise à un tiers, y compris à une autorité administrative, française ou étrangère dans le cadre d'une procédure ou d'un litige en matière civile, commerciale ou administrative.

Les propositions excluent toutefois expressément la protection des avis juridiques dans le cadre d'une procédure pénale ou fiscale.

(13) *Ibid.*
(14) Cass. com., 4 mars 2020, n° 18-84.071.

Elles prévoient aussi un mode opératoire inversé en cas de contestation liée à la saisie de documents. Il incombera à l'autorité administrative de porter la contestation devant le juge des libertés et de la détention, et non pas à la société. En pratique, les sociétés auront donc intérêt à invoquer la confidentialité des avis des juristes de l'entreprise au cours d'une visite inopinée.

D. – Le *legal privilege* des pays de common law

75. – Le *legal privilege* est le pendant du secret professionnel des avocats dans les pays de tradition juridique anglo-saxonne. Son champ d'application est toutefois différent.

Le *legal privilege* inclut toute communication émanant d'un avocat ou d'un juriste interne inscrit à un barreau, faite dans le but de fournir un conseil en matière juridique. Elle doit correspondre à un cas de demande de conseil d'ordre purement juridique ou à la situation dans laquelle l'avocat conseille un client à propos d'une question juridique.

Le *legal privilege* est donc plus large que le secret professionnel en ce qu'il est susceptible de couvrir des correspondances internes à l'entreprise impliquant les membres du service juridique s'ils sont inscrits à un barreau.

En France, le cadre juridique relatif à la protection des avis juridiques des juristes d'entreprise était en cours de discussion au moment de la dissolution de l'Assemblée nationale en juin 2024. Il sera potentiellement finalisé par le Parlement une fois la nouvelle législature mise en place. Actuellement, seul le secret professionnel couvrant les échanges entre les avocats inscrits à un barreau français et leur client est opposable aux enquêteurs. La Cour de cassation a toutefois admis dans un arrêt de 2022 que le secret s'étend aux échanges de juristes internes à l'entreprise, dès lors qu'ils ont pour « objet essentiel » de reprendre la stratégie de défense mise en place par les avocats de l'entreprise et de disséminer leurs conseils[15].

→ Pour aller plus loin

La jurisprudence communautaire[16] a eu l'occasion de se prononcer sur cette question et a considéré que « l'avocat interne, en dépit du fait qu'il soit inscrit au barreau et soumis aux règles professionnelles, ne jouit pas à l'égard de son employeur du même degré d'indépendance qu'un avocat exerçant ses activités dans un cabinet externe ».

L'arrêt ajoute que « la situation juridique actuelle au sein des États membres ne justifie pas d'envisager un développement de la jurisprudence dans le sens d'une reconnaissance, aux avocats internes, du bénéfice de la protection de la confidentialité ».

Cette jurisprudence confirme donc l'état du droit en France.

(15) Cass. crim., 26 janv. 2022, n° 17-87.359.
(16) CJCE, 14 sept. 2010, aff. C-550/07, *Akzo Nobel Chemicals Ltd. c/ Commission européenne*.

E. – Les autres secrets professionnels

76. - D'autres secrets professionnels (notamment le secret bancaire) sont protégés par la loi : l'article 226-13 du Code pénal interdit la révélation d'un secret par une personne qui en est dépositaire par sa profession ou sa fonction.

Toutefois, ce secret n'est pas opposable en cas d'enquête pénale ou administrative : l'autorité chargée de l'enquête peut recueillir les documents concernés.

Il convient toutefois de mentionner que les documents saisis sont protégés au titre d'un secret professionnel et de le faire acter. Cette précaution attirera non seulement l'attention des enquêteurs sur le caractère confidentiel du document, mais permettra, éventuellement, de justifier de votre diligence auprès des clients concernés.

SECTION 2 LE SECRET-DÉFENSE

A. – Définition du secret-défense

77. - Les saisies de documents lors des visites domiciliaires et perquisitions peuvent être limitées par le « secret-défense ». Dans ce cas, certains documents ne pourront être saisis, leur divulgation étant considérée, du fait de dispositions légales, comme pouvant porter atteinte à la sécurité nationale.

Le secret-défense[17] ou secret de la défense nationale est défini par rapport aux documents qu'il protège. Le Code pénal considère en effet que « présentent un caractère de secret de la défense nationale (...) les procédés, objets, documents, informations, réseaux informatiques, données informatisées ou fichiers intéressant la défense nationale qui ont fait l'objet de mesures de classification destinées à restreindre leur diffusion ou leur accès » et que « peuvent faire l'objet de telles mesures les procédés, objets, documents, informations, réseaux informatiques, données informatisées ou fichiers dont la divulgation ou auxquels l'accès est de nature à nuire à la défense nationale ou pourrait conduire à la découverte d'un secret de la défense nationale »[18].

C'est donc l'atteinte à l'intérêt de la défense nationale et, par extension, à la sécurité nationale qui définit le secret-défense.

B. – L'insaisissabilité des documents couverts par le secret-défense

78. - Ce sont non seulement des documents et informations qui sont protégés par le secret-défense, mais aussi des lieux de défense nationale (sites militaires...).

Deux types de lieux sont distingués par la loi[19].

Il peut s'agir d'un « lieu précisément identifié abritant des éléments couverts par le secret de la défense nationale » dont la qualification dépend d'arrêtés ministériels et est communiquée par la Commission consultative du secret-défense ou d'un lieu qui « se révèle abriter des éléments couverts par le secret de la défense nationale ».

(17) CPP, art. 56-4.
(18) C. pén., art. 413-9.
(19) CPP, art. 56-4.

L'insaisissabilité concerne l'ensemble des documents classifiés[20]. En pratique, le document classifié fait l'objet d'un marquage à l'encre indélébile de couleur rouge, indiquant le niveau de classification, et donc de protection. Les mentions « Diffusion restreinte » ou « Confidentiel diplomatie » n'accordent quant à elles aucune protection.

L'insaisissabilité n'est cependant pas absolue, et les documents couverts par le secret-défense peuvent être saisis dans un cadre très précis. La perquisition et la visite domiciliaire dans un lieu abritant des documents classifiés ne peuvent être effectuées que par un magistrat, et en présence du président de la Commission consultative du secret de la défense nationale ou de son représentant[21].

De même, elles ne peuvent être effectuées qu'en vertu d'une décision écrite et précise du magistrat. Celle-ci doit être motivée si le lieu est classifié. La perquisition dans un lieu neutre ne nécessite pas la présence du magistrat, mais il est impératif de prévenir la Commission consultative du secret de la défense nationale. Le non-respect de ces conditions entraîne la nullité de la visite[22].

En tout état de cause, le magistrat ne peut saisir que les éléments classifiés relatifs aux infractions sur lesquels portent les investigations.

La prise de connaissance de documents classifiés par un magistrat non habilité n'entraîne pas la mise en cause de la responsabilité pénale de l'entreprise mais celle du magistrat au titre de délit de compromission, puni de cinq ans d'emprisonnement et 75 000 € d'amende[23].

C. – Recommandations pratiques

79. - L'entreprise peut être directement concernée par le secret-défense, si son activité concerne des domaines tels que la sécurité intérieure, la défense militaire, les activités financières, économiques, industrielles, ou scientifiques en lien avec la sécurité nationale. La présence de documents classifiés et leur niveau de protection doivent être connus par les personnes qui seront présentes durant la visite.

Lors de la visite, il s'agit de s'assurer de la présence du président de la Commission consultative du secret de la défense nationale ou de son représentant s'il s'agit d'un lieu classifié ou abritant un élément protégé, et de faire inscrire au procès-verbal toute prise de connaissance d'un document protégé par le secret-défense, par une personne autre que celles qui y sont autorisées.

SECTION 3 AUTRES DOCUMENTS SENSIBLES

A. – Le secret des affaires

80. - Le secret des affaires n'est pas protégé en tant que tel en droit français. Une entreprise faisant l'objet d'une visite inopinée ne peut nullement opposer le secret des affaires pour empêcher la copie ou la saisie d'un document, quels que soient la nature et le contenu du document.

(20) Les mesures de classification sont précisées aux articles R. 2311-1 à R. 2311-4 du Code de la défense et comprennent deux niveaux : Secret, Très Secret.
(21) CPP, art. 56-4, I.
(22) CPP, art. 56-4, IV.
(23) C. pén., art. 413-11.

→ Pour aller plus loin

Le secret des affaires a fait l'objet d'une directive européenne sur la protection des savoir-faire et des informations commerciales non divulgués contre l'obtention, l'utilisation et la divulgation illicites, publiée au *Journal officiel de l'Union européenne* le 15 juin 2016. Le texte a créé une définition, prévue à l'article 2 de la directive 2016/943, pour le secret des affaires. La définition prévoit trois conditions cumulatives permettant d'identifier des informations comme relevant du secret. D'une part, *elles sont secrètes en ce sens que dans leur globalité ou dans la configuration et l'assemblage exacts de leurs éléments, elles ne sont pas généralement connues des personnes appartenant aux milieux qui s'occupent normalement du genre d'informations en question, ou ne leur sont pas aisément accessibles* (Dir., art. 2, a) ; d'autre part, *elles ont une valeur commerciale parce qu'elles sont secrètes* (Dir., art. 2, b) ; enfin, *elles ont fait l'objet, de la part de la personne qui en a le contrôle de façon licite, de dispositions raisonnables, compte tenu des circonstances, destinées à les garder secrètes* (Dir., art. 2, c). Le texte a été transposé en France par l'intermédiaire de la loi n° 2018-670 du 30 juillet 2018, relative à la protection du secret des affaires et de son décret d'application n° 2918-1126 du 11 décembre 2018. La loi a inséré dans le code de commerce l'article L. 151-1 qui consacre le secret des affaires. Le décret a précisé les aspects procéduraux de la protection du secret des affaires, en consacrant par exemple la possibilité pour le juge de prononcer « *toute mesure provisoire et conservatoire proportionnée y compris sous astreinte* » (article R. 152-1 du code de commerce) ou d'ordonner le placement sous séquestre des pièces lorsque le juge est saisi de manière non contradictoire (article R. 153-1 du code de commerce).

L'article L. 151-7 du Code de commerce rend inopposable le secret des affaires aux autorités juridictionnelles ou administratives dans l'exercice « des pouvoirs d'enquête, de contrôle, d'autorisation ou de sanction ». Le secret des affaires est donc inopposable aux autorités pénales et administratives. Le juge civil peut ordonner la production d'un document présenté comme relevant du secret des affaires, s'il considérait que l'intérêt probatoire des pièces concernées devait prévaloir sur l'intérêt protégé par la confidentialité.

La Cour de cassation a jugé que le secret des affaires ne constitue pas en lui-même un obstacle à l'article 145 du Code de procédure civile, à condition que les mesures ordonnées procèdent d'un motif légitime, soient nécessaires à la protection des droits de la partie qui les a sollicitées, et ne portent pas une atteinte disproportionnée aux droits de l'autre partie au regard de l'objectif poursuivi[24].

En d'autres termes, le juge doit opérer un contrôle de proportionnalité entre les mesures *in futurum* de l'article 145 et la protection du droit au secret des affaires.

81. – Une règle spéciale existe en matière de concurrence. L'Autorité de la concurrence peut refuser à une partie l'accès à certaines pièces du dossier lorsque cet accès serait susceptible de causer un grave préjudice à des entreprises mises en cause compte tenu de la confidentialité des informations recueillies[25]. Dans ce cas,

(24) Cass. 2e civ., 10 juin 2021, n° 20-11.987.
(25) C. com., art. L. 463-4 : « Sauf dans les cas où la communication ou la consultation de ces documents est nécessaire à l'exercice des droits de la défense d'une partie mise en cause, le rapporteur général de

une version non confidentielle (c'est-à-dire caviardée) et un résumé des pièces ou éléments en cause lui sont accessibles.

Pour en bénéficier, la partie concernée doit faire une demande de protection des pièces sensibles au titre du secret des affaires. Cette protection peut être levée par le rapporteur de l'Autorité de la concurrence si, au terme d'un débat contradictoire, il considère que l'accès des parties à la pièce protégée est nécessaire à l'exercice des droits de la défense ou pour les besoins du débat devant l'Autorité.

Toutefois, cette protection intervient après la saisie et n'est pas opposable aux enquêteurs lors de leurs opérations.

82. - **En général**, il est utile de spécifier aux enquêteurs que le document saisi est sensible, stratégique ou relève du secret des affaires. Il est également possible de demander à ce que la nature sensible du document saisi soit actée dans le procès-verbal de saisie, afin d'attirer l'attention des enquêteurs, puis des autorités en charge de l'enquête sur ce point.

B. - Les données informatiques stockées sur un serveur situé à l'étranger

83. - **En matière pénale**, les données informatiques stockées sur un serveur situé à l'étranger font l'objet d'un traitement particulier[26] en raison de la limitation de la compétence territoriale des enquêteurs.

S'il est avéré que les données informatiques accessibles sur le système informatique de la société sont stockées sur un serveur situé à l'étranger, les enquêteurs doivent respecter les conditions d'accès à ces données prévues par les engagements internationaux de la France en la matière.

Toutefois, les traités internationaux étant muets sur cette question (à l'exception de la Convention du Conseil de l'Europe sur la cybercriminalité du 23 novembre 2001), il ne semble pas qu'il y ait de réponse juridique établie sur la saisissabilité de fichiers situés sur un serveur étranger, même si la Cour de cassation a pu par le passé approuver de telles saisies[27].

Il est donc possible de tenter de s'y opposer au motif que cette saisie serait opérée en dehors de la compétence territoriale des enquêteurs. Si les enquêteurs procèdent tout de même à la saisie, il conviendra de faire acter l'objection au procès-verbal.

En matière administrative, il n'existe pas de texte comparable à l'article 57-1, alinéa 3 du Code de procédure pénale. Même s'il y avait tout lieu de penser que les enquêteurs de l'AMF, du fisc ou de l'Autorité de la concurrence étaient tenus par les mêmes limites territoriales, ce n'est pas le sens de la jurisprudence actuelle de la cour d'appel de Paris

l'Autorité de la concurrence peut refuser à une partie la communication ou la consultation de pièces ou de certains éléments contenus dans ces pièces mettant en jeu le secret des affaires d'autres personnes. Dans ce cas, une version non confidentielle et un résumé des pièces ou éléments en cause lui sont accessibles. Un décret en Conseil d'État précise les modalités d'application du présent article ».

(26) CPP, art. 57-1, al. 3 : « S'il est préalablement avéré que ces données, accessibles à partir du système initial ou disponibles pour le système initial, sont stockées dans un autre système informatique situé en dehors du territoire national, elles sont recueillies par l'officier de police judiciaire, sous réserve des conditions d'accès prévues par les engagements internationaux en vigueur ».

(27) Cass. crim., 6 nov. 2013, n° 12-87.130.

et de la Cour de cassation, qui ont admis la saisie de fichiers informatiques stockés sur un serveur étranger dès lors qu'ils sont accessibles depuis les locaux visités[28].

→ Pour aller plus loin

La cour d'appel de Paris, dans une ordonnance du 31 août 2012[29], a considéré que des documents accessibles à partir d'un ordinateur se trouvant sur les lieux visités, même stockés sur des serveurs situés à l'étranger, devaient être considérés comme étant détenus à l'adresse à laquelle se trouve cet ordinateur et a validé la saisie :

« Que force est de constater que les pièces litigieuses ont été saisies à partir d'ordinateurs se trouvant dans les locaux visités ; que le juge des libertés et de la détention, en permettant aux agents de l'administration fiscale de procéder à la saisie des pièces et documents susceptibles d'être détenus dans les lieux visités quel qu'en soit le support, a autorisé par là même la saisie de documents informatiques pouvant être consultés dans les lieux visités, toute donnée située sur un serveur même localisé à l'étranger accessible à partir d'un ordinateur se trouvant sur les lieux visités étant considéré comme étant détenue à l'adresse à laquelle se trouve cet ordinateur ; qu'il importe peu dès lors que des fichiers saisis se trouvaient sur des serveurs étrangers ».

Le pourvoi formé à l'encontre de cet arrêt ayant été rejeté par la chambre commerciale de la Cour de cassation[30], les enquêteurs peuvent donc, en l'état actuel de la jurisprudence, saisir toutes les données accessibles depuis les locaux visités, même si celles-ci sont situées sur un serveur situé à l'étranger.

En pratique, dans le cadre d'une visite domiciliaire (sur autorisation du juge) ou d'une visite sur pouvoirs propres, le fait que le serveur soit situé à l'étranger n'engendre pas nécessairement de difficulté technique, car l'entreprise est en principe dotée des codes d'accès et d'identifiants au serveur.

Si tel n'est pas le cas, les enquêteurs peuvent se retrouver dans l'impossibilité de réaliser une copie des données informatiques en question.

Ils disposent alors de l'alternative suivante :

– faire une copie/saisir directement les données informatiques se trouvant sur les ordinateurs présents dans l'entreprise, ce qui devrait exclure vraisemblablement les données supprimées et les sauvegardes anciennes (se trouvant justement stockées sur le serveur) ;

– demander à l'entreprise qu'elle sollicite elle-même le prestataire informatique chargé de la gestion du serveur pour qu'il procède à la copie des données informatiques et rapatrie le support de copie qui sera transmis aux enquêteurs.

Si les données accessibles sur les ordinateurs sont insuffisantes ou si l'entreprise refuse de requérir le prestataire informatique étranger, les enquêteurs peuvent le cas échéant solliciter leurs homologues à l'étranger dans le cadre d'une demande d'entraide internationale. La réussite d'une telle demande dépendra de l'autorité et du pays concernés. En effet, si l'échange d'informations dans le cadre d'enquêtes finan-

(28) V. par ex. Cass. com., 25 nov. 2014, n° 13-16.920.

(29) CA Paris, pôle 5, ch. 7, 31 août 2012, n°s 11/13233, 11/13236 et 11/13234.

(30) Cass. com., 13 nov. 2013, n° 12-28.289.

cières est particulièrement productif et efficace (entre l'AMF et un grand nombre de régulateurs financiers et notamment en Angleterre [FCA], aux USA [SEC] et en Europe), tel n'est pas toujours le cas par exemple en matière de concurrence.

C. – Les données personnelles

84. – Certaines autorités ont, en vertu de dispositions législatives et/ou réglementaires, le pouvoir d'exiger des personnes physiques et morales la transmission de renseignements et de documents qui peuvent contenir des données personnelles[31]. Ces autorités peuvent avoir accès à des données personnelles « dans le cadre d'une mission d'enquête particulière conformément au droit de l'Union ou au droit d'un État membre »[32]. Ce sont par exemple, les autorités fiscales et douanières, les cellules d'enquête financière, les autorités administratives indépendantes ou les autorités des marchés financiers[33]. Dans le cadre d'enquêtes impliquant la communication de données personnelles, les autorités doivent agir dans le respect des règles applicables en matière de protection des données en fonction des finalités du traitement ; par ex., les autorités doivent limiter leur accès à des données personnelles à ce qui est strictement nécessaire pour les objectifs de leur enquête[34].

Ainsi, dans le cadre d'une enquête et d'une demande de communication de documents ou de renseignements contenant des données personnelles, la réglementation applicable en matière de protection des données personnelles s'applique respectivement, d'une part, à l'entité qui fait objet d'une telle demande et, d'autre part, aux enquêteurs de l'autorité.

85. – **Entités faisant l'objet d'une demande de transmission de données à une autorité.** Dans le cadre d'une demande de transmission de renseignements ou de documents contenant des données personnelles, l'entité (responsable de traitement[35] ou sous-traitant[36] des données) faisant l'objet de cette demande doit respecter les principes du RGPD, dès lors que ce dernier lui est applicable[37].

Responsable de traitement. Lorsque l'entité faisant l'objet d'une enquête est responsable de traitement des données personnelles susceptibles d'être transmises sur demande des enquêteurs, elle doit garantir notamment la sécurité des données[38] en limitant les accès et transmissions des données personnelles aux seuls acteurs habilités ou autorisés. Avant toute transmission, le responsable de traitement doit notamment :

– vérifier l'existence d'un fondement légal autorisant l'autorité de demander et avoir accès aux données concernées ;

(31) Toute information relative à une personne physique qui permet de l'identifier directement ou indirectement (Article 4(1) du Règlement (UE) 2016/679 du Parlement européen et du Conseil du 27 avril 2016 relatif à la protection des personnes physiques à l'égard du traitement des données à caractère personnel et à la libre circulation de ces données (ci-après « RGPD »)).

(32) Article 4(9) du RGPD.

(33) Considérant 31 du RGPD.

(34) *Ibid.*

(35) La personne physique ou morale qui détermine les finalités et les moyens du traitement de données personnelles (RGPD, art. 4[7]).

(36) La personne physique ou morale qui traite des données personnelles pour le compte et sur instructions du responsable du traitement (RGPD, art. 4[8]).

(37) V. RGPD, art. 2 et 3 concernant les critères d'applications du RGPD.

(38) RGPD, art. 5(1)(f) et 32.

– vérifier la qualité de l'autorité à l'origine de la demande ainsi que le périmètre des informations ou documents pouvant faire l'objet d'une demande de transmission ;

– s'assurer que les personnes concernées par les données personnelles ont été informées de leur transmission auprès des autorités (dans le cadre d'une politique de confidentialité ou notice d'information) ; et

– sécuriser la transmission des données ou les modalités d'accès par l'autorité.

Le responsable de traitement ne pourra pas, de manière générale, opposer à l'autorité émettrice de la demande les principes de sécurité et de confidentialité des données pour refuser la communication des renseignements ou documents demandés. Toutefois, il pourra le faire si l'autorité n'était pas habilitée, en vertu de la loi, à effectuer une telle demande, ou si les informations demandées n'entraient pas dans le périmètre des informations pouvant faire l'objet d'une telle demande.

La Commission nationale de l'informatique et des libertés (CNIL) a publié un guide pratique[39] à destination des professionnels afin de présenter les principaux points de vigilance lors du traitement d'une demande de transmission d'informations contenant des données personnelles à une autorité. La CNIL a également élaboré un recueil[40] décrivant les principales procédures et autorités susceptibles d'effectuer une telle demande de communication de données personnelles, applicable en cas de visite inopinée. Ce recueil précise notamment, pour chaque procédure, les objectifs et conditions de la demande, la nature des informations pouvant être demandées, et les fondements légaux de ces demandes.

86. – Sous-traitant. Le sous-traitant ne peut transmettre les données personnelles qu'il traite pour le compte d'un responsable de traitement que sur instruction de ce dernier. Lorsqu'il fait l'objet d'une demande de transmission de renseignements ou de documents contenant des données personnelles à une autorité, l'entité qui est sous-traitant des données doit effectuer, avant toute transmission des données, les mêmes vérifications que le responsable de traitement (décrites ci-dessus). En effet, le sous-traitant est soumis aux mêmes obligations de sécurité et de confidentialité des données et doit, à ce titre, limiter les accès aux données et ne les transmettre qu'aux seuls acteurs habilités. De plus, le sous-traitant doit informer le responsable de traitement de toute demande de transmission de données traitées pour son compte, sauf si des dispositions législatives ou réglementaires interdisent une telle information pour des motifs importants d'intérêt public[41].

87. – Textes applicables aux enquêteurs des autorités. Lors de l'exercice de leurs missions en général, ainsi que dans le cadre d'une demande de transmission d'informations contenant des données personnelles détenues par l'entité objet de l'enquête, les différentes autorités et, par conséquent, les enquêteurs, agissant pour ces autorités, sont soumis à des textes spécifiques en matière de protection des données personnelles en fonction du type d'autorité.

Au niveau européen. La majorité[42] des institutions, organes et organismes de l'Union européenne tels que la Commission européenne, le Parquet européen ou encore l'Autorité européenne des marchés financiers, sont soumis aux dispositions du Règle-

(39) *Ibid.*

(40) CNIL, Recueil des procédures « Tiers Autorisés », juill. 2020.

(41) RGPD, art. 28(3)(a).

(42) L'article 2(4) du règlement (UE) n° 2018/1725 tel que clarifié par le considérant 15 exclut l'application du règlement en question à certaines autorités, telles que celles agissant dans le cadre de missions

ment (UE) n° 2018/1725 qui prévoit des règles en matière de protection des données personnelles essentiellement alignées sur celles applicables à d'autres autorités en vertu du RGPD (cf. ci-dessous).

Au niveau national. Les règles applicables en matière de protection des données personnelles diffèrent en fonction de l'autorité émettrice de la demande de transmission de documents ou renseignements contenant des données personnelles. À titre d'exemple, les autorités compétentes en matière de prévention et de détection des infractions pénales, d'enquêtes et de poursuites en la matière ou d'exécution de sanctions pénales, ainsi que leurs agents lors de l'exercice de leurs missions sont soumis aux dispositions de la directive (UE) 2016/680 du Parlement européen et du Conseil du 27 avril 2016, dite « Police-Justice », transposée en droit français au titre III de la loi n° 78-17 du 6 janvier 1978, relative à l'informatique, aux fichiers et aux libertés. Les règles en matière de protection des données personnelles applicables à ces autorités sont généralement alignées sur celles applicables en vertu du RGPD. Par exemple, le principe de nécessité et de proportionnalité du traitement exige de l'autorité de limiter le traitement de données personnelles dans le cadre de ses missions, y compris lors d'enquêtes et de contrôles, à ce qui est strictement nécessaire et proportionné au regard de l'objectif poursuivi.

Quant aux autorités autres que les catégories déjà mentionnées ci-dessus (par ex.[43], l'administration fiscale, les autorités douanières ou encore l'inspection du travail), le cadre réglementaire applicable en matière de protection des données personnelles est celui du RGPD[44].

88. – Règles applicables aux enquêteurs des différentes autorités. Comme mentionné ci-dessus, les principes fondamentaux en matière de protection des données, applicables aux différentes autorités susmentionnées en vertu des différents textes cités ci-dessus dans le cadre de l'exercice de leurs missions d'enquête et de contrôle, sont généralement alignés. Ainsi, les autorités et leurs agents enquêteurs doivent respecter des exigences telles que la minimisation des données personnelles collectées et traitées dans le cadre d'une enquête. En pratique, les enquêteurs doivent s'efforcer à ne demander que des documents ou informations contenant des données personnelles qui sont strictement nécessaires aux objectifs de leur enquête[45]. Ainsi, des enquêteurs qui constatent que certaines informations contenant des données personnelles ne sont pas nécessaires pour leur enquête doivent les écarter de leur saisie.

Les textes[46] prévoient que, sous certaines conditions et dans le cadre de certaines missions de contrôle et d'inspection, telles que celles relatives à la sécurité nationale ou à d'autres objectifs importants d'intérêt public général, notamment économique ou financier, des limitations peuvent être apportées à certains droits prévus par le

relatives à la politique de sécurité et de défense commune ou de missions de forces de combat pour la gestion de crises.

(43) CNIL, « Qu'est-ce qu'un "tiers autorisé" ? ».

(44) Considérant 31 et article 4(9) du RGPD.

(45) Voir décision 2019-0370/2021-0699 du Comité européen de protection des données du 3 janvier 2022 par laquelle ce dernier a ordonné à Europol de se conformer au RGPD, et notamment aux principes de minimisation des données personnelles et de limitation de la durée de conservation.

(46) Article 23 du RGPD, article 25 du Règlement (UE) 2018/1725, articles 15 et 16 de la Directive (UE) 2016/680, article 102 de la loi n° 78-17 du 6 janvier 1978 relative à l'informatique, aux fichiers et aux libertés.

RGPD. Sont concernées par cette possibilité de limitation les obligations liées, notamment :

– à la transparence de l'information et aux droits des personnes concernées ;

– à la communication d'une violation de données personnelles aux personnes concernées.

À titre d'exemple, le droit de rectification peut être restreint dans le cadre d'une décision de l'Office européen de lutte antifraude (OLAF) d'ouvrir une enquête ou dans le cadre d'une transmission d'un dossier à l'OLAF[47]. Des limitations aux droits des personnes concernées peuvent également être prévues dans le cadre des actions menées par le Parquet européen en ce qui concerne le traitement des données personnelles administratives[48].

D. – La loi de blocage du 16 juillet 1980

89. – La loi du 16 juillet 1980, dite « loi de blocage », interdit à toute personne de communiquer par écrit, oralement ou sous toute autre forme, des documents ou renseignements d'ordre économique commercial, industriel, financier ou technique tendant à la constitution de preuves en vue de procédures judiciaires ou administratives étrangères ou dans le cadre de celles-ci. Cette interdiction est sanctionnée par une amende de 18 000 € (90 000 € pour les personnes morales).

Cette loi est bien connue des entreprises internationales qui ont pu se voir réclamer directement par des autorités étrangères, notamment américaines, des documents dans le cadre d'une procédure judiciaire ou en vue de celle-ci.

Elle permet, en théorie, à ces entreprises de faire valoir qu'une telle communication directe est interdite en France, sous peine de sanctions pénales, et qu'elle ne peut avoir lieu que par le biais des conventions applicables en matière de coopération judiciaire internationale (en particulier, la Convention de La Haye du 18 mars 1970 sur l'obtention des preuves à l'étranger en matière civile et commerciale).

Récemment, les pouvoirs publics ont cherché à rendre cette interdiction plus crédible auprès des autorités étrangères, en désignant clairement les services responsables de l'application de la loi de blocage. Ainsi la loi Sapin 2 du 9 décembre 2016 a confié à l'Agence française anticorruption le soin de contrôler le respect de cette loi par les entreprises qui se seraient vu imposer une peine de *monitorship* (renforcement et évaluation du programme de conformité anticorruption) par une autorité étrangère. De même, en vertu du décret n° 2022-207, les entreprises qui seraient destinataires de demandes de communication de documents de la part d'autorités étrangères doivent en faire part à une division du ministère de l'Économie, le Service de l'information stratégique et de la sécurité économiques (SISSE), qui agit comme autorité de contrôle de la loi de blocage et peut rendre des avis officiels sur son applicabilité.

90. – Il faut retenir ici que la loi de blocage ne peut fonder un refus de communiquer de l'entreprise que si la demande émane directement d'une autorité étrangère. Elle ne peut être opposée à une autorité française agissant sur demande d'une autorité étrangère en application d'une convention de coopération judiciaire internationale.

(47) CEPD, Lignes directrices concernant l'article 25 du règlement (UE) n° 2018/1725 et les règles internes limitant les droits des personnes concernées.

(48) Décision d'exécution (UE) 2021/856 de la Commission du 25 mai 2021 fixant la date à laquelle le Parquet européen assume ses tâches d'enquête et de poursuite.

CHAPITRE 3

COMMENT S'Y PRÉPARER

91. - Une visite inopinée doit toujours être prise très au sérieux, même si les risques de poursuites subséquentes apparaissent limités. D'une façon générale, il convient de se placer dans une logique de défense des intérêts de la société. Ceci ne suppose naturellement pas un refus de coopérer, mais implique préparation en amont et prudence lors de la visite.

Avant toute préparation, il convient d'évaluer ses risques.

L'entreprise doit ainsi identifier les activités créatrices de risques et les autorités qui pourraient le plus naturellement être amenées à procéder à des visites inopinées dans ses locaux.

Ces risques sont de natures différentes. Ils peuvent être :

– communs à toute activité économique : comportements inappropriés de certains employés (harcèlement, corruption, fraude…), en lien avec la présence d'institutions représentatives du personnel (délit d'entrave, discrimination…), en lien avec le dysfonctionnement de l'organisation (non-réponse à des sollicitations de l'administration, réponses incohérentes apportées à l'administration…) ;

– propres à l'activité de l'entreprise : une société cotée distribuant des *stock options* à ses cadres dirigeants crée un risque plus fort de susciter l'intérêt de l'AMF ; l'activité industrielle à forte utilisation de main-d'œuvre entraînera vraisemblablement des visites de l'inspection du travail ; la complexité de la situation fiscale de l'entreprise ou la pression concurrentielle sont également facteurs de risques ; et bien entendu toute société opérant dans un secteur régulé ;

– circonstanciels : intérêt médiatique pour certaines pratiques de marché proches de celles utilisées par l'entreprise ; une enquête en cours impliquant un concurrent ; un conflit avec certains partenaires de l'entreprise tels qu'un fournisseur, un client, ou encore le comité d'entreprise ou un salarié ; un accident sérieux au sein de l'entreprise, toujours susceptible d'entraîner une visite de l'inspection du travail et/ou de la police.

Cette analyse de risque permet de mettre en place une procédure appropriée pour faire face aux visites inopinées. La cartographie des risques que les entreprises doivent établir et mettre à jour régulièrement constitue une base d'identification et de traitement desdits risques.

La préparation doit intervenir à deux niveaux.

• Niveau 1 : la préparation collective de l'entreprise

La visite inopinée d'une entreprise n'est pas l'affaire de quelques personnes seulement. Elle peut impliquer tout le personnel. Une sensibilisation à cet événement doit donc trouver un écho général.

Pour cela, il conviendra d'élaborer, puis de déployer une procédure interne globale et de retenir quelques grands axes de conduite (« je peux faire/je ne peux pas faire »).

Une « simulation » peut enfin être organisée avec le concours de personnes extérieures à l'entreprise qui, pour la circonstance, se feront passer pour des enquêteurs. Cet exercice peut être utile pour identifier les faiblesses dans la préparation et mettre au point les réglages nécessaires pour être prêt le moment venu.

• Niveau 2 : la préparation des individus

Il est important que les personnes qui seront en première ligne le jour J bénéficient d'une formation particulière. Les personnes concernées au premier chef sont :

– le ou les juristes qui devront avoir un rôle de coordination le moment venu (ou selon l'organisation de l'entreprise, le *compliance officer*) ;

– le dirigeant ou le responsable de site auprès duquel les enquêteurs s'adresseront le plus souvent pour obtenir l'information recherchée ;

– les responsables informatiques qui sont systématiquement sollicités lors de la saisie de données informatiques ;

– enfin, le personnel d'accueil (réception, sécurité) qui doit également recevoir des instructions claires et précises pour bien réagir dès le premier contact.

La préparation individuelle consiste d'abord à informer les personnes ainsi identifiées au sein de l'entreprise de la grande variété de visites inopinées susceptibles d'avoir lieu. Le présent ouvrage est destiné à faciliter cette préparation en permettant de reconnaître rapidement le jour venu à quel type de visite elles ont affaire et savoir par conséquent ce qu'elles peuvent / doivent / ne doivent pas faire.

Une formation par des professionnels complétera utilement cette préparation.

Il incombera ensuite aux juristes et responsables administratifs de mettre en place un plan d'action au sein de l'entreprise et de le mettre à jour régulièrement.

SECTION 1 METTRE EN PLACE UNE PROCÉDURE INTERNE

A. – Un plan d'action interne à l'entreprise

92. – L'entreprise compte tout à la fois des personnes particulièrement averties et une partie du personnel qui ignore le risque de visites inopinées.

Or, l'entreprise dans son ensemble ne doit pas être prise au dépourvu. C'est pourquoi le mieux est encore d'élaborer, puis de déployer un plan d'action interne à l'entreprise.

Il est important de mettre en place une procédure adaptée pour chaque site, selon les personnes présentes et les fonctions représentées sur place.

Ce plan doit permettre :

– d'informer tout le personnel de cette éventualité ;

– de désigner et de former plus particulièrement les personnes susceptibles d'être en contact avec les enquêteurs :

• les personnes en charge de la sécurité (gardiens) et/ou de la réception (personnel d'accueil),

• les juristes et/ou les cadres dirigeants,

• les responsables informatiques ;

– de définir les actions pratiques qui devront être mises en œuvre par les personnes concernées avant, pendant et après la visite inopinée selon leur fonction ;

– de prévoir une organisation logistique : des lieux pour accueillir sans risque les enquêteurs (salles d'attente ou de réunion vides de tout document et sans passage) ; un circuit de circulation pour amener les enquêteurs de l'accueil aux bureaux sans susciter trop de curiosité ou d'inquiétude de la part des salariés présents ; la mise à disposition de moyens de reprographie pour éviter la saisie de documents originaux… ;

– d'identifier le ou les avocats qui pourront être immédiatement contactés le jour J ;

– d'établir et circulariser la liste comportant les noms et fonctions des personnes et leur suppléant (en cas d'absence) qui seront contactés et prendront en charge la visite avec mention de leur fonction et numéros de téléphone fixe et portable ; il est important de mentionner plusieurs personnes afin que le personnel d'accueil ne se trouve pas démuni. Cette liste doit être régulièrement mise à jour ;

– de prévoir des formations régulières, voire des répétitions/simulations de visites.

93. - En ce qui concerne la désignation des personnes qui seront en charge de représenter l'entreprise lors de la visite inopinée et donc d'accompagner les enquêteurs tout au long de celle-ci, au moins deux approches sont possibles :

– soit désigner des personnes qui assumeront cette mission quel que soit le type d'enquête. Le cas échéant, le directeur juridique et son équipe, le *compliance officer* et son équipe ou, à défaut, le directeur général sont sans doute les mieux à même d'assumer cette mission ;

– soit de désigner différentes personnes en fonction de la nature de l'enquête : par exemple, le directeur juridique pour une perquisition pénale, le responsable fiscal pour une visite du fisc, le directeur de la conformité pour une visite de l'Autorité de contrôle prudentiel et de résolution ou le directeur des ressources humaines pour une visite de l'inspection du travail.

Le choix entre ces deux approches dépend essentiellement de l'organisation ou de la taille de l'entreprise et de ses ressources. Il convient aussi de s'assurer que les personnes en charge ne sont pas susceptibles d'être elles-mêmes mises en cause, ce qui créerait une situation de conflit d'intérêts dans la gestion de la visite. Quelle que soit la solution choisie, le président et/ou directeur général doit être tenu étroitement informé.

94. - Indépendamment de l'approche retenue par la société visitée, la mission de la personne qui sera désignée pour accompagner les enquêteurs devra consister notamment à :

– accueillir les enquêteurs au nom de la société et vérifier leur identité et le titre les autorisant à se rendre dans les locaux de l'entreprise ;

– organiser une équipe de personnes susceptibles de l'assister lors des opérations si les enquêteurs sont nombreux ;

– être en mesure d'identifier le type d'enquête auquel la société est confrontée en fonction des informations et documents remis par les enquêteurs ;

– accompagner les enquêteurs lors de leurs opérations et être leur interlocuteur unique pour toutes les réponses officielles de l'entreprise ;

– centraliser les documents demandés par les enquêteurs et en établir la liste avant de leur remettre ;

– signer le procès-verbal et être en mesure d'y apporter des commentaires et/ou réserves au nom de la société.

C'est ainsi que cette personne doit avoir reçu une formation détaillée en la matière et disposer d'un poste de responsabilité au sein de l'entreprise pour être en mesure de la représenter, d'avoir la capacité de gérer la situation et d'en préserver la confidentialité.

95. – D'un point de vue technique et organisationnel, **le plan d'action** de votre entreprise doit contenir les éléments suivants :

Qui	→	Acteur concerné : nom/prénom/fonction.
Quoi	→	Libellé de l'action : faire/ne pas faire.
Quand	→	Moment adéquat de l'action : de l'arrivée au départ des enquêteurs.
Comment	→	Support et moyen à mettre en œuvre : fiche, mode opératoire, guide.
Où	→	Lieu de l'action : étage, bureau, salle de réunion.

96. – Exemple : conduite à tenir par le personnel d'accueil en cas de visite inopinée ou de perquisition.

	QUI	QUAND	ACTION	OÙ	COMMENT
1	Hôte / hôtesse d'accueil	À l'arrivée des enquêteurs	Noter l'heure d'arrivée des enquêteurs.	Hall d'entrée	Cahier des visiteurs
2	Hôte / hôtesse d'accueil	Dès leur arrivée	Demander aux enquêteurs : – leurs noms et le service auquel ils appartiennent ; – les raisons de leur visite ; – qui ils veulent voir ; – s'ils sont munis d'une autorisation ou d'un document spécifique.	Hall d'entrée	Prendre en note les réponses.

	QUI	QUAND	ACTION	OÙ	COMMENT
3	Hôte / hôtesse d'accueil	Juste après leur arrivée, après actions 1 et 2.	Prévenir : – la personne requise par les enquêteurs ; – et M. Durand, directeur juridique (tél. : 42 29 et 06…) ou Mme Fernand, responsable juridique, au 56 13 (et 06…) ; – ainsi que M. Roger, secrétaire général ou directeur général, au 22 45 (et 06…).	Hall d'entrée	Utiliser le répertoire interne.
4	Hôte / hôtesse d'accueil	Après actions 1, 2 et 3.	Vérifier l'identité des enquêteurs : demander leur carte professionnelle.	Hall d'entrée	Prendre une copie ou en note.
5	Hôte / hôtesse d'accueil	Dernière action	Faire patienter les enquêteurs dans une salle vide de tout document et sans passage. Ne pas les laisser seuls.	Salle n° 3, étage R-1	Conduire les enquêteurs.
6	Hôte / hôtesse d'accueil	Une fois le relais pris par un responsable.	Signaler toute difficulté rencontrée avec les enquêteurs au responsable contacté.		

B. – Une circulaire simple et brève distribuée à l'ensemble du personnel

97. – L'important est d'aider l'ensemble du personnel à envisager l'éventualité d'une visite et à lui donner les règles essentielles de conduite en pareil cas.

Dans cette perspective, nous avons joint ci-dessous un modèle de fiche[1] destinée à tous les membres du personnel, « Que faire en cas de visite inopinée ou de perquisition ? » : vous pourrez ainsi facilement compléter la fiche ci-après pour l'adapter à votre entreprise.

Que faire en cas de visite inopinée ou de perquisition ?

98. – Une visite inopinée ou une perquisition peut intervenir dans toute entreprise et la nôtre n'est pas à l'abri d'une telle éventualité. Ces visites sont destinées à recueillir des informations et des preuves pour déterminer si une infraction ou un manquement à une règle ou à une obligation a été commis par l'entreprise ou par des tiers.

1) Qui peut visiter/perquisitionner ?

Tout dépend des faits recherchés et de l'objet de l'enquête. Il peut s'agir :

- d'un juge d'instruction ;
- de la police judiciaire ou de la gendarmerie ;

(1) Elle peut, par exemple, prendre la forme d'un document A4 ou A5 *recto verso*, puis être plastifiée (pour se conserver plus longtemps, être facilement utilisable et être rapidement retrouvée) et enfin distribuée à tout le personnel.

– d'agent(s) ou d'enquêteur(s) de différentes administrations ou autorités (Autorité de la concurrence, DGCCRF, Commission européenne, AMF, URSSAF, inspection du travail, Direction générale des impôts, CNIL, administration des douanes, agents spécialisés en matière d'environnement…), accompagnés parfois de policiers ;

– d'un commissaire de justice, accompagné ou non d'un technicien et, le cas échéant, d'un policier.

2) À quelle heure ?

La visite/perquisition débute généralement le matin (entre 6 heures et 10 heures) et peut se prolonger toute la journée, voire sur plusieurs jours.

3) Comment réagir ?

• Garder son sang-froid, rester courtois.

• Noter l'heure à laquelle vous êtes en contact avec les enquêteurs, ainsi que le lieu exact et l'identité de ceux-ci.

• Prévenir immédiatement :

a) la personne requise, le cas échéant, par les enquêteurs, ainsi que :

b) [Prénom/Nom/Fonction] (Tél. fixe : […] – Tél. portable : […] – Tél. domicile : […]) ;

c) [Prénom/Nom/Fonction] (Tél. fixe : […] – Tél. portable : […] – Tél. domicile : […]) ;

d) et/ou [Prénom/Nom/Fonction] (Tél. fixe : […] – Tél. portable : […] – Tél. domicile : […]).

• Contacter/faire contacter au plus vite le cabinet d'avocats, ou s'assurer que cela a déjà été fait.

• Dans certains cas, les enquêteurs présentent un document (ordonnance, avis…). Lire le document et conserver un exemplaire (sinon prendre en note son contenu).

• Installer les enquêteurs dans une salle vide de tout document et sans passage.

• Si des documents sont demandés, indiquer qu'il convient de s'adresser au représentant de l'entreprise. Si vous n'avez pas le choix :

– tenter de remettre une copie, plutôt qu'un original ;

– dresser la liste précise des documents demandés et des documents remis.

• Ne pas détruire de documents/fichiers.

• Si vous rencontrez une difficulté, faites-en part à la personne que vous aurez contactée et, le cas échéant, veillez à ce que cela soit mentionné par écrit (dans un procès-verbal notamment).

• Ne pas contacter de tiers au sujet de l'enquête.

• S'abstenir de tout commentaire écrit concernant l'enquête en cours.

• Relire attentivement le procès-verbal avant de le signer. Ne pas hésiter à proposer des corrections pertinentes et des réserves en cas de désaccord avec les enquêteurs. Ces réserves peuvent être ajoutées par les enquêteurs au PV ou faire l'objet d'une note à part pouvant être annexée au PV à la demande de l'entreprise.

C. – Un guide détaillé à destination des personnes qui seront au premier plan le jour J

99. – L'entreprise est libre de désigner plusieurs représentants auprès des enquêteurs. Pour ces personnes, le guide détaillé doit contenir toutes les consignes nécessaires.

Ce guide détaillé doit notamment :

– différencier et décrire les différents types de visites selon les autorités responsables ;

– décrire avec précision les droits et obligations de l'entreprise selon les différents types d'enquêtes ;

– rappeler les droits et obligations de l'entreprise en cas de visite inopinée ;

– rappeler les principes applicables en matière de protection du secret professionnel de l'avocat ;

– rappeler les sanctions applicables en cas d'entrave ;

– fixer la conduite de l'entreprise selon le type d'enquête en tenant compte de ses particularités et de ses contraintes ;

– lister les actions nécessaires à tous les stades de la visite inopinée ;

– prévoir une méthodologie quant à la communication interne qui sera faite pendant et après la visite inopinée ;

– lister les actions devant être menées immédiatement après la visite.

Afin de vous permettre d'élaborer un guide adapté tout à la fois à votre entreprise, à chacun des acteurs concernés et à chacune des situations possibles, vous pouvez vous référer au contenu de cet ouvrage et plus précisément aux recommandations générales listées dans la conclusion de la deuxième partie – « Ce qu'il faut retenir » –, ainsi qu'aux règles spécifiques de chaque cas de visite telles qu'exposées dans les notices thématiques (V. *infra*, Partie 3).

SECTION 2 FORMER SON PERSONNEL

100. - La formation des personnes susceptibles d'être en contact avec les enquêteurs le jour J est indispensable. Ceci inclut ceux qui représenteront l'entreprise tout au long de la visite ainsi que le personnel d'accueil.

A. – Former les dirigeants et représentants de l'entreprise lors de la visite

101. - Le dirigeant. Le dirigeant n'a pas d'obligation d'assister lui-même aux opérations de visite et de saisie au sein de l'entreprise. Une personne habilitée à représenter la société suffit et les enquêteurs n'exigent pas la présence du dirigeant de droit lui-même.

Toutefois, si les enquêteurs estiment utile d'effectuer des recherches au sein du bureau du dirigeant, sa présence est en principe requise, même si, en son absence, la recherche peut avoir lieu. En matière pénale, celle-ci ne peut avoir lieu qu'en présence de deux témoins, si le dirigeant n'est pas lui-même présent.

Ainsi, il est souhaitable que le dirigeant, qui a de fortes chances de voir son bureau et son ordinateur fouillés, dispose d'une formation minimale sur les visites inopinées.

102. - Les représentants de l'entreprise lors de la visite. Il est indispensable que l'entreprise désigne les personnes qui représenteront la société dans le cadre d'une éventuelle visite inopinée. Il s'agit le plus souvent du directeur juridique et des membres de son équipe, mais il peut aussi s'agir de spécialistes des disciplines concernées par la visite selon l'approche privilégiée par l'entreprise.

Ces personnes qui seront en prise directe avec les enquêteurs doivent suivre une formation détaillée pour pouvoir faire face dans les meilleures conditions possible à cette éventualité. En particulier, elles devront connaître les actions devant être menées avant, pendant et après la visite, et s'assurer que celle-ci se déroule dans des conditions respectant les intérêts de l'entreprise.

B. - Identifier et former les salariés en contact avec les enquêteurs

103. - D'autres salariés qui seront en contact avec les enquêteurs doivent recevoir une formation adaptée à leur rôle.

Ainsi le personnel d'accueil, qui se verra remettre une fiche pratique tel que recommandé ci-avant (V. *supra*, n° 96), pourra recevoir les explications nécessaires pour en faire une application efficace.

Le personnel en charge de l'informatique pourrait également recevoir une formation car il est très souvent sollicité par les enquêteurs pour répondre aux questions techniques pouvant se poser lors des saisies de documents sur les serveurs de la société.

En pratique, au moins un informaticien sera en contact avec les enquêteurs. Il sera sollicité pour expliquer l'organisation informatique de l'entreprise (stockage des données, accès, etc) et pour assister les enquêteurs lors de la saisie des données informatiques.

Enfin, l'entreprise devra identifier toute personne qui, en fonction de son organisation, pourrait être amenée à être en prise avec les enquêteurs afin de lui fournir une formation minimale.

SECTION 3 PROTÉGER LES DONNÉES SENSIBLES DE L'ENTREPRISE

A. - Identifier clairement les correspondances avocats/clients

104. - Lorsque les enquêteurs sont sur place, il est fréquent que des discussions, parfois animées, aient lieu quant à l'identification des informations susceptibles d'être couvertes par le secret professionnel avocat/client.

En pratique, si l'identification des documents papier pose assez peu de difficulté, celle des documents informatiques peut s'avérer longue et complexe. Les enquêteurs peuvent ainsi préférer prendre une copie de l'intégralité des boîtes e-mails ou des disques durs et faire un travail de tri plus tard.

Cette pratique, qui permet aux enquêteurs de prendre connaissance de pièces éventuellement couvertes par le secret professionnel, est de nature à porter atteinte aux droits de la défense. Il faut donc insister pour que les opérations de tri soient intégralement faites sur place ou selon des modalités protectrices des droits de la défense.

Dans cette perspective, il est toujours préférable que l'identification des documents concernés soit facilitée par un classement préalable, soit en les plaçant dans un fichier particulier, soit en les identifiant clairement comme des correspondances avocat/client.

Il est aussi recommandé de disposer d'une liste à jour des avocats avec qui la société travaille régulièrement afin que des recherches par mots-clés puissent être efficacement menées.

De même, en cas de transferts successifs en interne de documents couverts par le secret professionnel, il convient de bien identifier les documents concernés par la mention « secret professionnel avocat » (si possible dans le titre de l'e-mail ou du document joint).

B. – Identifier les informations relevant du secret des affaires

105. – Comme cela a été rappelé ci-avant (V. *supra*, n°s 80 et s.), le secret des affaires n'est pas opposable aux enquêteurs. Ils peuvent donc saisir tout document sans restriction tenant à leur sensibilité particulière.

Toutefois, il est recommandé d'attirer l'attention des enquêteurs sur le caractère sensible de tel ou tel document ou fichier informatique. Dans un souci d'efficacité, il est préférable de les avoir bien identifiés en amont, car les enquêteurs sont susceptibles d'emporter des documents en bloc en refusant de perdre du temps à les différencier en fonction de leur sensibilité.

Cette approche s'avérera particulièrement utile en matière de droit de la concurrence où une procédure spéciale visant à protéger le secret des affaires vis-à-vis des concurrents est encadrée par la loi (V. *supra*, n° 81).

C. – Identifier les correspondances personnelles

106. – Il convient d'encourager le personnel de l'entreprise à bien marquer la correspondance personnelle d'une mention « personnel ». Même si le caractère privé des données n'est pas opposable aux enquêteurs, cela peut s'avérer utile si les personnes dont les ordinateurs sont fouillés souhaitent demander leur exclusion de la saisie au motif qu'ils sont sans lien avec l'objet de l'enquête.

DEUXIÈME PARTIE

FAIRE FACE À UNE VISITE INOPINÉE

107. – Cette deuxième partie de l'ouvrage n'est pas consacrée à un cas de visite inopinée en particulier, mais à tous selon leurs caractéristiques communes.

Les développements qui suivent traitent, sous forme de questions/réponses, le tronc commun de la plupart des visites inopinées sous une matrice chronologique. Ils permettent d'apporter une réponse pratique à toutes les questions que vous pouvez vous poser au cours d'une perquisition ou d'une visite inopinée, depuis l'arrivée des enquêteurs jusqu'à leur départ. Selon le cas, les spécificités propres à chaque grande catégorie d'enquête (pénale, administrative et civile) seront précisées.

Cette approche « transversale » vous permettra d'acquérir les bons réflexes quel que soit le type de visite.

CHAPITRE 1 À L'ARRIVÉE DES ENQUÊTEURS

108. – Ce chapitre apportera des réponses aux questions suivantes :

- L'accueil des enquêteurs
  - À quelle heure la visite peut-elle commencer ?
  - Les enquêteurs arrivent-ils à l'improviste ?
  - Que faut-il vérifier à l'arrivée des enquêteurs ?
  - Peut-on exiger des enquêteurs qu'ils justifient de leur droit à intervenir ?
  - Qui doit assister à la visite ?
  - Que faire en attendant l'arrivée du responsable ?
  - Les enquêteurs peuvent-ils entrer sans attendre ?
  - Peut-on/faut-il prendre des notes ?
  - Peut-on prévenir un avocat ?
- Peut-on résister à la visite ?
  - Peut-on s'opposer à la visite ?
  - Quelles sont les sanctions en cas d'entrave ?
  - Existe-t-il un recours immédiat pour stopper la visite ?
  - Que faire si la visite semble irrégulière ?

SECTION 1 L'ACCUEIL DES ENQUÊTEURS

109. – Le premier point de contact des enquêteurs arrivant dans l'enceinte de l'entreprise étant la réception/sécurité, il est très important que les personnes en charge de ces fonctions aient été sensibilisées à la possibilité que des enquêteurs (policiers et/ou agents de l'administration ou encore commissaire de justice) se présentent sans avoir prévenu de leur arrivée et demandent à visiter les locaux de l'entreprise.

A. – À quelle heure la visite peut-elle commencer ?

110. – Dans la majorité des cas, les visites inopinées peuvent commencer à partir de 6 heures du matin jusqu'à 21 heures. Si la visite a commencé à l'intérieur de ces horaires, elle peut se poursuivre au-delà de 21 heures. Il n'est pas rare qu'elle perdure tard dans la soirée. Elle peut aussi s'étendre au lendemain, voire sur plusieurs jours.

Exceptions

Il existe toutefois quelques exceptions. En matière fiscale, pour les enquêtes relatives aux manquements aux règles de facturation, les enquêteurs sont soumis à des horaires plus réduits s'étendant entre 8 heures et 20 heures[1].

Les agents de la DGCCRF enquêtant sur des violations au Code de la consommation ne peuvent intervenir qu'entre 6 heures et 21 heures. Ces agents peuvent également intervenir en dehors de ces horaires (donc, de nuit) dans les lieux utilisés à des fins professionnelles et dans les lieux d'exécution d'une prestation de services, sous réserve que l'ordonnance délivrée par le juge des libertés et de la détention le prévoie expressément et que ces lieux ne soient pas également à usage d'habitation[2].

L'inspection du travail peut également intervenir à n'importe quel moment dès lors que du personnel est présent dans l'entreprise.

Il faut noter que les enquêteurs ont toute liberté de commencer leur visite à l'heure qu'ils souhaitent tant qu'elle se situe à l'intérieur des horaires prescrits par les textes applicables. Lorsqu'ils agissent en vertu d'une autorisation judiciaire, celle-ci ne précise ni le jour ni l'heure du début de la visite. Elle précise toutefois une date limite pour effectuer l'opération.

En général, les enquêteurs se présentent dans les entreprises aux heures normales d'activité, souvent au commencement de la journée, c'est-à-dire vers 9 heures. Pour une visite chez une personne physique (à son domicile), les enquêteurs se présentent le plus souvent très tôt le matin, vers 6 ou 7 heures, pour garantir l'effet de surprise et être plus sûrs de trouver quelqu'un sur place.

B. – Les enquêteurs arrivent-ils à l'improviste ?

111. – En matière pénale, les enquêteurs arrivent systématiquement à l'improviste.

En matière administrative, les enquêteurs arrivent très souvent à l'improviste pour préserver l'effet de surprise. Lorsqu'ils agissent sans autorisation judiciaire, il arrive qu'ils préviennent un peu à l'avance (en matière de concurrence par exemple), mais ils n'en ont généralement pas l'obligation.

Il en va de même dans le cadre de mesures d'instruction civile ou commerciale où l'effet de surprise est essentiel.

C. – Que faut-il vérifier à l'arrivée des enquêteurs ?

112. – Il faut :

– vérifier l'identité et la qualité des enquêteurs ;

– vérifier que l'officier de police judiciaire (OPJ) qui est présent est bien visé dans l'ordonnance ;

– demander aux enquêteurs l'objet de leur visite et les infractions concernées :

- en matière pénale, les enquêteurs n'ont pas d'obligation textuelle de justifier ni de leur identité ni de décrire l'objet de leur visite. Le principe de loyauté semble pourtant exiger qu'ils s'y conforment[3]. En pratique, les officiers de police judi-

(1) LPF, art. L. 80F.
(2) C. consom., art. L. 512-56.
(3) CA Paris, 8 avr. 1994, n° 93/17256.

ciaire font état le plus souvent de leur qualité, mais ils restent peu diserts sur l'objet de leurs recherches,

→ Pour aller plus loin

Les officiers de police judiciaire ne sont pas soumis à une obligation de montrer leur carte professionnelle durant l'exercice de leurs fonctions. Ainsi, la Cour de cassation a pu juger que la validité des constatations faites par un officier de police judiciaire ne se trouverait pas affectée s'il n'avait pas fait connaître préalablement sa qualité à l'auteur de l'infraction[4].

• en matière administrative, l'ordonnance autorisant la visite contient le nom des enquêteurs habilités. Il est donc logique de demander aux enquêteurs présents leur identité pour vérifier qu'ils sont bien nommés par l'ordonnance. En cas de refus, il convient de le faire acter dans le procès-verbal,

• en matière de mesure d'instruction civile ou commerciale, l'ordonnance et la requête sont notifiées à l'occupant des lieux visités. L'ordonnance contient l'étendue des prérogatives accordées au commissaire de justice par le juge et la requête décrit en détail l'objectif de la visite, et en particulier les griefs reprochés par le requérant justifiant du procès envisagé ;

– demander qui ils souhaitent rencontrer (nom ou fonction) ;

– demander aux enquêteurs s'ils sont munis d'une autorisation pour venir visiter les lieux (commission rogatoire, ordonnance du juge des libertés et de la détention) ;

– signer, le cas échéant, le procès-verbal de notification de l'autorisation ;

– ne pas détruire ni dissimuler de documents ;

– noter soigneusement tous les renseignements obtenus, ainsi que l'heure d'arrivée ;

– faire patienter les enquêteurs, si possible dans une salle vide, jusqu'à l'arrivée d'un représentant de l'entreprise ;

– prévenir le cabinet d'avocats.

D. – Peut-on exiger des enquêteurs qu'ils justifient de leur droit à intervenir ?

113. – En matière pénale, les enquêteurs n'ont pas d'obligation de justifier de leur droit à intervenir. S'ils agissent sans autorisation judiciaire, ils doivent demander l'assentiment exprès de l'entreprise pour pénétrer dans vos locaux. C'est cet assentiment qui leur confère leur droit.

S'ils agissent sur autorisation judiciaire (ordonnance du juge des libertés et de la détention ou commission rogatoire), ils n'ont pas d'obligation formelle d'exhiber celle-ci. Il est tout de même recommandé de demander à quel titre les enquêteurs agissent, de demander à lire l'ordonnance et, le cas échéant, de faire acter leur refus de répondre à cette question.

(4) Cass. crim., 2 mars 1999, n° 98-86.465.

114. - En matière administrative, les enquêteurs agissant sans autorisation judiciaire précisent le plus souvent la base textuelle de leur intervention, sans expliciter l'étendue de leur pouvoir ni mentionner qu'ils ne disposent pas de pouvoirs coercitifs (laissant ainsi volontiers croire qu'ils en ont). Ils n'ont pas d'obligation formelle de préciser en détail l'objet de leur enquête, mais cela n'interdit pas de leur demander.

S'ils disposent d'une autorisation judiciaire, celle-ci doit être notifiée au début de la visite. Une copie intégrale de l'ordonnance est remise au représentant de l'entreprise concernée. Seule l'ordonnance est notifiée, sans qu'y soient jointes ni la requête initiale, ni les pièces justificatives. Ces documents seront néanmoins accessibles à l'entreprise après la visite.

115. - En matière civile et commerciale, le commissaire de justice doit notifier l'ordonnance et la requête dès son arrivée sur les lieux. L'ordonnance donne autorisation au commissaire de justice d'agir et décrit précisément sa mission.

E. - Qui doit assister à la visite ?

116. - En matière pénale, dans l'hypothèse d'une perquisition réalisée sur autorisation judiciaire (sans que le consentement de la personne concernée soit requis), la visite doit être réalisée en présence de la personne au domicile de laquelle la perquisition a lieu. Pour une société, il s'agira de son représentant ou de toute personne habilitée à cette fin.

En cas d'impossibilité, c'est-à-dire si aucune personne habilitée à représenter la société n'est disponible, les enquêteurs doivent inviter l'entreprise à désigner un représentant de son choix. À défaut de représentant désigné, ils peuvent désigner deux témoins pris en dehors des personnes relevant de leur autorité. Il est donc préférable que la société soit organisée pour qu'une personne habilitée et formée à cette fin puisse être disponible le jour de la visite inopinée.

En matière administrative, la visite doit être effectuée en présence de l'occupant des lieux ou de son représentant. Pour une entreprise, le représentant pourra naturellement être le représentant légal ou toute personne fondée de pouvoir ou spécifiquement habilitée à cette fin.

En cas d'impossibilité, l'officier de police judiciaire assistant les enquêteurs peut requérir deux témoins, choisis en dehors des enquêteurs ou des personnes relevant de son autorité. Il s'agira généralement d'employés de la société.

En matière civile, la visite ne peut avoir lieu qu'en présence de l'occupant des lieux.

Dans tous les cas, c'est à la société de choisir qui la représentera pendant l'opération. Il est souvent préférable que ce ne soit pas le dirigeant lui-même (ou une personne trop impliquée dans les faits faisant l'objet de l'enquête) pour éviter d'être questionné par les enquêteurs ou d'adopter un comportement trop défensif, mais plutôt une personne déléguée et formée à cet effet.

117. - La personne qui accueille les enquêteurs doit donc prévenir immédiatement la ou les personnes habilitées à représenter la société.

Il convient également d'avertir très rapidement le responsable juridique présent sur les lieux et d'informer un ou le dirigeant présent sur les lieux.

À compter du moment où est arrivé le responsable identifié au sein de l'entreprise pour prendre en charge la visite, les personnes de la réception cessent d'être en contact avec les enquêteurs et c'est ce responsable qui prend le relais. Cette personne est généralement un responsable juridique de l'entreprise. En l'absence de service juridique, il conviendra d'identifier la personne la plus appropriée et la mieux formée pour accompagner les visiteurs (responsable administratif, directeur de site, etc.).

Il doit être clair que ce représentant est le seul à pouvoir parler au nom de la société dans le cadre des opérations.

Pour être prêt à appliquer ces recommandations efficacement et calmement, il est important de mettre en place en interne une procédure (V. *supra*, n°s 92 et s.) et de mettre à jour régulièrement les noms et numéros de téléphone des personnes à contacter.

F. – Que faire en attendant l'arrivée du responsable ?

118. – Dans l'attente de la personne responsable, il convient de tenter de faire patienter les enquêteurs. Il est préférable de les faire patienter dans une salle vide (sans aucun document susceptible d'être consulté) et sans passage.

De manière générale, ne laissez jamais les enquêteurs seuls. Un temps d'attente trop long risque d'irriter et de susciter la suspicion.

G. – Les enquêteurs peuvent-ils entrer sans attendre ?

119. – **Oui**, si les enquêteurs agissent dans le cadre d'une **visite autorisée** par un juge : ils peuvent pénétrer dans les locaux, sans attendre l'autorisation du responsable des lieux. Ils pourront attendre le représentant de la société s'il est disponible, mais n'hésiteront pas à désigner deux témoins s'il s'avère que le dirigeant ne peut venir immédiatement.

Non, si les enquêteurs se présentent dans le cadre d'une **enquête préliminaire** et/ou **sans autorisation du juge :** ils doivent attendre d'être autorisés par le responsable des lieux pour pénétrer dans l'entreprise.

H. – Peut-on/faut-il prendre des notes ?

120. – **Oui.** Il est recommandé de prendre des notes. Ces notes peuvent être utiles pour la suite de la procédure en préservant une trace du « point de vue de l'entreprise » sur le déroulement des opérations. Elles sont également utiles pour récapituler les éventuelles difficultés que l'entreprise pourrait vouloir faire valoir dans le procès-verbal.

Ces notes pourront utilement lister les documents saisis par les enquêteurs afin d'en conserver une trace, ainsi que les questions posées au fil de l'eau.

Attention toutefois, car les notes peuvent être saisies. Il est donc prudent de rester factuel et d'éviter tout commentaire.

I. – Peut-on prévenir un avocat ?

121. – Oui, et cela est fortement recommandé.

En matière administrative, l'entreprise visitée se voit le plus souvent notifier sa faculté à prévenir un conseil de son choix pour qu'il assiste à la visite. Sa présence ne peut donc être refusée par les enquêteurs, qui peuvent toutefois commencer leurs opérations sans l'attendre. Dans les procédures administratives où la faculté d'être assisté d'un avocat n'est pas prévue par les textes, la présence de l'avocat reste toutefois généralement admise et il est rare qu'elle soit refusée.

En matière pénale, la présence de l'avocat n'est ni une faculté ni un droit et ne peut être exigée. Elle n'est pas souvent acceptée par les enquêteurs. Elle demeure préférable pour l'entreprise et s'avère utile le plus souvent, de sorte qu'il convient de tenter de l'imposer.

Il est donc recommandé de faire venir sur place l'avocat sans demander l'avis des enquêteurs, puis de s'adapter en fonction de leur réaction. Si les enquêteurs refusent que l'avocat assiste aux opérations, il convient de le faire acter au procès-verbal. Rien n'empêche l'avocat de s'installer dans une salle à part dans l'entreprise, ce qui permettra de le consulter aisément pendant les opérations. Il peut toutefois arriver que les enquêteurs exigent que l'avocat quitte les locaux d'entreprise. Une telle exigence ne semble toutefois soutenue par aucun texte, de sorte qu'il convient, le cas échéant, de le faire acter au procès-verbal.

En matière civile et commerciale, l'entreprise visitée peut prévenir son avocat sans que le commissaire de justice ne puisse s'y opposer. Il n'est pas tenu, en revanche, d'attendre sa présence sur place pour opérer. L'avocat est très utile dans ce type de visite pour maintenir le commissaire de justice dans le cadre de la mission fixée par l'ordonnance.

SECTION 2 PEUT-ON RÉSISTER À LA VISITE ?

A. – Peut-on s'opposer à la visite ?

122. – Encore une fois, il faut distinguer deux hypothèses : celle où les enquêteurs agissent sans autorisation judiciaire (ou sur pouvoirs propres) et celle où ils agissent sur la base d'une autorisation judiciaire.

1° Sans autorisation judiciaire, les enquêteurs ne disposent pas de pouvoir coercitif leur permettant de visiter les locaux de l'entreprise et de procéder à des saisies sans l'assentiment de la société.

• **En matière pénale** (enquête préliminaire), les policiers doivent recueillir le consentement exprès par écrit de la société. S'ils ne l'obtiennent pas, ils ne peuvent pénétrer dans les lieux si l'entreprise manifeste son opposition à la visite (V. *supra*, n° 23).

• **En matière administrative**, les enquêteurs agissant sur pouvoirs propres peuvent accéder aux locaux, mais ne peuvent pas fouiller et saisir. Les enquêteurs demandent des documents et données que l'entreprise accepte, le cas échéant, de remettre sur une base volontaire.

2° Avec une autorisation judiciaire, il n'est pas possible de s'opposer à la visite des locaux et aux saisies. Dès lors que les enquêteurs exhibent l'ordonnance les autorisant à agir ou font état de cette autorisation, l'entreprise doit les laisser pénétrer dans tous les locaux pour fouiller et saisir. Toute opposition constituerait une entrave pénalement sanctionnée (V. *infra*, n° 125).

123. – **En matière de mesure d'instruction civile ou commerciale,** le refus est possible mais le juge pourra tirer les conséquences du refus d'obtempérer. Si le commissaire de justice est accompagné de la force publique, les policiers peuvent imposer l'entrée du commissaire de justice sur les lieux.

124. – **D'une manière générale**, toute opposition à une visite ou une remise de document doit être réfléchie et prise en connaissance des risques qu'elle entraîne. Même lorsqu'elle est juridiquement possible, l'opposition peut attiser les soupçons des enquêteurs qui ont la faculté de revenir munis d'une autorisation judiciaire. En matière civile, le juge pourra tirer toutes les conséquences du refus.

→ Pour aller plus loin

Les entreprises qui font l'objet d'opérations de visite et de saisie sont soumises à une obligation de coopérer avec les autorités administratives. En cas d'obstruction à l'investigation, en fournissant des « renseignements incomplets ou inexacts, » ou des « pièces incomplètes ou dénaturées »[5], l'Autorité de la concurrence peut infliger à la société une sanction pécuniaire qui ne peut excéder 1 % de son chiffre d'affaires.

Par deux décisions, l'Autorité de la concurrence précise l'étendue de l'obligation de coopération qui pèse sur l'entreprise visitée. Celle-ci est « soumise à une obligation de collaboration active et loyale, qui implique notamment de sa part qu'elle réponde aux demandes d'informations communiquées par l'Autorité »[6] et « qu'elle tienne à la disposition des services d'instruction tous éléments d'information et justificatifs répondant à l'objet des leurs demandes. Ainsi, les représentants d'une entreprise, par le truchement, le cas échéant, de leurs conseils dûment mandatés, sont tenus de communiquer avec diligence les renseignements et les documents, complets, exacts et non dénaturés, qui leur sont demandés »[7].

B. – Quelles sont les sanctions en cas d'entrave ?

125. – Nous proposons un tableau de synthèse des principaux risques en cas d'entrave selon les différents types d'enquêtes. Pour de plus amples développements sur ce sujet, vous pouvez vous référer *supra*, aux n°s 71 et s.

ENQUÊTE	TEXTE	PEINE MAXIMALE[8]
Pénale	Art. 434-4 du Code pénal	3 ans de prison et 45 000 € d'amende.
AMF – délit d'entrave	Art. L. 642-2 du Code monétaire et financier	2 ans de prison et 300 000 € d'amende.
AMF – manquement d'entrave	Art. L. 621-15 du Code monétaire et financier	100 000 000 € d'amende ou le décuple du produit du manquement.
Autorité de contrôle prudentiel et de résolution	Art. L. 571-4 du Code monétaire et financier	1 an de prison et 15 000 € d'amende.

(5) C. com., art. L. 464-2.
(6) Déc. n° 21-D-16, 9 juill. 2021.
(7) Déc. n° 21-D-10, 3 mai 2021.
(8) Le montant maximal des amendes doit être multiplié par cinq pour les personnes morales, en vertu de l'article 131-38 du Code pénal.

ENQUÊTE	TEXTE	PEINE MAXIMALE[8]
Autorité de la concurrence et DGCCRF – délit d'entrave	Art. L. 450-8 du Code de commerce. Loi n° 2014-344 du 17 mars 2014	2 ans de prison et 300 000 € d'amende.
Autorité de la concurrence – manquement d'entrave	Art. L. 464-2 du Code de commerce	1 % du chiffre d'affaires annuel de l'entreprise.
Administration fiscale	Art. 1746-1 du Code général des impôts	25 000 € d'amende et, en cas de récidive, 6 mois d'emprisonnement.
Inspection du travail	Art. L. 8114-1 du Code du travail	1 an d'emprisonnement et 37 500 € d'amende.
CNIL	Art. 226-22-2 du Code pénal	1 an de prison et 15 000 € d'amende.
Douanes	Art. 413 bis du Code des douanes. Loi n° 2018-898 du 23 octobre 2018	3700 € d'amende.

C. – Existe-t-il un recours immédiat pour stopper la visite ?

126. – **Non**, il n'existe pas de recours immédiat susceptible d'interrompre ou de suspendre la visite. Les voies de recours disponibles peuvent être exercées immédiatement après la visite sans effet suspensif sur celle-ci.

Toutefois, le juge des libertés et de la détention dispose du pouvoir de suspendre ou d'interrompre la visite qu'il a autorisée. Il en use très rarement en pratique.

D. – Que faire si la visite semble irrégulière ?

127. – Si la visite apparaît manifestement irrégulière – par exemple en cas de saisie de documents relevant du secret professionnel – il est envisageable de tenter de faire prévenir le juge ayant rendu l'ordonnance (son nom y figure), ou le juge d'instruction en cas de commission rogatoire. Celui-ci a le pouvoir de suspendre ou d'interrompre la mesure si l'illégalité dont il est fait état est manifeste (par ex., absence d'officier de police judiciaire lors d'une visite domiciliaire, ordonnance non signée par le juge, absence des enquêteurs désignés par l'ordonnance…). C'est une hypothèse rare en pratique.

Une autre option tactique peut consister à laisser faire la visite et conserver l'argument pour l'exercer dans le cadre des voies de recours.

Aussi, en l'absence d'autorisation judiciaire, si l'intervention des enquêteurs apparaît manifestement irrégulière, vous pouvez tenter de contacter l'Autorité dont dépendent les enquêteurs et expliquer la situation.

128. – Autrement, il est conseillé de faire acter au procès-verbal les irrégularités relevées par l'entreprise afin de soutenir les recours qui pourront être exercés *a posteriori* contre l'ordonnance ou contre les opérations de saisie elles-mêmes ou en cas de poursuites au fond.

CHAPITRE 2 **PENDANT LA VISITE**

129. - Ce chapitre répondra aux questions suivantes :

- La recherche de l'information
  - Qu'est-ce qui peut être visité/fouillé par les enquêteurs ?
  - Les fouilles à corps sont-elles possibles ?
  - Le cabinet d'avocat de l'entreprise peut-il être visité ?
  - Les enquêteurs peuvent-ils demander où se trouvent les documents ?
- La prise de connaissance et la saisie de l'information
  - Les enquêteurs peuvent-ils consulter/saisir tout document ?
  - Peuvent-ils saisir les originaux ?
  - Peut-on en conserver une copie ?
  - Doit-on mettre une photocopieuse à leur disposition ?
  - Les enquêteurs peuvent-ils consulter/saisir les ordinateurs ou tout autre support informatique ?
  - Peuvent-ils saisir tout objet ?
  - Peuvent-ils consulter et saisir un téléphone portable ?
  - Les enquêteurs peuvent-ils saisir des échantillons ?
  - Les enquêteurs peuvent-ils exiger un code d'accès informatique ou un décryptage de données ?
  - Les enquêteurs peuvent-ils apposer des scellés / interdire l'accès à certains locaux ?
- S'opposer à la saisie de certains documents
  - Le secret professionnel couvre-t-il toutes les correspondances avocat/client ou seulement celles qui sont en lien avec l'affaire faisant l'objet d'une enquête ?
  - Les e-mails mettant un avocat en copie sont-ils couverts par le secret professionnel ?
  - Les pièces jointes aux e-mails échangés avec un avocat sont-elles couvertes par le secret professionnel ?
  - Les enquêteurs peuvent-ils lire le contenu des correspondances avocat/client pour déterminer si elles sont couvertes par le secret ?
  - Les enquêteurs peuvent-ils saisir l'intégralité du contenu d'une boîte e-mail et faire le tri des correspondances couvertes par le secret professionnel postérieurement ?

  - Les correspondances échangées avec un avocat étranger sont-elles couvertes par le secret professionnel ?
  - Peut-on s'opposer à la saisie des correspondances échangées en interne avec le directeur juridique et en lien avec les droits de la défense ?
- Questions des enquêteurs
  - Les enquêteurs peuvent-ils poser des questions ?
  - Doit-on prêter serment ?
  - Peut-on garder le silence ?
  - Peut-on être assisté d'un avocat en cas de questions des enquêteurs ?
  - Comment doit-on répondre aux questions des enquêteurs ?
  - Quels sont les risques de garde à vue ?

SECTION 1 LA RECHERCHE DE L'INFORMATION

A. – Qu'est-ce qui peut être visité/fouillé par les enquêteurs ?

130. – **Principe.** En présence d'une autorisation judiciaire, les enquêteurs peuvent visiter tout lieu visé dans cette autorisation.

Si les enquêteurs agissent sur commission rogatoire (enquête pénale), celle-ci n'a pas à préciser les lieux pouvant faire l'objet d'une perquisition, ce qui laisse aux enquêteurs toute liberté.

Les enquêteurs se déplacent librement et peuvent opérer les fouilles qu'ils estiment utiles en ces lieux. Des distinctions marginales existent selon le type d'enquête, qui seront précisées au cas par cas dans les fiches pratiques (V. *infra*, Partie 3).

Précisons que souvent, l'ordonnance désigne le siège social de la société, ce qui suffit pour autoriser les enquêteurs à visiter tous les locaux de l'entreprise situés à cette adresse, en ce compris les locaux techniques ou les parkings.

En l'absence d'autorisation, ils ne peuvent ni visiter, ni fouiller les locaux sans l'assentiment de l'entreprise. Ils ne peuvent que demander à se faire communiquer les documents ou les informations nécessaires à leur enquête.

131. – **Bureau des dirigeants.** Pour pénétrer dans le bureau d'un dirigeant, celui-ci doit être présent. À défaut, deux témoins doivent assister à la visite de ce bureau. Ces témoins doivent être des membres de l'entreprise. Si la visite avait lieu jusque-là en présence d'une personne habilitée à représenter la société, un deuxième témoin doit être désigné pour les besoins de la visite du bureau du dirigeant.

La notion de dirigeant désigne ici le dirigeant social, c'est-à-dire à la fois le dirigeant de droit (investi par la loi ou les statuts de la société) et le dirigeant de fait (celui qui, sans être titulaire d'un mandat social, s'est immiscé dans la gestion, l'administration ou la direction de la société, de manière positive et en toute indépendance).

132. – **Locaux de tiers.** Les enquêteurs munis d'une autorisation judiciaire peuvent visiter les locaux/domiciles de tiers à l'entreprise si ces locaux sont visés par l'autorisation. En pratique, il n'est pas rare que la visite inopinée intervienne dans le cadre d'une enquête visant un tiers à l'entreprise visitée.

Sans autorisation judiciaire, les enquêteurs peuvent se rendre en tout lieu (autre qu'un domicile privé) utile à l'enquête et demander sur place la communication de documents et données, sous réserve de l'accord de la personne visitée.

133. – **Domicile des dirigeants ou des salariés.** Les domiciles des dirigeants ou des salariés peuvent également être visités, mais toujours selon une autorisation judiciaire, ou en matière d'enquête préliminaire, avec l'assentiment exprès de la personne concernée.

134. – **Véhicules.** En droit pénal comme en matière administrative, les enquêteurs ont généralement accès aux parkings et aux véhicules de l'entreprise.

135. – **Coffre-fort/coffre bancaire.** En matière administrative, la fouille d'un coffre bancaire est possible, mais doit être expressément autorisée par l'ordonnance.

La fouille d'un coffre-fort situé dans les locaux de l'entreprise est possible en présence d'une ordonnance mais sans que celle-ci ait à le spécifier.

En matière pénale, la fouille d'un coffre-fort situé dans les locaux de l'entreprise est possible, au besoin en le forçant. La fouille d'un coffre bancaire doit se faire en présence de deux témoins fondés de pouvoir de la banque[1].

136. – **Usage d'un serrurier.** Quel que soit le type d'enquête, l'officier de police judiciaire présent sur les lieux dispose du pouvoir propre de requérir un serrurier ou tout manœuvrier, si son intervention s'avère nécessaire.

La question ne se pose pas en cas de visite sans autorisation judiciaire puisque la personne visitée doit être d'accord pour que l'opération ait lieu.

→Pour aller plus loin

Les enquêteurs peuvent saisir les ordinateurs et les téléphones des personnes de passage dans le lieu perquisitionné, même si ces dernières n'en sont pas les occupants. L'assemblée plénière de la Cour de cassation a précisé par deux arrêts[2] que « *sont saisissables les documents et supports d'information qui sont en lien avec l'objet de l'enquête et se trouvent dans les lieux que le juge a désignés ou sont accessibles depuis ceux-ci, sans qu'il soit nécessaire que ces documents et supports appartiennent ou soient à la disposition de l'occupant des lieux* ».

B. – Les fouilles à corps sont-elles possibles ?

137. – **En matière pénale**, la fouille à corps n'est possible qu'avec l'assentiment exprès de la personne concernée ou si elle est expressément autorisée par le juge dans l'hypothèse d'une visite sur autorisation judiciaire.

138. – **En matière administrative**, la fouille à corps n'est possible que si l'ordonnance du juge le prévoit expressément. C'est une hypothèse peu probable en pratique.

(1) Cass. crim., 14 oct. 1969, n° 69-90.775.
(2) Cass. ass. plén., 16 déc. 2022, n° 21-23.719. – Cass. ass. plén., 16 déc. 2022, n° 21-23.685.

C. – Le cabinet d'avocat de l'entreprise peut-il être visité ?

139. – En matière pénale comme en matière administrative, le cabinet d'avocat de l'entreprise peut être visité, mais cette visite fait l'objet de règles strictes et spécifiques tenant au respect des droits de la défense et du secret professionnel. Les perquisitions dans un cabinet d'avocat ne pourront avoir lieu que s'il existe des raisons plausibles de soupçonner l'avocat d'avoir commis, ou participé à la commission, d'une infraction. Ces règles imposent notamment la présence obligatoire du bâtonnier ou de son représentant lors de la visite, et prévoient des restrictions et un contrôle quant aux documents susceptibles d'être saisis.

Toute perquisition dans un cabinet d'avocat résulte d'une décision écrite et motivée du juge des libertés et de la détention indiquant la nature de l'infraction, les raisons justifiant la perquisition l'objet de celle-ci et sa proportionnalité au regard de la nature et de la gravité des faits. Le magistrat qui demande l'autorisation de perquisitionner, ainsi que le bâtonnier ou son représentant, doivent impérativement être présents durant la visite, sous peine de nullité[3]. La présence du bâtonnier vise à garantir le respect du secret professionnel et les intérêts de la profession, et non à défendre l'avocat visité. Il s'attachera à ce que la saisie des documents soit régulière et se limite bien à l'objet de la visite, tel que défini par l'ordonnance.

De façon à garantir le respect des droits de la défense, les documents pouvant être saisis sont limités à ceux attestant ou susceptibles d'attester d'une participation de l'avocat à l'infraction pénale. La Cour de cassation s'est en effet prononcée en ce sens, renforçant la condition imposant que « les documents saisis soient de nature à établir la preuve de la participation de l'avocat à la fraude présumée »[4], conditions s'imposant « à toute matière », y compris à la matière fiscale.

Le bâtonnier ou son représentant peut s'opposer à la saisie d'un document s'il estime celle-ci irrégulière. Dans ce cas, le document est placé sous scellé fermé et soumis au juge des libertés et de la détention qui statuera sur la contestation soulevée par le bâtonnier.

Les documents saisis sont placés sous scellés et seront restitués s'ils ne sont pas considérés par le juge des libertés et de la détention ou le juge d'instruction comme nécessaires à la manifestation de la vérité ou s'ils portent atteinte au secret professionnel ou aux droits de la défense.

D. – Les enquêteurs peuvent-ils demander où se trouvent les documents ?

140. – **Oui.** Les enquêteurs peuvent demander où se trouvent les documents. L'entreprise est tenue d'y répondre sous peine de sanctions pour entrave.

En pratique, les enquêteurs n'hésitent pas à demander des renseignements sur la localisation des documents de l'entreprise.

En revanche, le principe de non auto-incrimination leur interdit de demander à l'entreprise, sans autre forme de précision, les documents susceptibles de prouver les infractions faisant l'objet de l'enquête. Il appartient aux enquêteurs d'identifier

(3) CPP, art. 56-1. Le non-respect de cet article est à peine de nullité, selon l'article 59, alinéa 2 du même code. – L. 31 déc. 1971, art. 66-5. – CPP, art. 97 à 99 dans le cadre de l'instruction.

(4) Cass. com., 5 mai 1998, n° 96-30.116.

eux-mêmes les documents (ou plus généralement les preuves) dont ils ont besoin dans le cadre de leur enquête.

→ Pour aller plus loin

La jurisprudence de la Cour de justice de l'Union européenne a considéré dans un arrêt *Orkem* du 18 octobre 1989[5] que « la commission ne saurait imposer à l'entreprise l'obligation de fournir des réponses par lesquelles celle-ci serait amenée à admettre l'existence de l'infraction dont il appartient à la commission d'établir la preuve ». Elle a également jugé, dans un arrêt *Consob* du 2 février 2021[6], qu'il incombe aux États de s'assurer que l'autorité à l'origine de l'enquête ne sanctionne pas la personne qui « refuse de fournir à celle-ci des réponses susceptibles de faire ressortir sa responsabilité pour une infraction passible de sanctions administratives présentant un caractère pénal ou sa responsabilité pénale ».

La Cour européenne des droits de l'homme rappelle également de façon constante, sur le fondement de l'article 6 de la Convention européenne des droits de l'homme, le principe selon lequel tout accusé a le droit de garder le silence et de ne pas contribuer à sa propre incrimination[7].

SECTION 2 LA PRISE DE CONNAISSANCE ET LA SAISIE DE L'INFORMATION

A. – Les enquêteurs peuvent-ils consulter/saisir tout document ?

141. – Oui, lorsque les enquêteurs agissent sur autorisation judiciaire, ils peuvent consulter tout document pour vérifier s'il est en lien avec l'enquête.

Les seuls documents faisant exception (outre ceux relevant du secret-défense, rares en pratique) sont ceux couverts par le secret professionnel de l'avocat, c'est-à-dire toutes les correspondances échangées avec l'avocat de l'entreprise. Ces documents ne peuvent être ni consultés, ni saisis (V. *supra*, n°s 72 et s.).

Lorsqu'ils agissent sans autorisation judiciaire, les enquêteurs demandent à l'entreprise les documents et données qu'ils ont identifiés en amont et plus généralement ceux se rapportant à tel ou tel objet, qui est susceptible d'intéresser l'enquête.

B. – Peuvent-ils saisir les originaux ?

142. – Oui, si les enquêteurs sont autorisés à opérer, ils peuvent saisir les originaux.

Toutefois, il peut leur être proposé de faire immédiatement des copies afin de conserver les originaux.

En pratique, les enquêteurs acceptent le plus souvent la délivrance des copies.

(5) CJCE, 18 oct. 1989, aff. C-374/87 : *Rec. CJCE* 1989, p. I-3343.
(6) CJUE, 2 févr. 2021, aff. C-481/19, *DB c/ Commissione Nazionale per le Società e la Borsa (Consob)*.
(7) Par ex., CEDH, 8 févr. 1996, n° 18731/91, *John Murray c/ Royaume Uni*.

S'ils ne sont pas dotés d'une autorisation judiciaire, les enquêteurs sont soumis à l'accord de l'entreprise qui remettra, le cas échéant, des copies des documents.

C. – Peut-on conserver une copie ?

143. – Ceci doit être négocié avec les enquêteurs pendant la visite (ce n'est pas un droit). En cas de refus des enquêteurs, il convient de dresser la liste complète et précise des pièces emportées.

D. – Doit-on mettre une photocopieuse à la disposition des enquêteurs ?

144. – Il n'y a pas d'obligation en la matière. Toutefois, il est dans l'intérêt de l'entreprise de pouvoir conserver une copie des éléments saisis par les enquêteurs, non seulement pour les besoins de son fonctionnement, mais aussi pour conserver trace de ce qui a été pris.

Il est donc préférable de pouvoir mettre une photocopieuse à disposition des enquêteurs, voire de leur proposer de faire copie des éléments qu'ils souhaitent saisir.

E. – Les enquêteurs peuvent-ils consulter/saisir les ordinateurs ou tout autre support informatique ?

145. – Munis d'une autorisation judiciaire, les enquêteurs ont accès à tous les documents de l'entreprise (sauf les correspondances avocat/client), quel que soit leur support. Ils peuvent donc consulter et saisir les documents informatiques et les ordinateurs.

En pratique, les recherches informatiques sont systématiques.

Sans autorisation judiciaire, les enquêteurs ne peuvent que demander la remise des documents informatiques les intéressant. En pratique, il est fréquent qu'ils demandent l'intégralité de certaines messageries électroniques.

En matière pénale comme administrative, les enquêteurs peuvent saisir les ordinateurs ou tout autre support informatique.

La saisie de données informatiques est dans les faits très longue. En effet, les entreprises disposent parfois de mécanismes de protection pour certains logiciels ou applications. Dès lors, la copie ou l'export de données doit être débloqué. Ces manipulations peuvent être longues et laborieuses. Les enquêteurs sont généralement habitués et compréhensifs.

F. – Peuvent-ils saisir tout objet ?

146. – Au même titre que pour les documents, ils peuvent saisir tout objet dès lors qu'ils sont munis d'une autorisation judiciaire et que les objets en question sont en rapport avec l'objet de leurs investigations.

G. – Peuvent-ils consulter et saisir un téléphone portable ?

147. – **Oui**, munis d'une autorisation judiciaire, ils peuvent consulter et saisir un téléphone portable, s'ils estiment que son contenu (par ex., les e-mails, les SMS ou le répertoire) est susceptible de fournir des informations intéressant l'enquête.

En pratique, les enquêteurs procèdent comme pour une saisie informatique, c'est-à-dire en réalisant une copie des données se trouvant dans le téléphone portable, notamment des messages, photos et vidéos.

En matière pénale, les enquêteurs peuvent procéder à la saisie de données informatiques en procédant à la saisie de leur support (ordinateur, téléphone portable, etc.) ou en réalisant une copie[8]. Le téléphone portable peut être placé sous scellé et exploité dans un temps postérieur à la perquisition dans la mesure où la présence de la personne intéressée n'est pas nécessaire.

En matière fiscale, les enquêteurs peuvent saisir et exploiter les « pièces et documents, (…) quel qu'en soit le support »[9] qu'ils découvrent dans le cadre d'une opération de visite et de saisie. En matière d'enquêtes de concurrence, les enquêteurs peuvent procéder « à la saisie de documents et de tout support d'information »[10] sur autorisation judiciaire, ce qui inclut selon la jurisprudence[11] le support de ces derniers.

Les appareils personnels (téléphone portable personnel) peuvent également être saisis s'ils répondent aux critères énoncés ci-dessus, c'est-à-dire si les enquêteurs estiment que le contenu de l'appareil personnel pourrait fournir des informations intéressant l'enquête.

H. – Les enquêteurs peuvent-ils saisir des échantillons ?

148. – En droit de la consommation, les enquêteurs de la DGCCRF peuvent, dans certaines matières, procéder à des saisies d'échantillons sans autorisation judiciaire. Ils pourront ainsi saisir trois échantillons (un pour le laboratoire pour analyse et deux pour les experts) sans préjudice de la possibilité pour l'entreprise visitée d'effectuer des prélèvements pour son propre compte.

Chacun des échantillons devra être mis sous scellé avec une étiquette permettant son identification (notamment la date, l'heure, le lieu et l'ordre du prélèvement ainsi que la signature de l'enquêteur) et un procès-verbal sera établi par les enquêteurs aussitôt les opérations de prélèvement réalisées.

En matière pharmaceutique, des saisies d'échantillons sont également possibles. Les enquêteurs (les pharmaciens inspecteurs de santé publique, les médecins inspecteurs de santé publique, les inspecteurs de l'action sanitaire et sociale, les ingénieurs du génie sanitaire, les ingénieurs d'études sanitaires et les techniciens sanitaires)[12] doivent prévoir trois échantillons identiques : un pour eux, un pour le laboratoire d'analyse et un pour le propriétaire.

Les prises d'échantillons donnent lieu à la rédaction immédiate d'un procès-verbal spécifique.

(8) CPP, art. 56 et 57-1.
(9) LPF, art. L. 16 B, I.
(10) C. com., art. L. 250-4.
(11) Cass. crim., 12 déc. 2007, n° 06-81.907.
(12) CSP, art. L. 1421-1.

I. – Les enquêteurs peuvent-ils exiger un code d'accès informatique ou un décryptage de données ?

149. – En matière administrative, les codes d'accès informatiques doivent être fournis si les enquêteurs agissent sur autorisation du juge. Le refus de communiquer ce code est assimilable à de l'obstruction.

En matière pénale, le procureur de la République ou, sur autorisation de celui-ci, l'officier de police judiciaire, peut requérir de toute personne susceptible de détenir des documents intéressant l'enquête qu'elle fournisse ses données de connexion à des systèmes informatiques[13]. Les personnes concernées ne peuvent pas s'y opposer, sauf motif légitime, sous peine de sanction. Il n'y a aucun formalisme nécessaire pour ces réquisitions qui doivent cependant être données sur autorisation du procureur de la République.

J. – Les enquêteurs peuvent-ils apposer des scellés / interdire l'accès à certains locaux ?

150. – Ils le peuvent. En pratique, il arrive que les enquêteurs n'aient pas le temps de fouiller l'ensemble des locaux et peuvent, dans ce cas, sceller l'accès d'une pièce ou d'une armoire pour que leur intégrité soit préservée jusqu'à leur retour.

En matière administrative, l'apposition de scellés peut intervenir même lorsque les enquêteurs agissent sur pouvoir propre (sans autorisation du juge).

Le bris de scellés, de même que sa tentative, est puni de deux ans d'emprisonnement et de 30 000 € d'amende[14], ainsi que de « l'interdiction des droits civiques, civils et de famille » et la « confiscation de la chose qui a servi ou était destinée à commettre l'infraction, à l'exception des objets susceptibles de restitution »[15].

Les sanctions sont plus sévères en matière d'enquêtes européennes, où le bris de scellés est puni d'une amende « jusqu'à concurrence de 1 % du chiffre d'affaires total réalisé au cours de l'exercice social précédent »[16] de l'entreprise. En cas de bris de scellé, l'infraction pourra difficilement être contestée par l'entreprise, même lorsqu'elle a pris les mesures nécessaires pour l'éviter[17].

(13) CPP, art. 60-1 et 71-1-1.
(14) C. pén., art. 434-224.
(15) C. pén., art. 434-44.
(16) Cons. UE, Règl. (CE) n° 1/2003, 16 déc. 2002, relatif à la mise en œuvre des règles de concurrence prévues aux articles 81 et 82 du traité, art. 23.
(17) V. par ex. Comm. UE, 24 mai 2011, déc. n° C(2011) 3640 final, aff. COMP/39.796, *Suez Environnement*, où la société a été condamnée pour bris de scellé malgré l'affichage de l'interdiction d'ouvrir la porte sous aucun prétexte.

SECTION 3 S'OPPOSER À LA SAISIE DE CERTAINS DOCUMENTS

151. - Seule la communication des documents couverts par le secret professionnel avocat/client ou le secret-défense peut être refusée aux enquêteurs.

Les autres secrets professionnels ou règles de confidentialité ne leur sont pas opposables.

En pratique, des discussions ont souvent lieu avec les enquêteurs quant à l'étendue de la protection du secret professionnel. Il convient donc d'avoir les idées claires sur ces questions. Les principes étant exposés ci-avant (V. *supra*, n°s 72 et s.), nous nous attacherons ci-dessous à répondre aux questions pratiques se posant souvent sur le terrain.

A. – Le secret professionnel couvre-t-il toutes les correspondances avocat/client ou seulement celles qui sont en lien avec l'affaire faisant l'objet d'une enquête ?

152. - Bien que la question ne soit pas tranchée avec certitude par la jurisprudence, il est préférable d'adopter une approche extensive du secret professionnel et s'opposer à la saisie de toute correspondance avocat/client indépendamment de leur lien avec l'affaire en cours.

Cette approche est non seulement conforme à la définition du secret professionnel[18], qui s'entend indépendamment de l'exercice des droits de la défense, mais évite également que les enquêteurs prennent connaissance des correspondances litigieuses pour déterminer, selon leur contenu, si elles peuvent être saisies.

Par conséquent, si les enquêteurs refusent cette approche, il convient de le faire acter au procès-verbal.

Il convient de noter cependant que la circulaire d'application de la loi n° 2021-1729 du 22 décembre 2021 pour la confiance dans l'institution judiciaire adopte une lecture plus restrictive dans le champ pénal, en considérant que si les échanges avec l'avocat relèvent du conseil, ils demeurent saisissables dès lors qu'ils ne se rapportent pas à l'exercice des droits de la défense (c'est-à-dire qu'ils sont sans lien avec l'affaire faisant l'objet de l'enquête).

B. – Les pièces jointes aux e-mails échangés avec un avocat sont-elles couvertes par le secret professionnel ?

153. - Les pièces jointes aux e-mails, ou correspondances, échangées avec un avocat font partie intégrante de cette correspondance et sont donc couvertes par le secret professionnel. À ce titre, elles ne peuvent être ni consultées ni saisies par les enquêteurs.

(18) L'article 2.2 du Règlement intérieur national (RIN) dispose que : « Le secret professionnel couvre en toute matière, dans le domaine du conseil ou celui de la défense, et quels qu'en soient les supports, matériels ou immatériels (papier, télécopie, voie électronique…) : (…) les correspondances échangées entre le client et son avocat, entre l'avocat et ses confrères, à l'exception pour ces dernières de celles portant la mention officielle (…) ».

De même, les e-mails envoyés par un avocat à son client et transférés au sein de l'entreprise demeurent protégés.

En revanche, le secret professionnel ne s'étend qu'aux correspondances dont l'avocat est l'auteur ou le destinataire : les échanges où il figure seulement en copie ne semblent pas pouvoir bénéficier de cette protection[19].

C. – Les enquêteurs peuvent-ils lire le contenu des correspondances avocat/client pour déterminer si elles sont couvertes par le secret ?

154. – Dès lors qu'il est établi que la correspondance en question est couverte par le secret professionnel, les enquêteurs ne peuvent en prendre connaissance. S'ils le font, il convient de s'y opposer et de le faire acter au procès-verbal.

D. – Les enquêteurs peuvent-ils saisir l'intégralité du contenu d'une boîte e-mail et faire le tri des correspondances couvertes par le secret professionnel postérieurement ?

155. – Cette pratique est communément utilisée par les enquêteurs. Faisant notamment valoir la difficulté matérielle, voire une impossibilité technique (V. ci-après sur le caractère insécable des boîtes e-mails), les enquêteurs prennent souvent le parti de copier l'intégralité des boîtes e-mails concernées par l'enquête en s'engageant à restituer par la suite les correspondances couvertes par le secret professionnel.

La jurisprudence la plus récente de la Cour de cassation[20] pose un obstacle à cette pratique en considérant que la violation du secret professionnel intervient « dès que le document est saisi par les enquêteurs ». Ceci interdit de saisir les documents puis de contrôler *a posteriori* leur statut au regard du secret professionnel. Dans ce cas, la saisie des documents couverts par le secret est susceptible d'être annulée (mais cette annulation ne s'étend pas au reste des documents saisis).

La Cour de cassation exige toutefois que l'entreprise ait fait spécifiquement valoir lors de la visite que certains documents saisis pouvaient être couverts par le secret professionnel pour admettre par la suite tout l'argument tiré de la violation de cette protection.

→ Pour en savoir plus

Pour justifier de la saisie globale des boîtes e-mail, les enquêteurs soulèvent souvent un argument d'ordre technique selon lequel le tri des messages ne pourrait pas être réalisé sans compromettre leur authenticité/intégrité (invoquant le caractère insécable des boîtes e-mails). Il est cependant permis de douter de cette thèse en raison d'un rapport d'expertise établi dans le cadre de l'affaire ayant donné lieu aux trois arrêts de la chambre criminelle du 11 janvier 2012[21]. Ce rapport, dont certains passages ont été publiés[22],

(19) CA Paris, ord., 8 nov. 2017, n° 14/13384 ; CA Paris, Pôle 5, 1re ch., 8 mars 2017, n° 15/17136 ; CA Paris, Pôle 5, 1re ch., 8 mars 2017, n° 15/17184 ; CA Poitiers, 27 févr. 2018, n° 16/000736.

(20) Cass. crim., 24 avr. 2013, n° 12-80.331.

(21) Cass. crim., 11 janv. 2012, nos 11-88.193, 11-88.194 et 11-88.197.

(22) J. Catala Marty et L. Nouvel, *Conciliation des droits de la défense et des intérêts de l'enquête dans les perquisitions en concurrence : JCP* E juill. 2012, n° 27, 1442 citant un passage du rapport rendu le 28 août 2011 : « quel que soit le type de messagerie utilisée, locale ou distante, Outlook, Notes, Thunderbird (...)

démontre qu'il est techniquement possible pour les enquêteurs de procéder au tri des messages saisis sans en affecter l'authenticité. Dès lors, même si le rapport n'a pas de valeur juridique en lui-même, il démontre que l'argument utilisé par les enquêteurs semble moins solide.

En cas de débat d'ordre technique, il est souvent utile de se faire assister par le responsable informatique de l'entreprise.

E. – Les correspondances échangées avec un avocat étranger sont-elles couvertes par le secret professionnel ?

156. – Cette question est restée longtemps incertaine, bien que l'on ne voie pas pourquoi un client s'adressant à un avocat étranger pour une question relevant du droit local ne pourrait pas bénéficier de la même protection que s'il s'adressait à un avocat français pour une question de droit français.

La Cour de cassation semble avoir levé cette incertitude dans un arrêt du 3 mai 2012[23] dans lequel elle a fait application de l'article 66-5 de la loi du 31 décembre 1971 à une correspondance échangée entre une société française et un avocat luxembourgeois.

Cette solution, qui paraît logique dans une économie globalisée, ouvre un certain nombre de perspectives. Elle permet de considérer que toute correspondance entre un professionnel ayant la qualité d'*avocat* et son client serait couverte par le secret professionnel et donc insaisissable. La directive « Avocat »[24] donne la liste des professionnels qui, au sein de l'Union européenne, répondent à cette qualité. Il faut en déduire que l'article 66-5 de la loi du 31 décembre 1971 a vocation à s'appliquer à toute correspondance qu'un de ces professionnels pourrait avoir avec son client.

L'article 66-5 aurait-il également vocation à s'appliquer à une correspondance échangée entre un avocat inscrit à un barreau américain (ou, plus généralement, hors Union européenne) et son client français ? Dans la logique de l'arrêt de 2012 précité, la réponse devrait être incontestablement oui. La jurisprudence soutient régulièrement que la protection du secret professionnel est acquise lorsqu'elle concerne des correspondances échangées avec un avocat étranger. Étant précisé que ce principe n'est pas absolu et souffre de plusieurs exceptions[25].

Toutefois, en pratique, les enquêteurs rejettent le plus souvent l'opposition formulée quant à la saisissabilité des correspondances échangées avec un avocat étranger, même membre d'un barreau communautaire. Le cas échéant, il convient d'en faire état dans le procès-verbal.

il est toujours possible de réaliser une sélection de messages que l'on peut exporter en apportant toutes les garanties nécessaires d'intégrité, de traçabilité et d'authenticité ».

(23) Cass. com., 3 mai 2012, n° 11-14.008.

(24) PE et Cons. UE, dir. 2013/48/UE, 22 oct. 2013.

(25) Cass. crim., 19 déc. 2018, n° 17-87.357.

→ Pour en savoir plus

Aux termes de l'article 56 du Code de procédure pénale, l'officier de police judiciaire qui assiste aux opérations a « l'obligation de provoquer préalablement toutes mesures utiles pour que soit assuré le respect du secret professionnel et des droits de la défense ».

Dans un domaine où la jurisprudence évolue, notamment sous l'influence de la Cour européenne des droits de l'homme, il est prudent de soulever cette objection à travers une réserve portée au procès-verbal de la visite pour, le cas échéant, développer un moyen de nullité en cas de recours.

F. – Peut-on s'opposer à la saisie des correspondances échangées en interne avec le directeur juridique ?

157. – Le cadre juridique de la confidentialité des avis juridiques des juristes d'entreprise était en cours de discussion au Parlement, avant la dissolution décidée en juin 2024 par le Président de la République. Nous ne savons pas au moment de l'édition de cet ouvrage, si et quand seront repris les travaux parlementaires sur ce texte.

Avant que ces avancées législatives ne soient interrompues, le droit national ne permettait pas de s'opposer à la saisie de correspondances échangées en interne avec le directeur juridique même si elles étaient en lien avec les droits de la défense, sauf si l'« objet essentiel » de cette correspondance était de reprendre la stratégie de défense mise en place par les avocats de l'entreprise et de disséminer leurs conseils.

Les nouvelles propositions de loi relatives à la confidentialité des avis juridiques des juristes d'entreprise, déposées par le sénateur Louis Vogel et le député Jean Terlier, votées en première lecture, visent à consacrer la confidentialité de ces avis qui ne pourront pas faire l'objet d'une saisie ou d'une obligation de remise à un tiers, dans le cadre d'une procédure ou d'un litige en matière civile, commerciale ou administrative.

La proposition de loi exclut toutefois expressément la protection des avis juridiques dans le cadre d'une procédure pénale ou fiscale.

→ Pour en savoir plus

En l'état actuel du droit communautaire[26], il n'est pas possible de s'opposer à la saisie d'un avis juridique émis par un juriste d'entreprise, fût-il inscrit à un barreau. La Cour de justice de l'Union européenne considère en effet que le critère pertinent n'est pas l'inscription à un barreau, mais le mode d'exercice – libéral ou salarié – du professionnel. Ainsi, un directeur juridique américain ayant la qualité d'avocat dans son pays (et donc régulièrement inscrit à un barreau) ne bénéficie d'aucune protection en France pour les correspondances qu'il échange avec le président de sa société alors pourtant que ces correspondances seraient protégées dans son pays.

On voit là une source de danger pour les entreprises étrangères dont certaines correspondances peuvent être saisies en France, puis transmises ensuite, dans le cadre d'accords de coopération, à des enquêteurs étrangers qui, au regard du droit local, n'auraient pas dû pouvoir appréhender ces pièces.

(26) CJUE, 14 sept. 2010, *Akzo Nobel Chemicals Ltd et Akcros Chemicals Ltd c/ Commission européenne.*

SECTION 4 QUESTIONS DES ENQUÊTEURS

A. – Les enquêteurs peuvent-ils poser des questions ?

158. – **En matière pénale**, les policiers peuvent retenir sur place le temps strictement nécessaire à l'accomplissement des opérations, les personnes présentes et susceptibles de fournir des renseignements sur les objets, documents et données informatiques intéressant l'enquête. Ainsi, les policiers peuvent-ils poser des questions en lien avec les opérations et les pièces saisies.

Le Code de procédure pénale ne contient aucune disposition spécifique autorisant ou prohibant les auditions sur place concernant le fond de l'enquête. En pratique, rien ne permet d'exclure qu'une telle audition puisse avoir lieu.

Le cas échéant, cette audition devra répondre aux exigences du Code de procédure pénale relatives aux auditions de témoins ou suspects.

En pratique, il est relativement rare que les enquêteurs y procèdent, préférant se concentrer sur la perquisition elle-même.

159. – **En matière administrative**, les enquêteurs ont le droit de poser des questions en vue de recueillir des informations ou des explications utiles aux besoins des opérations de visites et saisies.

Toutefois, si les questions des enquêteurs se font plus précises quant au fond du dossier, il est parfois préférable soit de leur proposer une réponse par écrit, soit de les inviter à entendre la personne concernée ultérieurement dans le cadre d'une audition formelle. Cette dernière solution présente l'avantage de laisser à cette personne le temps de se préparer et de bénéficier des droits inhérents à ce type d'audition. Selon la jurisprudence, cette option ne peut être refusée par les enquêteurs, sauf si la loi les autorise à procéder à des auditions sur le champ.

Il ne peut pas être procédé à une mesure de garde à vue dans le cadre d'une enquête administrative.

→ Pour aller plus loin

Dans un arrêt du 13 septembre 2012[27], la cour d'appel de Paris a fait droit à la demande d'annulation d'un procès-verbal recueillant les déclarations d'une personne de la société au motif qu'« aucun élément ne permet d'affirmer que M. X, dont les déclarations ont été recueillies par les enquêteurs dans les locaux de la société Y, aurait préalablement à celle-ci, renoncé au bénéfice des règles applicables aux auditions, visant à assurer la loyauté de l'enquête ».

Il en ressort qu'en cas de questions sur le fond, les enquêteurs doivent préalablement obtenir de la personne concernée sa renonciation au bénéfice des dispositions encadrant l'audition.

Rappelons aussi que l'article préliminaire du Code de procédure pénale prévoit que : « En matière criminelle et correctionnelle, aucune condamnation ne peut être prononcée contre une personne sur le seul fondement de déclarations qu'elle a faites sans avoir pu s'entretenir avec un avocat et être assistée par lui ».

(27) CA Paris, 13 sept. 2012, n° 2011/17362.

160. - En matière civile et commerciale, il n'y a aucune obligation de répondre aux questions autres que celles précisément énoncées dans l'ordonnance.

B. - Doit-on prêter serment ?

161. - En règle générale, non. Seuls les témoins entendus dans le cadre d'une enquête pénale doivent prêter serment.

C. - Peut-on garder le silence ?

162. - Oui. Les enquêteurs doivent respecter les droits de la défense. Ainsi, les enquêteurs doivent-ils informer la personne auditionnée de l'objet de l'enquête en cours. Et le principe de non auto-incrimination autorise la personne interrogée à refuser de répondre aux questions. Mais ce droit n'est pas notifié par les enquêteurs (V. *supra*, n°s 61 et s.).

Il convient toutefois d'agir avec discernement. Si les questions des enquêteurs concernent essentiellement les aspects pratiques de la saisie (localisation des documents, mots de passe…), le refus de répondre pourrait être vu comme une entrave. Le juge pourra aussi tirer les conséquences d'un refus d'obtempérer/de répondre.

En matière pénale, les enquêteurs peuvent procéder à des auditions sur place, même si cela est relativement rare en pratique. Il faut être prudent car une attitude de refus peut être de nature à provoquer une garde à vue. Le droit au silence peut être invoqué.

En matière civile et commerciale, il est toujours possible de refuser de répondre aux questions d'un commissaire de justice. Il est parfaitement légitime de refuser de répondre à toute question se situant en dehors du champ spécifiquement circonscrit par l'ordonnance. Si la question entre dans le champ de l'ordonnance, le juge pourra tirer toute conséquence de ce refus dans son analyse du fond du dossier.

En matière administrative, la Cour de justice de l'Union européenne considère toutefois que « le droit au silence ne saurait justifier tout défaut de coopération avec les autorités compétentes, tel qu'un refus de se présenter à une audition prévue par celles-ci ou des manœuvres dilatoires visant à en reporter la tenue »[28].

D. - Peut-on être assisté par un avocat en cas de questions des enquêteurs ?

163. - Si les questions sont de nature pratique pour les besoins de l'enquête, ce n'est pas un droit et ce n'est pas nécessairement utile. Si les questions concernent le fond du dossier, il peut être demandé à être entendu ultérieurement selon les formes prévues par la loi.

En matière administrative, la loi prévoit la possibilité de se faire assister par un avocat en cas d'audition. En matière pénale, ce droit n'est consacré que dans l'hypothèse de la garde à vue ou de l'audition libre du suspect.

E. - Comment doit-on répondre aux questions des enquêteurs ?

164. - Pour répondre au mieux aux questions posées par les enquêteurs :

- réfléchissez avant de répondre, prenez votre temps ;

(28) CJUE, 2 févr. 2021, aff. C-481/19, *DB c/ Commissione Nazionale per le Società e la Borsa (Consob)*.

- répondez aux questions de façon simple, sans ajouter votre opinion ou faire de suppositions ;
- apportez des réponses précises, courtes et qui vous concernent ;
- ne répondez pas lorsque vous ne connaissez pas la réponse (dites : « je ne sais pas ») ;
- ne répondez qu'à la question posée, évitez les digressions ;
- n'hésitez pas à faire répéter/reformuler la question ;
- gardez votre calme et soyez courtois ;
- notez précisément toutes les questions posées et la réponse donnée, sans plus. Mais gardez à l'esprit que vos notes peuvent être saisies.

F. - Quels sont les risques de garde à vue ?

165. - **En matière pénale**, les enquêteurs peuvent notifier sur place le placement en garde à vue de la personne intéressée s'il existe à son encontre « une ou plusieurs raisons plausibles de soupçonner qu'elle a commis ou tenté de commettre un crime ou un délit puni d'une peine d'emprisonnement »[29]. C'est relativement rare dans les dossiers relevant du droit pénal des affaires.

Cette mesure ne peut viser qu'une personne suspectée d'avoir personnellement participé à la commission d'une infraction, et en aucun cas une personne prise en sa qualité de représentant de la société (elle-même suspectée d'avoir commis une infraction). Les modalités de la garde à vue sont décrites *infra* (V. Fiche pratique 5).

La décision de placer un suspect en garde à vue relève de la prérogative des policiers, sous le contrôle du procureur de la République ou du juge d'instruction selon le cas. Cette particularité impose de faire particulièrement attention aux relations pouvant se nouer avec eux lors de la perquisition, dès lors que celles-ci pourraient éventuellement faire naître une suspicion de nature à fonder une telle décision par les policiers.

En matière administrative, aucune mesure de garde à vue n'est possible.

Concernant les questions des enquêteurs portant sur le fond du dossier, et comme cela a été exposé plus haut, il est toujours possible de demander à être entendu sur convocation en présence d'un avocat.

(29) CPP, art. 62-2.

CHAPITRE 3 FIN ET SUITES DE LA VISITE

166. – À la fin de la visite (ou peu de temps après), un procès-verbal décrivant les opérations et listant les éléments saisis est établi. Ce procès-verbal est essentiel, car il constituera la mémoire officielle de la mesure dans le cadre du dossier et au cours des étapes suivantes.

Ce chapitre apportera des réponses aux questions suivantes :

- Le procès-verbal
  - Un procès-verbal doit-il toujours être établi à la fin de la visite ?
  - Le procès-verbal doit-il contenir la relation fidèle des questions posées et des réponses apportées ?
  - Peut-on faire des réserves ?
  - Doit-on signer le procès-verbal ?
  - Une copie du procès-verbal est-elle remise à la société ?
- Après la visite
  - Que faire une fois les enquêteurs partis ?
  - Que faut-il s'abstenir de faire ?
  - Peut-on contester la visite effectuée ?
  - Quelles suites peuvent être données à la visite ?
  - Les objets/documents saisis peuvent-ils être restitués ?
  - Est-il possible d'avoir accès au dossier d'enquête ?

SECTION 1 LE PROCÈS-VERBAL

A. – Un procès-verbal doit-il toujours être établi ?

167. – Oui. Toutefois, il n'est pas toujours établi immédiatement à l'issue de la visite et l'est parfois quelques jours plus tard.

Le procès-verbal contient nécessairement :

- l'autorité pour laquelle la visite a été opérée ;
- le nom des enquêteurs ayant diligenté les opérations ;
- les heures d'arrivée et de départ des enquêteurs ;
- le fondement légal sur lequel la visite a eu lieu ;
- le lieu de la visite ;

- la description des opérations ;
- l'inventaire des éléments recueillis ou saisis.

Le cas échéant, le procès-verbal fait mention des difficultés rencontrées sur place.

Il contient la liste des pièces et documents saisis. Toutefois, cette liste ne contient pas nécessairement le nom de tous les documents saisis. Le procès-verbal peut se limiter à mentionner le titre d'un classeur, le nom d'un fichier informatique ou le titulaire d'une boîte e-mail.

B. – Le procès-verbal doit-il contenir la relation fidèle des questions posées et des réponses apportées ?

168. – Oui, en principe. Toutefois, il s'agit souvent d'une synthèse imparfaite, susceptible de contenir des erreurs et/ou imprécisions pouvant avoir des conséquences ultérieurement (par ex. : phrase susceptible d'interprétations différentes en fonction, par exemple, de l'imprécision ou du choix inapproprié d'un mot, etc.).

Il faut donc impérativement lire très attentivement le procès-verbal avec un regard critique en se demandant systématiquement comment il pourrait être interprété par un juge d'instruction, un procureur, un tribunal ou une autorité de régulation, ou plus généralement par une personne qui n'était pas sur place et pour qui le procès-verbal fait foi.

Il ne faut pas hésiter à demander que le procès-verbal soit complété ou modifié, si les descriptions des opérations ne semblent pas fidèles aux faits.

C. – Peut-on faire des réserves ?

169. – Oui. Toutefois, les enquêteurs n'informent pas toujours la société de cette possibilité. Il convient donc de bien l'avoir à l'esprit au moment de la relecture du procès-verbal.

Il est souvent nécessaire de faire acter sous forme de réserve toute difficulté intervenue lors de la visite, car le procès-verbal fait foi jusqu'à preuve contraire : en l'absence de réserve, ce qui y figure s'impose donc au juge ou à l'autorité qui examinera le dossier sur le fond.

On peut mentionner à titre d'exemple :

- la saisie de correspondances avec l'avocat de la société ;
- le refus des enquêteurs d'exposer les motifs de leur visite ;
- la saisie de données hébergées sur un serveur situé à l'étranger ;
- la saisie de documents portant atteinte aux droits de la défense ;
- le refus éventuel de l'avocat par les enquêteurs ;
- la saisie de documents sans lien apparent avec l'objet de l'enquête ;
- la description erronée ou incomplète du déroulement des opérations…

Il peut également s'agir d'explications quant à l'impossibilité matérielle de communiquer un document requis, ou quant au caractère particulièrement sensible d'une information saisie.

L'absence de toute réserve dans le procès-verbal peut être considérée par le juge saisi d'un recours comme une absence de contestation des conditions de la visite. Il est donc important de faire état des difficultés dans le procès-verbal.

Si les enquêteurs se montrent réticents à ajouter les réserves dans le procès-verbal, il est envisageable de les rassembler sur un document en leur demandant de l'annexer au procès-verbal. Si vous rencontrez des difficultés lors de l'établissement des réserves, ne pas hésiter à écrire au procureur pour acter les difficultés rencontrées.

D. – Qui signe le procès-verbal ?

170. – Le procès-verbal est signé par les enquêteurs, l'officier de police judiciaire (s'il y en a un), les témoins (si les enquêteurs y ont eu recours) et le représentant de l'entreprise lors de la visite.

Si le procès-verbal mentionne des déclarations ayant pu être recueillies lors de la visite, l'auteur de ces déclarations doit signer le procès-verbal.

E. – Doit-on signer le procès-verbal ?

171. – La loi comme la jurisprudence reconnaissent le droit de ne pas signer un procès-verbal. Ce droit n'est pas notifié par les enquêteurs.

En cas de refus de signer, mention en est faite dans le procès-verbal, sans que sa validité n'en soit affectée.

En pratique, le refus de signer manifeste une contestation ferme et générale du déroulement des opérations telles qu'elles sont décrites dans le procès-verbal. Il convient donc de mesurer si tel est l'état d'esprit de l'entreprise, ou s'il n'est pas préférable de faire acter des réserves sur telle ou telle difficulté rencontrée.

F. – Une copie du procès-verbal est-elle remise ?

172. – **En matière pénale**, les enquêteurs ne remettent pas de copie du procès-verbal à la personne visitée. Rien n'interdit toutefois de leur demander.

En matière administrative, une copie est systématiquement remise.

En cas de mesure d'instruction **en matière civile ou commerciale**, le procès-verbal du commissaire de justice est établi après les opérations de constat et de saisie, de sorte qu'il ne peut être remis à la fin des opérations. La personne visitée est toutefois en droit d'en demander une copie par la suite, notamment pour les besoins des recours qu'elle pourrait envisager d'exercer.

SECTION 2 APRÈS LA VISITE

A. – Que faire une fois les enquêteurs partis ?

173. – Dès leur départ :

– s'entretenir **très rapidement** avec le cabinet d'avocats : des recours sont parfois possibles, mais dans des délais souvent très brefs (cinq jours dans certains cas) ;

– établir « à chaud » un compte-rendu, aussi précis et factuel que possible, de la visite ; ce compte-rendu est particulièrement nécessaire en matière pénale où la personne visitée ne se voit pas remettre de copie du procès-verbal. Ce compte-rendu peut contenir notamment :

- les heures de début et de fin des opérations,

- le nom des personnes ayant accompagné les enquêteurs,
- les éléments recherchés par les enquêteurs,
- les questions posées par les enquêteurs au cours de la visite,
- les éventuels incidents ou difficultés rencontrées avec les enquêteurs et la solution apportée le cas échéant,
- la liste des pièces et documents saisis, à défaut de remise d'un procès-verbal,
- les éventuels engagements pris par la société en matière de communications ultérieures.

B. – Que faut-il s'abstenir de faire ?

174. – Les enquêteurs sont partis, mais ils peuvent revenir et réaliser à nouveau une visite.

Ainsi, dans cette perspective, éviter les notes internes ou e-mails relatant les opérations dans des termes inappropriés, ou mentionnant que vous avez évité de fournir tel élément ou que les enquêteurs n'ont pas trouvé telle donnée.

Dans le même objectif, éviter de contacter par téléphone après la visite des personnes dont la relation pourrait vous porter préjudice. En effet, les enquêteurs peuvent obtenir des opérateurs de téléphonie (mobile et fixe) la liste des appels entrants et sortants sur une période donnée. Il est préférable d'éviter que les enquêteurs constatent que vous avez contacté une personne faisant partie du cadre de l'infraction ou du manquement sur lequel ils enquêtent, immédiatement après leur intervention dans les locaux de l'entreprise.

→ Pour aller plus loin

L'article 77-1-1 du Code de procédure pénale permet aux enquêteurs d'exploiter les données « issues d'un système informatique ou d'un traitement de données nominatives », plus connues sous le nom de « fadettes ». Le Conseil constitutionnel a censuré ces dispositions au motif que « le législateur n'a pas entouré la procédure prévue par les dispositions contestées de garanties propres à assurer une conciliation équilibrée entre, d'une part, le droit au respect de la vie privée et, d'autre part, la recherche des auteurs d'infractions »[1], mais a reporté l'abrogation des dispositions en cause au 31 décembre 2022.

Le législateur a introduit[2] un article 60-1-2 dans le Code de procédure pénale pour limiter les cas où les « fadettes » peuvent être exploitées :

« 1° La procédure porte sur un crime ou sur un délit puni d'au moins trois ans d'emprisonnement ;

2° La procédure porte sur un délit puni d'au moins un an d'emprisonnement commis par l'utilisation d'un réseau de communications électroniques et ces réquisitions ont pour seul objet d'identifier l'auteur de l'infraction ;

3° Ces réquisitions concernent les équipements terminaux de la victime et interviennent à la demande de celle-ci en cas de délit puni d'une peine d'emprisonnement ;

4° Ces réquisitions tendent à retrouver une personne disparue ».

(1) Cons. const., 3 déc. 2021, n° 2021-952 QPC.
(2) L. n° 2022-299, 2 mars 2022 visant à combattre le harcèlement scolaire.

Il faudra attendre une éventuelle décision du Conseil constitutionnel pour déterminer si ces limites constituent des garanties suffisantes au regard du droit au respect de la vie privée.

C. – Peut-on contester la visite effectuée ?

175. – En matière administrative, si la visite fait l'objet d'une autorisation judiciaire, il est possible de contester la régularité de la décision autorisant la visite.

S'agissant de la visite elle-même, il est ensuite toujours possible de demander l'annulation des saisies ou des procès-verbaux d'interrogatoire en cas de non-respect des règles légales.

En l'absence d'autorisation, les contestations inhérentes à la visite pourront être exprimées à l'autorité compétente.

En matière pénale, il n'existe pas de recours immédiat contre une décision de perquisition et concernant les conditions de celles-ci. En revanche, des demandes de nullité de la perquisition et des actes subséquents peuvent être faites :

– en cas d'information judiciaire : devant la chambre de l'instruction (cour d'appel) si l'entreprise est mise en examen ;

– en cas d'enquête préliminaire : devant le tribunal correctionnel si l'entreprise y est renvoyée à l'issue de l'enquête ;

– en cas d'absence de poursuite devant une juridiction d'instruction ou de jugement après un délai de six mois à compter de l'accomplissement de la mesure : devant le juge des libertés et de la détention[3].

D. – Quelles suites peuvent être données à la visite ?

176. – Après le départ des enquêteurs :

– les enquêteurs peuvent revenir ;

– les enquêteurs peuvent entendre/réentendre certaines personnes ;

– ils peuvent aussi demander des précisions, concernant les documents saisis.

177. – L'entreprise peut, de sa propre initiative, fournir un complément d'information aux enquêteurs, leur apporter des explications permettant d'éviter un éventuel malentendu, lever des soupçons résultant d'une méconnaissance de l'activité concernée, etc.

178. – Un rapport d'enquête est ensuite généralement établi par les services de police, l'administration ou l'autorité concernée.

L'enquête peut ensuite donner lieu à des poursuites devant les autorités administratives (Autorité de la concurrence, CNIL AMF…), et/ou à des poursuites pénales.

(3) En vertu de l'article 802-2 du Code de procédure pénale, cette demande d'annulation peut-être portée devant le juge des libertés et de la détention dans un délai d'un an à compter de la date à laquelle la personne ayant fait l'objet d'une perquisition ou d'une visite domiciliaire a eu connaissance de cette mesure.

E. – Les objets / documents saisis peuvent-ils être restitués ?

179. – En matière pénale, il convient de s'adresser au juge d'instruction dans le cadre d'une information judiciaire et de présenter une requête en restitution, laquelle est ouverte à toute personne ayant un droit sur l'objet/document saisi[4]. Le juge peut également décider d'office de restituer le document. En cas de demande, le juge d'instruction doit rendre une ordonnance qui est susceptible de recours. Dans l'hypothèse d'une enquête préliminaire, les demandes de restitution doivent être adressées au procureur de la République en charge de l'enquête[5].

En matière administrative, la demande de restitution peut être formulée auprès de l'autorité administrative ayant procédé à la mesure.

En matière civile et commerciale, il convient de saisir le juge ayant rendu l'ordonnance autorisant le commissaire de justice à recueillir des éléments de preuve pour obtenir la restitution des documents concernés.

F. – Est-il possible d'avoir accès au dossier d'enquête ?

180. – En vertu de l'article 77-2 du Code de procédure pénale, à tout moment de l'enquête préliminaire, le procureur de la République peut communiquer tout ou partie du dossier de la procédure à la personne mise en cause, à la victime ou à leurs avocats.

Ils peuvent ensuite présenter des observations, qui peuvent notamment porter sur la régularité de la procédure, sur la qualification des faits pouvant être retenue, sur le caractère éventuellement insuffisant de l'enquête, sur la nécessité de procéder à de nouveaux actes qui seraient nécessaires à la manifestation de la vérité et sur les modalités d'engagement éventuel des poursuites ou le recours éventuel à la procédure de comparution sur reconnaissance préalable de culpabilité.

Il incombe toutefois au procureur de transmettre le dossier de la procédure, sauf exceptions mentionnées à l'article 77-2, à toute personne ayant été interrogée dans le cadre d'une audition libre ou d'une garde à vue il y a plus d'un an, ayant fait l'objet d'une perquisition il y a plus d'un an ou s'il a été porté atteinte à sa présomption d'innocence par un moyen de communication au public.

(4) CPP, art. 99.
(5) CPP, art. 41-4.

CHAPITRE 4 CONCLUSION : CE QU'IL FAUT RETENIR

181. - En conclusion de cette deuxième partie transversale, nous avons répertorié et condensé l'ensemble des recommandations utiles en cas d'enquête affectant l'entreprise, afin de disposer d'un guide complet et concret sur la conduite à tenir.

A. - Avant toute enquête

182. - Avant même d'être confronté à une visite inopinée, il convient de :

- mettre en place une procédure : il est important d'être prêt ;
- sensibiliser tout le personnel potentiellement concerné (hôtesse d'accueil, agent de sécurité, opérationnels, juristes, cadres dirigeants) sur la conduite à tenir en cas de visite inopinée ;
- identifier les personnes habilitées à représenter l'entreprise lors de la visite inopinée (liste de noms et suppléants) ;
- organiser leur formation ;
- prévoir les lieux susceptibles d'être utilisés dans cette éventualité (salle d'attente, salle de consultation des documents) ;
- faire des répétitions/simulations.

B. - À l'arrivée des enquêteurs

183. - Lorsque les enquêteurs se présentent, il est recommandé de :

- garder son calme et rester courtois ;
- demander l'identité des enquêteurs, les raisons de la visite ainsi que le titre les y autorisant ;
- demander qui les enquêteurs veulent voir ;
- noter l'heure d'arrivée ;
- prévenir la personne requise par les enquêteurs ;
- prévenir la direction juridique ou le secrétariat général ;
- tenter de faire patienter les enquêteurs jusqu'à l'arrivée de l'équipe qui sera en charge de gérer la visite ;
- les installer dans une salle vide (sans aucun document) et isolée (sans passage et fermée) ;
- veiller à ce que quelqu'un reste avec eux ;

– s'ils exigent de commencer immédiatement, essayer de leur faire d'abord examiner les documents les plus généraux (organigramme, documents sociaux).

C. – À partir de la prise en charge par un cadre de l'entreprise, désigné comme représentant

184. – Dès lors que les enquêteurs sont pris en charge par la personne appropriée au sein de l'entreprise, vous pouvez :

– garder votre calme et rester courtois ;

– demander les motifs de la visite ;

– demander aux enquêteurs s'ils sont munis d'une autorisation/d'un document spécifique ;

– le cas échéant, demander à voir le document ;

– demander une copie du document, sinon noter les informations qui y sont mentionnées ;

– examiner attentivement le document présenté et en particulier l'objet de l'enquête, les infractions / manquements concernés, les lieux / entités couverts par l'autorisation ;

– vérifier les mentions essentielles : nom de l'entreprise, adresse, nom des enquêteurs, motifs de la visite ;

– noter les nom/fonction/service de tous les enquêteurs présents (agents, commissaire de justices, juge, policiers, experts…) ;

– au besoin, demander la carte professionnelle de chacun des enquêteurs ;

– prévenir en interne les responsables concernés en fonction du type d'enquête (pénal, fiscal, social, boursier…) ;

– prévenir le cabinet d'avocats ;

– affecter des personnes de l'entreprise pour suivre l'opération ;

– ne détruire ou dissimuler aucune pièce ;

– éviter les échanges par e-mail sur les opérations en cours.

En pratique, ne pas hésiter à « discuter » avec les enquêteurs et à poser des questions. Ils sont en effet susceptibles de vous fournir des informations intéressantes qui vous permettront de mieux comprendre où ils en sont, et quelle est le cas échéant leur posture à votre égard.

D. – En cas de refus de la visite

185. – Un refus pur et simple de la visite est possible dans deux hypothèses seulement :

– une perquisition menée dans le cadre d'une enquête préliminaire sans ordonnance du juge des libertés et de la détention ;

– une visite menée par la CNIL sans ordonnance du juge des libertés et de la détention.

La décision de refus doit être prise par une personne habilitée à le faire (direction juridique, direction générale…) au regard des risques induits.

E. – Pendant la recherche de preuve/fouille

186. - Pendant la visite elle-même, il convient de :

– demander aux enquêteurs ce qu'ils veulent ;

– le cas échéant, les orienter ;

– accompagner partout les enquêteurs. Ne jamais les laisser seuls ;

– prendre en note toute l'opération : les faits sans commentaire ou appréciation personnels car les notes peuvent être saisies ;

– mettre à disposition des enquêteurs une salle vide (aucun document) et isolée (sans passage/ fermée) ;

– ne jamais laisser seul un salarié dont le bureau ou l'ordinateur est fouillé.

F. – Prise/saisie de documents, pièces, objets, prélèvements

187. - Lorsque les enquêteurs procèdent à des saisies, il est important de :

– ne pas communiquer les documents couverts par le secret professionnel ou le secret-défense ;

– dresser une liste des documents demandés, au fur et à mesure ;

– dresser une liste des documents pris par les enquêteurs (originaux et/ou copie) : type de document, date, auteur, destinataire, objet ;

– faire une copie de chaque document original saisi, même si l'entreprise dispose déjà d'une copie par ailleurs.

G. – Interrogatoire/questions

188. - Il convient de distinguer les questions logistiques relatives aux opérations de visite et saisie elles-mêmes, des questions concernant le fond du dossier.

En toutes matières, il convient de répondre de manière coopérative à la première catégorie.

Concernant les questions sur le fond, il est possible, en matière administrative, de refuser d'y répondre immédiatement en se disant prêt à le faire à l'occasion d'un entretien formel sur convocation et en présence d'un avocat.

En matière pénale, les enquêteurs peuvent mener des auditions sur place.

En toute hypothèse, si on accepte l'audition immédiate (en matière administrative) ou si elle est imposée (en matière pénale), il convient de :

– réfléchir avant de répondre, prendre le temps. Ne pas craindre les silences ;

– ne pas hésiter à faire répéter/reformuler la question ;

– donner des réponses simples, précises et complètes, sans émettre d'avis personnel ou faire de suppositions, ni faire de digressions ;

– ne pas tenter de répondre si on ne connaît pas la réponse ;

– ne pas hésiter à répondre : « je ne sais pas » ;

– éventuellement, proposer de répondre plus tard, après consultation des personnes compétentes ou vérification de documents/informations ;

– éviter/refuser de répondre aux questions sans lien avec l'enquête, ou émettre une réserve au procès-verbal sur ce point ;

- rester concentré et attentif, même si l'interrogatoire devient plus détendu ;
- noter toutes les questions posées et les réponses données.

H. – Lors de l'établissement du procès-verbal

189. – La fin approche, les enquêteurs dressent le procès-verbal de la visite. Ce document revêt une importance particulière puisqu'il fera foi quant au déroulement des opérations de visite et saisie. Il convient donc de :

- relire attentivement le procès-verbal. Prendre le temps nécessaire ;
- demander à faire les corrections et/ou compléments utiles et importants ;
- le cas échéant, faire des réserves[1] (pour faciliter l'exercice d'éventuels recours ultérieurs) ;
- consigner dans le procès-verbal toute difficulté rencontrée pendant l'opération ;
- puis signer le procès-verbal ;
- refuser de signer si le procès-verbal ne correspond pas à la réalité et si vous n'avez pas été en mesure de faire les réserves souhaitées. Le refus de signer est mentionné sur le procès-verbal, mais n'affecte pas sa validité ;
- demander une copie du procès-verbal.

I. – Juste après le départ des enquêteurs

190. – Les enquêteurs viennent de quitter les lieux. Quelques actions rapides sont à mener :

- contacter immédiatement le cabinet d'avocats pour examiner la question des recours possibles. Certains délais de recours/contestation expirent au bout de quelques jours. Il peut donc y avoir urgence ;
- vérifier ou dresser la liste des documents et pièces saisis (à défaut de remise d'un procès-verbal/inventaire complet) ;
- établir « à chaud » un compte-rendu écrit aussi précis et factuel que possible ;
- éviter toute prise de contact téléphonique ou note interne qui pourrait être mal interprétée et néfaste.

(1) Ces réserves peuvent être ajoutées par les enquêteurs au PV ou faire l'objet d'une note à part pouvant être annexée au PV à la demande de l'entreprise.

TROISIÈME PARTIE

TOUS LES CAS DE VISITES (FICHES THÉMATIQUES)

Sommaire des fiches thématiques

CHAPITRE 1 ENQUÊTES PÉNALES

FICHE PRATIQUE 1 ENQUÊTE PRÉLIMINAIRE

A. – Généralités

191. – Textes applicables. Articles 56, 56-1-1, 56-1-2, 57, 59 et 76 du Code de procédure pénale.

192. – Pourquoi ? Réunir des renseignements qui permettront au procureur de la République de décider s'il y a lieu de saisir un juge d'instruction ou d'engager des poursuites pénales.

193. – Qui se présente ? Différents services d'enquêtes peuvent être en charge de l'enquête telle que l'Office central de lutte contre la corruption et les infractions financières et fiscales (OCLCIFF) ou la Brigade de répression de la délinquance économique (BRDE) pour ce qui concerne les infractions relevant du droit pénal des affaires. L'équipe d'enquête doit toujours compter un ou plusieurs agents ayant la qualité d'officier de police judiciaire.

194. – Quand ? La perquisition doit commencer après 6 heures et avant 21 heures[1].

195. – Où ? Dans tous les locaux de l'entreprise.

→ Conseils pratiques

À l'arrivée des enquêteurs :

- noter l'identité et la qualité des policiers et l'heure de leur arrivée ;
- vérifier qu'il y a bien un officier de police judiciaire parmi les policiers ;
- demander les motifs de leur visite et le titre les autorisant à pénétrer dans les locaux de l'entreprise.

En l'absence d'une ordonnance rendue par le juge des libertés et de la détention, les enquêteurs sont habilités à solliciter des informations mais ne peuvent **pas** pénétrer dans les locaux de la société sans votre assentiment ;

- prévenir immédiatement le cabinet d'avocats.

(1) En principe, les perquisitions peuvent avoir lieu tous les jours, y compris le week-end. Cependant, les perquisitions dans les entreprises, en pratique, ont lieu en semaine.

B. – Qui doit être présent ?

196. – La perquisition doit avoir lieu en présence d'un représentant de l'entreprise. Il s'agit du représentant légal, ou de toute personne bénéficiant d'une délégation de pouvoir à cet effet. Les policiers ne sont pas tenus de vérifier cette qualité.

C. – Refuser la visite ?

197. – Selon le cas :

1° si les policiers font état d'une **autorisation spéciale** du juge des libertés et de la détention, il **n'est pas possible de s'opposer à la perquisition**.

Les policiers ne sont pas tenus par une obligation expressément prévue par le code de procédure pénale de présenter matériellement cette autorisation : il leur suffit d'en faire état et d'y faire référence dans leur procès-verbal de saisie. Il convient néanmoins de demander à la lire car, même s'il arrive que les enquêteurs refusent, cette demande est légitime et conforme au principe de loyauté de l'enquête ;

2° si les enquêteurs ne sont pas munis d'une autorisation spéciale du juge des libertés et de la détention, les policiers doivent recueillir l'assentiment écrit du représentant de la société pour pouvoir y procéder. Le représentant de l'entreprise **peut** donc **refuser** la perquisition.

→ Conseils pratiques

• Ne pas refuser la visite sans recueillir l'avis du directeur juridique ou d'un avocat.

• En cas de refus, l'exprimer poliment, mais fermement.

• Ce refus peut conduire les enquêteurs à solliciter une autorisation du juge des libertés et de la détention qui leur permettra de revenir ultérieurement pour perquisitionner sans devoir obtenir votre accord.

• Si vous acceptez la perquisition non autorisée par le juge des libertés et de la détention, vous pouvez cependant tenter d'en limiter la portée en précisant, dans un document écrit préalable, que vous ne les autorisez à recueillir que les documents et pièces que vous leur communiquerez vous-même, sans qu'ils puissent effectuer eux-mêmes les fouilles et saisies.

D. – Peut-on être assisté d'un avocat ?

198. – La présence de l'avocat n'est pas un droit expressément reconnu en matière pénale[2]. Elle peut donc être refusée par les enquêteurs. Elle l'est souvent en pratique.

Il est tout de même recommandé de prévenir l'avocat et de lui demander de venir vous assister, même si les enquêteurs peuvent refuser son intervention. Le cas échéant, il convient de faire acter ce refus au procès-verbal.

Il est également possible pour l'avocat de rester dans une salle au sein de l'entreprise, ce qui permettra de le consulter si nécessaire.

(2) Néanmoins, dans un arrêt récent du 5 mars 2024, la Chambre criminelle a précisé que le fait qu'un droit ne soit pas explicitement prévu par le CPP ne permet pas pour autant de l'exclure. Cette motivation pourrait permettre de consacrer implicitement la présence d'un avocat au cours d'une perquisition pénale (Cass, Crim, 5 mars 2024, n°23-80.229).

E. – Pouvoirs des enquêteurs

199. – Les enquêteurs peuvent :

1° **demander des explications** leur permettant de réaliser **la perquisition** : connaître la disposition des locaux, l'identité des personnes présentes, la localisation des dossiers, etc. ;

→ Conseils pratiques

• Garder son calme et rester courtois.

• Préciser aux enquêteurs que la personne désignée comme le représentant de l'entreprise est la seule personne a pouvoir parler au nom et pour le compte de celle-ci.

• Accompagner les policiers lorsqu'ils se déplacent dans l'entreprise. Ne pas les laisser seuls.

• Prendre des notes au cours de la visite : noter le déroulement des opérations, sans commentaire personnel.

• Ne détruire ou dissimuler aucun document.

• Ne pas contacter de tiers extérieur à la société (sauf l'avocat) pour l'informer de la visite en cours.

2° en présence d'une autorisation du juge des libertés et de la détention, ou d'un accord exprès de l'entreprise, fouiller les locaux de l'entreprise et saisir des pièces et documents utiles à leurs investigations quel que soit leur support. Les enquêteurs sont en droit de solliciter les codes d'accès des systèmes informatiques, ordinateurs, et téléphones portables[3]. Les pièces et objets saisis sont immédiatement inventoriés et placés sous scellés ;

→ Conseils pratiques

• Prendre note des documents recueillis par les enquêteurs, car ceux-ci ne remettent pas de copie du procès-verbal listant les documents saisis.

• Si possible, prendre copie de tous les documents saisis, même si la société dispose déjà d'une copie par ailleurs.

3° réaliser une perquisition dans le **bureau personnel d'un dirigeant social.** Dans ce cas, celui-ci doit y assister. Si le dirigeant ne peut être présent, il est invité à désigner un représentant de son choix. À défaut, les policiers choisissent deux témoins ;

4° interroger toute personne susceptible d'apporter des informations utiles à l'enquête ;

(3) Si l'OPJ ou le procureur formule une réquisition pour solliciter les codes d'accès, l'individu concerné est tenu d'y répondre sous peine de sanctions pénales (C. pén., art. 434-15-2. – Cass. ass. plén., 7 nov. 2022, n° 21-83.146).

→ Conseils pratiques

• Éviter d'adopter une attitude suspecte ou trop défensive pouvant éventuellement conduire à un placement en garde à vue.

• Ne pas tenter de répondre aux questions auxquelles on n'a pas la réponse.

• Fournir des réponses factuelles et synthétiques, sans donner d'avis personnel.

5° placer en garde à vue[4] et interroger tout suspect (V. Fiche pratique 5).

F. – Limites des pouvoirs des enquêteurs

200. – Les enquêteurs ne peuvent pas :

– imposer la perquisition sans accord exprès de la société ou autorisation du juge des libertés et de la détention ;

– consulter ou emporter les correspondances entre une société et ses avocats, sauf :

- lorsque les conseils émis par l'avocat ont été utilisés afin de réaliser certaines infractions (corruption, trafic d'influence, fraude fiscale, financement du terrorisme, ainsi que le blanchiment de ces infractions) ;
- lorsqu'il existe des raisons plausibles de soupçonner l'avocat d'avoir commis ou tenté de commettre, en tant qu'auteur ou complice, l'infraction qui fait l'objet de la procédure ou une infraction connexe ;

– avoir accès[5] aux informations/zones classifiées « Secret-Défense »[6].

→ Conseils pratiques

• Concernant les documents couverts par la confidentialité des correspondances entre la société et ses avocats, les enquêteurs ne peuvent en prendre connaissance ou les saisir dans le strict respect des conditions décrites plus haut.

• En particulier, ils ne peuvent saisir l'intégralité d'un classeur ou d'une boîte e-mail sans s'assurer que les éventuelles correspondances avocats/clients pouvant s'y trouver en ont été extraites.

• Il est donc possible de s'opposer à toute saisie de documents massive réalisée sans distinction si la société estime que des correspondances couvertes par la confidentialité avocat/client y sont incluses. Ces documents seront placés sous scellé fermé et feront l'objet d'un procès-verbal distinct. Les documents, le procès-verbal et le dossier de la procédure seront soumis à l'avis du juge des libertés et de la détention (JLD) qui tranchera la contestation relative à la saisie de ces pièces[7].

(4) Lorsqu'il existe des raisons de soupçonner qu'une personne a commis ou tenté de commettre une infraction.
(5) Sauf nécessité et autorisation de l'autorité ayant procédé à la classification.
(6) Tout niveau : « Très Secret-Défense », « Secret-Défense » ou « Confidentiel-Défense ».
(7) CPP, art. 56-1-1.

• En matière pénale, la position des autorités de poursuite est que seules les correspondances entre un avocat et son client intervenues dans le cadre de la défense de l'entreprise ou du conseil en vue de la défense en lien avec l'enquête en cours seront protégées.

• Si les enquêteurs procèdent à la saisie des documents malgré votre opposition, il convient de le faire acter au procès-verbal.

NB : Le projet de texte[8] prévoyant une protection des avis juridiques des juristes d'entreprise exclut expressément une telle protection en matière pénale et fiscale.

G. – À l'issue de la perquisition

201. – Les officiers de police judiciaire dressent un procès-verbal qui :

- relate les constatations effectuées, ainsi que les déclarations spontanées ;
- est accompagné d'un inventaire des pièces saisies ;
- est signé par les enquêteurs, ainsi que par le représentant de l'entreprise.

→ Conseils pratiques

• Relire attentivement et intégralement le procès-verbal (PV) et le faire relire par l'avocat si celui-ci est présent.

• Vérifier attentivement que le PV décrit correctement la perquisition : si ce n'est pas le cas, vous pouvez proposer les modifications qui vous semblent nécessaires et légitimes, ou faire des réserves.

• En dernier ressort, il est possible de refuser de signer le procès-verbal. Mention de ce refus est faite au PV, mais cela ne remet pas en cause la validité de celui-ci, ni de la mesure de perquisition.

• En cas de difficulté ayant pu avoir lieu lors de la visite, notamment en ce qui concerne le respect du secret professionnel et les droits de la défense, le faire mentionner au PV sous forme de réserve. Ces réserves peuvent être ajoutées par les enquêteurs au PV ou faire l'objet d'une note à part pouvant être annexée au PV à la demande de l'entreprise.

• Conserver les éléments de preuve qui pourraient démontrer le caractère erroné ou incomplet du PV.

• En cas de difficulté ayant pu avoir lieu lors de la visite, le faire mentionner au PV sous forme de réserve. Si vous rencontrez des difficultés lors de l'établissement des réserves, ne pas hésiter à écrire au procureur pour acter les difficultés rencontrées. Ces réserves peuvent être ajoutées par les enquêteurs au PV ou faire l'objet d'une note à part pouvant être annexée au PV à la demande de l'entreprise.

(8) Au moment de l'édition de cet ouvrage, le projet de texte était en cours d'examen par l'Assemblée nationale et le Sénat. Il avait été voté en première lecture avant que l'Assemblée nationale ne soit dissoute au mois de juin 2024.

H. – Incident

202. – Si, lors de la perquisition, les officiers de police judiciaire (OPJ) découvrent une autre infraction que celle sur laquelle ils enquêtent :

– s'il s'agit d'une infraction flagrante[9] : les OPJ peuvent saisir les preuves sur-le-champ et interdire à toute personne de quitter les locaux de l'entreprise ;

– en l'absence de flagrance : les OPJ ne peuvent saisir de documents qu'avec l'accord du représentant de l'entreprise qui assiste aux opérations.

I. – Voies de recours

203. – Une requête en nullité de la perquisition est possible depuis la loi n° 2019-222 du 23 mars 2019. L'article 802-2 est ajouté au Code de procédure pénale, afin que la personne ayant fait l'objet d'une perquisition ou d'une visite domiciliaire puisse en demander l'annulation au juge des libertés et de la détention, si elle n'a pas été poursuivie devant une juridiction d'instruction ou de jugement après un délai de six mois à compter de l'accomplissement de la mesure.

En cas de renvoi de l'entreprise devant le tribunal correctionnel, la nullité de la perquisition peut être soulevée.

(9) Il y a infraction flagrante lorsque les policiers constatent une infraction qui vient ou qui est en train d'être commise.

FICHE PRATIQUE 2 **CONTRÔLE D'IDENTITÉ DES EMPLOYÉS**

A. – Généralités

204. – Pourquoi ? Pouvoir d'introduction dans les locaux professionnels, afin de lutter contre les infractions à la réglementation sociale en permettant aux enquêteurs de **contrôler l'identité des travailleurs.**

205. – Textes applicables. Articles 78-1 et suivants du Code de procédure pénale.

206. – Qui se présente ? La police judiciaire : officiers de police judiciaire (OPJ), généralement assistés d'agents de police judiciaire (APJ), sous l'autorité et le contrôle du procureur de la République.

207. – Quand ? Le contrôle ne peut avoir lieu que lorsque les personnes dont l'identité doit être contrôlée sont en « activité ».

208. – Où ? Dans tous les lieux à usage professionnel, y compris annexes et dépendances.

→ Conseils pratiques

À l'arrivée des enquêteurs :

– noter l'identité et la qualité des policiers et l'heure de leur arrivée ;

– vérifier qu'il y a bien un officier de police judiciaire parmi les policiers ;

– demander les motifs de leur visite et le titre les autorisant à pénétrer dans les locaux de l'entreprise, en particulier les réquisitions du procureur de la République ;

– s'assurer que les policiers ne réalisent aucun autre acte d'investigation que le contrôle d'identité des travailleurs en fonction ;

– prévenir immédiatement le cabinet d'avocats.

B. – Qui doit être présent ?

209. – Le contrôle doit avoir lieu en présence du maître des lieux ou son représentant, qui doit se faire présenter les réquisitions prises par le procureur de la République[10].

C. – Refuser la visite ?

210. – Il est possible de refuser la visite selon le cas :

1° si les policiers ne sont pas munis de la réquisition du procureur de la République ;

2° si la réquisition du procureur de la République ne mentionne pas les infractions pour lesquelles ce contrôle peut uniquement être réalisé (travail dissimulé, emploi d'un étranger non muni du titre l'autorisation à exercer une activité salariée) ou en mentionne d'autres.

(10) La Cour de cassation considère néanmoins que la présentation de la réquisition au représentant n'est prévue à peine de nullité (Cass. crim., 15 févr. 2005, n° 04-87.191 ; 04-87.192), en particulier s'il découvre sur les lieux des indices apparents du délit de travail dissimulé, justifiant de procéder selon les règles de l'enquête de flagrance.

→ Conseils pratiques

• Ne pas refuser la visite sans recueillir l'avis du directeur juridique ou d'un avocat.

• En cas de refus, l'exprimer poliment, mais fermement.

• Ce refus peut conduire les enquêteurs à solliciter du procureur de la République l'ouverture d'une enquête préliminaire, leur permettant ultérieurement de conduire une opération de perquisition, le cas échéant avec l'autorisation du juge des libertés et de la détention.

• Si vous acceptez le contrôle malgré l'absence de réquisition du procureur de la République ou en cas d'irrégularité de celle-ci, vous pouvez cependant tenter d'en limiter la portée en précisant, dans un document écrit préalable, que vous ne les autorisez à procéder qu'aux seuls actes indiqués à l'article 78-2-1 du Code de procédure pénale (vérifier les déclarations aux organismes de protection sociale et à l'administration fiscale, consulter le registre du personnel et les déclarations à l'embauche, contrôler l'identité des personnes occupées).

D. – Peut-on être assisté d'un avocat ?

211. – La présence de l'avocat n'est pas un droit expressément reconnu en matière pénale[11]. Elle peut donc être refusée par les enquêteurs. Elle l'est souvent en pratique.

Il est tout de même recommandé de prévenir l'avocat et de lui demander de venir vous assister, même si les enquêteurs peuvent refuser son intervention. Le cas échéant, il convient de faire acter ce refus au procès-verbal.

Il est également possible pour l'avocat de rester dans une salle au sein de l'entreprise, ce qui permettra de le consulter.

E. – Pouvoirs des enquêteurs

212. – Les enquêteurs peuvent :

1° **pénétrer** dans les lieux précisés par la réquisition ;

2° **s'assurer que** les activités de l'entreprise ont donné lieu à l'immatriculation au registre national des entreprises ou au registre du commerce et des sociétés lorsqu'elle est obligatoire, ainsi qu'aux déclarations exigées par les organismes de protection sociale et l'administration fiscale ;

3° **se faire présenter** le registre unique du personnel et les documents attestant que les déclarations préalables à l'embauche ont été effectuées ;

4° **contrôler l'identité** des personnes occupées, dans le seul but de vérifier qu'elles figurent sur le registre ou qu'elles ont fait l'objet des déclarations ci-avant mentionnées ;

(11) Néanmoins, dans un arrêt récent du 5 mars 2024, la Chambre criminelle a précisé que le fait qu'un droit ne soit pas explicitement prévu par le CPP ne permet pas pour autant de l'exclure. Cette motivation pourrait permettre de consacrer implicitement la présence d'un avocat au cours d'une perquisition pénale (Cass, Crim, 5 mars 2024, n°23-80.229).

→ Conseils pratiques

• Garder son calme et rester courtois.

• Accompagner les policiers lorsqu'ils se déplacent dans l'entreprise. Ne pas les laisser seuls.

• Prendre des notes au cours de la visite : noter le déroulement des opérations, sans commentaire personnel.

• Ne détruire ou dissimuler aucun document.

• Ne pas contacter de tiers extérieur à la société (sauf l'avocat) pour l'informer de la visite en cours.

• Prendre note des documents consultés par les enquêteurs et des identités relevées, même si vous serez destinataire du procès-verbal relatant les opérations.

5° **procéder à une enquête de flagrance** si, dans le cadre des contrôles d'identité, les policiers découvrent des indices apparents d'un comportement délictueux, tel que la commission du délit de travail dissimulé (V. Fiche pratique 1).

F. – Limites des pouvoirs des enquêteurs

213. – Les enquêteurs ne peuvent pas :

– **réaliser** un autre acte d'investigation que ceux cités ci-dessous, hors le cas de flagrance ;

– **se saisir** des documents sans l'accord du maître des lieux ou de son représentant, hors le cas de flagrance.

G. – À l'issue de la perquisition

214. – Les officiers de police judiciaire dressent un procès-verbal qui :

– relate les mesures entreprises en exécution de la réquisition ;

– doit être remis au maître des lieux ou à son représentant.

→ Conseils pratiques

• Relire attentivement et intégralement le procès-verbal (PV) et le faire relire par l'avocat si celui-ci est présent.

• Vérifier attentivement que le PV décrit correctement les mesures entreprises : si ce n'est pas le cas, vous pouvez proposer les modifications qui vous semblent nécessaires et légitimes, ou faire des réserves.

• En cas de difficulté ayant pu avoir lieu lors de la visite, le faire mentionner au PV sous forme de réserve. Si vous rencontrez des difficultés lors de l'établissement des réserves, ne pas hésiter à écrire au procureur pour acter les difficultés rencontrées. Ces réserves peuvent être ajoutées par les enquêteurs au PV ou faire l'objet d'une note à part pouvant être annexée au PV à la demande de l'entreprise.

• Conserver les éléments de preuve qui pourraient démontrer le caractère erroné ou incomplet du PV.

H. – Voies de recours

215. – En cas de poursuites pénales ultérieures pour infraction à la réglementation du travail, il pourra être demandé la nullité des opérations de contrôle.

FICHE PRATIQUE 3 INSTRUCTION OU INFORMATION JUDICIAIRE

A. – Généralités

216. – Textes applicables. Articles 56, 56-1-1, 56-1-2, 57, 59 et 92 du Code de procédure pénale.

217. – Pourquoi ? Réunir des preuves, dans les affaires pénales complexes, permettant de déterminer si une infraction pénale a été commise.

218. – Qui se présente ? L'enquête est menée sous la responsabilité d'un juge d'instruction. La perquisition dans l'entreprise est réalisée par des officiers de police judiciaire (OPJ)[12] agissant sur « commission rogatoire » du juge d'instruction, c'est-à-dire par délégation de ce dernier (V. *supra*, n°s 24 et s.). Celui-ci participe parfois lui-même à la perquisition[13].

219. – Quand ? La perquisition doit commencer après 6 heures et avant 21 heures[14].

220. – Où ? Dans tous les locaux de l'entreprise.

→ Conseils pratiques

À l'arrivée des enquêteurs :

– à l'arrivée du juge/OPJ, il n'y a pas de document à signer. Il se peut que les policiers n'exhibent même pas la commission rogatoire. Il faut néanmoins toujours demander à la lire[15] ;

– demander les motifs de leur visite ;

– noter l'identité et la qualité des policiers, et l'heure de leur arrivée ;

– vérifier qu'il y a bien un officier de police judiciaire parmi les policiers ;

– prévenir immédiatement le cabinet d'avocats.

B. – Qui doit être présent ?

221. – Le représentant de l'entreprise[16] doit en principe être présent pour assister à la perquisition. S'il ne peut y assister, il est invité à désigner un représentant de son choix. À défaut de désignation, les officiers de police judiciaire choisissent deux témoins[17].

(12) Les OPJ sont généralement assistés d'agents de police judiciaire (APJ).

(13) Le juge d'instruction est toujours assisté de son greffier, et généralement accompagné d'OPJ. Le procureur de la République peut également l'accompagner.

(14) Une perquisition qui a débuté avant 21 heures peut continuer toute la nuit. En principe, les perquisitions peuvent avoir lieu tous les jours, y compris le week-end. Cependant, la présence d'un représentant de l'entreprise étant requise, les perquisitions, en pratique, ont lieu en semaine.

(15) Les OPJ ne sont pas tenus de montrer intégralement la commission rogatoire, ni d'en remettre une copie.

(16) Le représentant légal ou toute personne bénéficiant d'une délégation de pouvoir à cet effet.

(17) Il peut s'agir de toute personne en dehors de celles relevant de l'autorité des OPJ et du juge. Proposez la désignation de deux responsables de l'entreprise qui, si possible, auront été préparés à la visite. Cependant, les OPJ restent libres du choix des témoins et ne sont pas tenus d'attendre l'arrivée de ces responsables.

C. – Refuser la visite ?

222. – On ne peut s'opposer ni à la perquisition, ni à la saisie (contrairement à l'enquête préliminaire lorsque la perquisition est entreprise sans ordonnance du juge des libertés et de la détention) diligentées dans le cadre d'une information judiciaire.

D. – Peut-on être assisté d'un avocat ?

223. – La présence de l'avocat n'est pas un droit expressément reconnu en matière pénale[18]. Elle peut donc être refusée par les enquêteurs.

Il est tout de même recommandé de le prévenir et de lui demander de venir vous assister, même si les enquêteurs peuvent refuser son intervention. Le cas échéant, il convient de faire acter ce refus au procès-verbal.

En cas de refus, l'avocat peut se mettre dans une salle à part au sein de l'entreprise, ce qui permettra de le consulter.

E. – Pouvoirs des enquêteurs

224. – Les enquêteurs peuvent :

1° **demander des explications** leur permettant de réaliser la perquisition : connaître la disposition des locaux, l'identité des personnes présentes, la localisation des dossiers, etc. ;

→ Conseils pratiques

- Garder son calme et rester courtois.
- Accompagner les officiers de police judiciaire lorsqu'ils se déplacent dans l'entreprise. Ne pas les laisser seuls.
- Prendre des notes au cours de la visite : noter le déroulement des opérations, sans commentaire personnel.
- Ne détruire ou dissimuler aucun document.
- Ne pas contacter de tiers extérieur à la société (sauf l'avocat) pour l'informer de la visite en cours.

2° défendre à toute personne de quitter les locaux de l'entreprise ;

3° **rechercher eux-mêmes** des preuves de l'infraction et **saisir** tout document quel que soit son support (écrit, informatique, audio, etc.). Les pièces et objets saisis sont immédiatement inventoriés et placés sous scellés ;

→ Conseils pratiques

- Prendre note des documents recueillis par les enquêteurs, car ceux-ci ne remettent pas de copie du procès-verbal listant les documents saisis.
- Si possible, prendre copie de tous les documents saisis, même si la société dispose déjà d'une copie par ailleurs.

(18) Néanmoins, dans un arrêt récent du 5 mars 2024, la Chambre criminelle a précisé que le fait qu'un droit ne soit pas explicitement prévu par le code de procédure pénale ne permet pas pour autant de l'exclure. Cette motivation pourrait permettre de consacrer implicitement la présence d'un avocat au cours d'une perquisition pénale (Cass, Crim, 5 mars 2024, n°23-80.229).

4° perquisitionner dans **le bureau personnel d'un dirigeant social**. Celui-ci doit y assister. Si le dirigeant ne peut être présent, il est invité à désigner un représentant de son choix. À défaut, le juge/les officiers de police judiciaire choisissent deux témoins ;

5° interroger toute personne susceptible d'apporter des informations utiles à l'enquête et saisir des pièces et documents utiles à leurs investigations quel que soit leur support. Les enquêteurs sont en droit de solliciter les codes d'accès des systèmes informatiques, ordinateurs, et téléphones portables[19] ;

→ Conseils pratiques

• Éviter d'adopter une attitude suspecte ou trop défensive pouvant éventuellement conduire à un placement en garde à vue.

• Ne pas tenter de répondre aux questions auxquelles on n'a pas la réponse.

• Fournir des réponses factuelles et synthétiques, sans donner d'avis personnel.

6° placer en garde à vue (V. Fiche pratique 5) et interroger tout suspect[20].

F. – Limites des pouvoirs des enquêteurs

225. – Les enquêteurs ne peuvent pas :

– consulter ou emporter les correspondances entre une société et ses avocats, sauf :

• lorsque les conseils émis par l'avocat ont été utilisés afin de réaliser certaines infractions (corruption, trafic d'influence, fraude fiscale, financement du terrorisme, ainsi que le blanchiment de ces infractions),

• lorsqu'il existe des raisons plausibles de soupçonner l'avocat d'avoir commis ou tenté de commettre, en tant qu'auteur ou complice, l'infraction qui fait l'objet de la procédure ou une infraction connexe ;

– avoir accès[21] aux informations/zones classifiées « Secret-Défense »[22].

→ Conseils pratiques

• Concernant les documents couverts par la confidentialité des correspondances entre la société et ses avocats, les enquêteurs ne peuvent ni en prendre connaissance ni les saisir dans le strict respect des conditions décrites plus haut.

• En particulier, ils ne peuvent saisir l'intégralité d'un classeur ou d'une boîte e-mail sans s'assurer que les éventuelles correspondances avocats/clients pouvant y être contenues en ont été extraites.

• Il est donc possible de s'opposer à toute saisie de documents massive

(19) Si l'OPJ ou le procureur formule une réquisition pour solliciter les codes d'accès, l'individu concerné est tenu d'y répondre sous peine de sanctions pénales (C. pén., art. 434-15-2. – Cass. ass. plén., 7 nov. 2022, n° 21-83.146).

(20) Personne soupçonnée d'avoir commis ou tenté de commettre une infraction.

(21) Sauf nécessité et autorisation de l'autorité ayant procédé à la classification.

(22) Tout niveau : « Très Secret-Défense », « Secret-Défense » ou « Confidentiel-Défense ».

réalisée sans distinction si la société estime que des correspondances couvertes par la confidentialité avocat/client y sont incluses. Ces documents seront placés sous scellé fermé et feront l'objet d'un procès-verbal distinct. Les documents, le procès-verbal et le dossier de la procédure seront soumis à l'avis du juge des libertés et de la détention (JLD) qui tranchera la contestation relative à la saisie de ces pièces[23].

• En matière pénale, la position des autorités de poursuite est que seules les correspondances entre un avocat et son client intervenues dans le cadre de la défense de l'entreprise ou du conseil en vue de la défense en lien avec l'enquête en cours seront protégées.

• Si les enquêteurs procèdent à la saisie des documents malgré votre opposition, il convient de le faire acter au procès-verbal.

NB : Le projet de texte[24] prévoyant une protection des avis juridiques des juristes d'entreprises exclut expressément une telle protection en matière pénale et fiscale.

G. – À l'issue de la perquisition

226. – Les officiers de police judiciaire dressent un procès-verbal (PV) qui :

– relate les constatations effectuées, ainsi que les déclarations spontanées ;

– est accompagné d'un inventaire des pièces saisies ;

– est signé par le juge, son greffier et/ou les OPJ et par le représentant de l'entreprise.

→ Conseils pratiques

• Relire attentivement et intégralement le procès-verbal et le faire relire par l'avocat si celui-ci est présent.

• Vérifier attentivement que le PV décrit correctement la perquisition : si ce n'est pas le cas, vous pouvez proposer les modifications qui vous semblent nécessaires et légitimes, ou faire des réserves.

• En dernier ressort, il est possible de refuser de signer le procès-verbal. Mention de ce refus est faite au PV, mais cela ne remet pas en cause la validité de celui-ci, ni de la mesure de perquisition.

• En cas de difficulté ayant pu avoir lieu lors de la visite, notamment en ce qui concerne le respect du secret professionnel et les droits de la défense, le faire mentionner au PV sous forme de réserve. Ces réserves peuvent être ajoutées par les enquêteurs au PV ou faire l'objet d'une note à part pouvant être annexée au PV à la demande de l'entreprise.

• Conserver les éléments de preuve pouvant démontrer le caractère erroné ou incomplet du PV.

• En cas de difficulté ayant pu avoir lieu lors de la visite, le faire mentionner au PV sous forme de réserve. Si vous rencontrez des difficultés lors de l'établissement des réserves, ne pas hésiter à écrire au procureur pour acter les difficultés rencontrées.

(23) CPP, art. 56-1-1.

(24) Au moment de l'édition de cet ouvrage, le projet de texte était en cours d'examen par l'Assemblée nationale et le Sénat. Il avait été voté en première lecture avant que l'Assemblée nationale ne soit dissoute au mois de juin 2024.

H. – Incident

227. – Si le juge d'instruction découvre des **faits étrangers à l'information judiciaire,** mais susceptibles d'incrimination, il peut recevoir les déclarations s'y rapportant ou les constater, mais doit en informer le procureur de la République afin que celui-ci l'autorise à étendre ses investigations (par un nouveau réquisitoire).

228. – Si ce sont les officiers de police judiciaire qui découvrent des **faits étrangers à l'information judiciaire,** mais susceptibles d'incrimination, ils doivent en informer le juge d'instruction[25] :

– s'il s'agit d'une infraction flagrante[26], les OPJ peuvent saisir les preuves sur-le-champ et interdire à toute personne de quitter les locaux de l'entreprise ;

– en l'absence de flagrance, les OPJ ne peuvent saisir de documents qu'avec l'accord du représentant de l'entreprise qui assiste aux opérations[27].

I. – Voies de recours

229. – Il n'y a pas de voie de recours immédiatement disponible contre la perquisition effectuée dans le cadre d'une information judiciaire. Une requête en nullité de la perquisition est possible depuis la loi n° 2019-222 du 23 mars 2019. L'article 802-2 est ajouté au Code de procédure pénale, afin que la personne ayant fait l'objet d'une perquisition ou d'une visite domiciliaire puisse en demander l'annulation au juge des libertés et de la détention, si elle n'a pas été poursuivie devant une juridiction d'instruction ou de jugement après un délai de six mois à compter de l'accomplissement de la mesure.

En cas de mise en examen de la société, celle-ci pourra soulever la nullité de la perquisition en effectuant un recours devant la chambre de l'instruction de la cour d'appel.

(25) Ils peuvent en outre prévenir le procureur de la République.

(26) Il y a infraction flagrante lorsque les OPJ constatent une infraction qui vient ou qui est en train d'être commise.

(27) En cas de refus de l'intéressé, les OPJ en informent le procureur de la République qui apprécie l'opportunité de saisir le juge d'instruction par un nouveau réquisitoire afin que celui-ci élargisse le champ des investigations réalisées par les OPJ aux faits découverts (nouvelle commission rogatoire).

FICHE PRATIQUE 4 ENTRAIDE JUDICIAIRE INTERNATIONALE[28]

230. – Pourquoi ? Réaliser en France des investigations sollicitées par un juge étranger pour les besoins d'une procédure pénale ouverte à l'étranger. Les demandes d'entraide internationale sont exécutées selon les règles de procédure prévues par le Code de procédure pénale français[29].

231. – Qui se présente ? Des officiers de police judiciaire (OPJ) agissent à la demande soit d'un juge d'instruction, soit du procureur de la République, le magistrat étranger pouvant également être présent.

232. – Comment ?

1° Deux possibilités :

– les OPJ agissent sur demande du procureur de la République : les règles de l'enquête préliminaire s'appliquent (V. *supra*, n° 191 : Fiche pratique 1 sur l'enquête préliminaire) ;

– les OPJ agissent sur demande du juge d'instruction : les règles de l'instruction régissent alors l'opération (V. *supra*, n° 217 : Fiche pratique 3 relative à l'instruction).

2° **Dans les deux cas**, le juge étranger peut demander au magistrat français d'appliquer certaines règles procédurales de son État[30].

Des règles étrangères peuvent donc s'appliquer (sauf celles qui conduiraient à réduire les droits et garanties prévus par le droit pénal français)[31].

→ Conseils pratiques

• À l'arrivée des enquêteurs, leur demander s'ils agissent à la demande du procureur de la République ou sur commission rogatoire du juge d'instruction.

• Dans ce dernier cas, demander aux enquêteurs la possibilité de voir la commission rogatoire[32].

• Se reporter *supra* à la Fiche pratique 1 ou à la Fiche pratique 3, selon la réponse donnée.

• Dans les deux cas, demander aux enquêteurs quel pays étranger sollicite des investigations en France.

(28) Anciennement dénommée commission rogatoire internationale (CRI).
(29) CPP, art. 694-3.
(30) À condition qu'elles soient compatibles avec les principes régissant la procédure pénale française.
(31) Par ex., l'audition d'un témoin en présence d'un représentant de l'autorité judiciaire étrangère ou d'un avocat de la défense.
(32) Les OPJ ne sont pas tenus de vous la montrer intégralement, ni de vous en remettre une copie.

FICHE PRATIQUE 5 GARDE À VUE (GAV)

A. – Généralités

233. – Textes applicables. Articles 62-2 à 65 du Code de procédure pénale.

234. – Mesure coercitive. Dans le cadre d'une enquête pénale, les officiers de police judiciaire (OPJ) peuvent placer en garde à vue (c'est-à-dire maintenir physiquement la personne à disposition de la police, généralement au sein de ses locaux) lorsqu'il existe des raisons plausibles de soupçonner que celle-ci a commis ou tenté de commettre une infraction punie d'une peine d'emprisonnement et que cette mesure constitue l'unique moyen de parvenir à l'un des six objectifs énumérés par la loi[33].

La garde à vue est une mesure coercitive ou de contrainte à laquelle on ne peut s'opposer.

235. – Durée : vingt-quatre heures[34] pouvant être prolongées de vingt-quatre heures supplémentaires, si la peine encourue est d'au moins un an d'emprisonnement, sur autorisation du procureur de la République ou du juge d'instruction[35].

236. – Où ? Le plus souvent dans les locaux de la police/gendarmerie. Toutefois, la garde à vue peut commencer au moment de la perquisition, c'est-à-dire dans les locaux de l'entreprise. Le cas échéant, la personne est retenue à disposition de la police le temps de la perquisition, avant d'être transportée dans les locaux de la police pour poursuivre les interrogatoires.

B. – Notification des droits au gardé à vue

237. – Le gardé à vue se voit notifier dès le début de la mesure et dans une langue qu'il comprend :

- le motif justifiant son placement en garde à vue[36] ;
- la nature de l'infraction sur laquelle portent les investigations, la date et le lieu de commission présumés ;
- la durée maximale de la garde à vue[37] et de la prolongation éventuelle ;
- son droit de faire prévenir un proche ou son employeur ;
- son droit d'être examiné par un médecin ;
- son droit de consulter les documents auxquels son avocat a accès (V. ci-après)[38] ;
- son droit d'être assisté par un avocat ;
- son droit d'être assisté par un interprète s'il n'est pas francophone ;

(33) CPP, art. 62-2.

(34) CPP, art. 63. Les vingt-quatre heures commencent à compter du moment où l'individu est retenu par les OPJ.

(35) Selon que la GAV a lieu dans le cadre d'une enquête préliminaire ou d'une instruction. La GAV peut être étendue jusque quatre-vingt-seize heures dans des hypothèses spéciales de criminalité organisée, voire 144 heures en matière terroriste.

(36) Parmi ceux mentionnés aux 1° à 6° de l'article 62-2 du Code de procédure pénale.

(37) La durée maximale de la GAV est portée à quarante-huit heures, renouvelable une fois, lorsque l'enquête relève de la criminalité ou de la délinquance organisée (par ex. : trafic de stupéfiants), et 144 heures en matière de terrorisme.

(38) CPP, art. 63-4-1.

– son droit de garder le silence après avoir décliné son identité[39] ;

– son droit de présenter des observations au sujet de la prolongation de la mesure, le cas échéant.

Cette notification est mentionnée dans un procès-verbal qui sera émargé par le gardé à vue[40].

Les droits de la personne mise en garde à vue doivent lui être indiqués dans un document écrit.

C. – Mesures de sécurité

238. – Des mesures de sécurité ayant pour objet de s'assurer que la personne gardée à vue ne détient aucun objet dangereux pour elle-même ou pour autrui sont autorisées, telles que :

– la palpation de sécurité, effectuée par une personne du même sexe au travers des vêtements ;

– l'utilisation de moyens de détection électronique ;

– le retrait d'objets et d'effets/vêtements pouvant constituer un danger pour la personne ou pour autrui (cravate, lacets…).

D. – L'assistance de l'avocat

239. – La personne placée en garde à vue est en droit d'avoir un entretien confidentiel de trente minutes avec un avocat de son choix ou commis d'office. Cet entretien a lieu à l'arrivée de l'avocat sur place.

Cet entretien permet de discuter confidentiellement du fond du dossier et de poser les grandes lignes de la stratégie de défense. En cas de renouvellement de la garde à vue à l'issue de la première période de vingt-quatre heures, la personne concernée peut à nouveau avoir un entretien confidentiel de trente minutes avec son avocat.

Le gardé à vue dispose également du droit d'être assisté par un avocat durant tous les interrogatoires, sauf « raisons impérieuses » de différer la présence de l'avocat pendant une durée ne pouvant excéder douze heures (sur décision du procureur de la République)[41].

L'avocat aura, à sa demande, accès à seulement certaines pièces du dossier d'enquête (et non à l'intégralité du dossier) :

– le procès-verbal de notification de placement en garde à vue ;

– les procès-verbaux d'auditions de son client, et ;

– le certificat médical établi en début de garde à vue.

Les déclarations des gardés à vue faites hors présence d'un avocat seront privées d'une partie de leur valeur probante puisqu'elles ne pourront, à elles seules, servir de fondement à une condamnation correctionnelle ou criminelle.

(39) CPP, art. 63-1.
(40) CPP, art. 63-1.
(41) La présence de l'avocat peut être différée au-delà de la 12e heure, jusqu'à la 24e, lorsque la personne est gardée à vue pour une infraction punie d'une peine d'emprisonnement supérieure à cinq ans sur autorisation du juge des libertés et de la détention. CPP, art. 63-4-2.

Le gardé à vue peut demander à ce que le premier interrogatoire, sauf s'il porte uniquement sur des éléments d'identité, ne commence pas avant l'arrivée de l'avocat, et ce pendant une durée de deux heures. Si l'avocat n'arrive pas dans ce délai de deux heures, l'interrogatoire peut commencer. Le procureur de la République ou le juge d'instruction peut également autoriser les policiers à procéder au premier interrogatoire sans attendre l'expiration de ce délai de deux heures si les nécessités de l'enquête l'exigent[42].

Si l'avocat se présente alors qu'un interrogatoire est en cours, le gardé à vue peut demander à ce qu'il soit interrompu pour pouvoir procéder à l'entretien confidentiel avec son conseil.

→ Conseils pratiques

• Toujours demander l'assistance d'un avocat. Si vous n'en connaissez pas, vous pouvez demander l'assistance d'un avocat commis d'office.

• L'entretien confidentiel de trente minutes avec l'avocat est très important et il convient de faire usage de ce droit, non seulement au début de la garde à vue, mais également en cas de renouvellement.

• Il est également recommandé de demander aux policiers d'attendre l'arrivée de l'avocat avant de procéder au premier interrogatoire.

E. – Les interrogatoires

240. – Il y a généralement plusieurs interrogatoires entrecoupés par des pauses lors de la garde à vue.

Chaque interrogatoire a généralement lieu dans le bureau du policier en charge de l'enquête.

→ Conseils pratiques

• Ne pas craindre de prendre le temps nécessaire pour réfléchir avant de répondre à la question posée.

• Ne pas hésiter à faire répéter ou reformuler une question que vous ne comprenez pas.

• Ne pas hésiter à dire qu'on ne sait pas si tel est le cas.

• Donner des réponses simples, factuelles et synthétiques, sans émettre d'avis personnel ou faire de supposition.

• Ne répondre qu'à la question qui est posée, pas davantage. Ne pas déborder sur un autre sujet ni anticiper sur les questions suivantes.

• Bien s'interroger sur les présupposés induits par la question elle-même. Si une question porte en elle un biais, ou s'appuie sur une conclusion erronée, il faut le contredire.

• Si le policier ne semble pas avoir bien compris la réponse, ne pas hésiter à reformuler.

(42) CPP, art. 63-4-2.

F. – Les procès-verbaux

241. - Chacun des interrogatoires donne lieu à un procès-verbal.

Ce procès-verbal (PV) reprend les questions posées par les policiers ainsi que les réponses apportées. La retranscription des réponses n'est pas un *verbatim* de ce qui a été dit, mais plutôt une synthèse, ce qui peut la rendre parfois imprécise ou inexacte.

Aucune copie des procès-verbaux n'est remise à la personne gardée à vue. Elle est toutefois invitée à les relire et à les signer au terme de la mesure.

→ Conseils pratiques

- Relire attentivement et intégralement le procès-verbal et le faire relire par l'avocat si celui-ci est présent. Ne pas hésiter à prendre le temps nécessaire pour cette relecture.
- Vérifier attentivement que le procès-verbal reprend fidèlement les réponses : si ce n'est pas le cas, il est possible de proposer les modifications qui semblent nécessaires et légitimes, ou faire des réserves. En dernier ressort, il est possible de refuser de signer le procès-verbal[43], mais cela n'aura pas d'effet sur la validité de la mesure de garde à vue.
- En cas de difficulté ayant pu avoir lieu lors de la garde à vue, notamment en ce qui concerne le respect des droits de la défense, le faire mentionner au procès-verbal sous forme de réserve. L'avocat peut également formuler ces réserves.
- Toujours émettre une réserve relative au fait que l'avocat n'a eu accès qu'à certaines pièces du dossier et non à l'intégralité.

G. – Fin de la garde à vue

242. - À la fin de la garde à vue, la personne gardée à vue est soit remise en liberté, soit déférée, c'est-à-dire présentée à un magistrat qui décidera des suites à donner à la procédure.

Dans ce dernier cas, la personne concernée peut être retenue par les services de police, avant de voir, suivant le cadre procédural, le procureur de la République ou le juge d'instruction.

Cette rétention supplémentaire ne peut excéder vingt heures et ne donne lieu à aucun interrogatoire ou déclaration de la personne concernée.

H. – Suivi et voies de recours

243. - La personne ayant fait l'objet d'une garde à vue peut, à l'expiration d'un délai d'un an, demander au procureur de la République de consulter le dossier de la procédure afin de formuler des observations. Au terme de l'enquête, s'il envisage de poursuivre la personne, le procureur ayant reçu cette demande devra alors aviser la personne qu'une copie du dossier de l'enquête est à sa disposition et qu'elle peut formuler des observations ou faire des demandes d'actes dans un délai d'un mois au cours duquel le procureur ne pourra prendre aucune décision sur les suites procédurales à donner à l'enquête[44].

(43) Mention du refus est faite sur le PV.
(44) CPP, art. 77-2.

La nullité de la GAV peut être soulevée en cas de renvoi devant le tribunal correctionnel ou, en cas d'ouverture d'une instruction judiciaire, après la mise en examen.

L'accès au dossier en GAV

La loi n° 2014-535 du 27 mai 2014 portant transposition de la directive 2012/13/UE du Parlement européen et du Conseil du 22 mai 2012 n'a finalement pas autorisé l'avocat à avoir accès à l'intégralité du dossier au stade de la garde à vue.

Les avocats font souvent valoir cette absence d'accès au dossier dans des observations formulées au terme de la garde à vue.

CHAPITRE 2 ENQUÊTES ADMINISTRATIVES

FICHE PRATIQUE 6 AUTORITÉ DE LA CONCURRENCE : L'ENQUÊTE SIMPLE SANS AUTORISATION JUDICIAIRE[1]

A. – Généralités

244. – Texte applicable. Article L. 450-3 du Code de commerce.

245. – Pourquoi ? Rechercher les éléments de nature à établir l'existence d'une pratique anticoncurrentielle.

246. – Qui se présente ? Les agents des services d'instruction de l'Autorité, qui peuvent être assistés, le cas échéant, des agents de la DGCCRF[2].

247. – Quand ? Entre 8 heures et 20 heures[3]. Les enquêteurs ne peuvent exiger de poursuivre leur inspection au-delà des heures d'ouverture, mais l'entreprise peut accepter.

En pratique, ce type de visite est rarement inopiné.

248. – Où ? Dans les locaux à usage professionnel de l'entreprise.

→ Conseils pratiques

À l'arrivée des enquêteurs :

– noter l'identité, les fonctions et le service des enquêteurs ainsi que l'heure de leur arrivée ;

– prévenir les employés et dirigeants concernés et leur recommander de coopérer ;

– prévenir immédiatement la direction juridique et le cabinet d'avocats ;

– désigner au plus vite un responsable (directeur juridique, dirigeant) en charge d'accueillir et de guider les agents.

B. – Qui doit être présent ?

249. – Un représentant de l'entreprise. Toutefois, les enquêteurs sont libres de commencer immédiatement sans attendre son arrivée[4].

(1) Les fiches 6 à 8 ont été établies avec la contribution de David Tayar, avocat associé chez Clifford Chance et Sara Ortoli, avocat counsel chez Clifford Chance

(2) Direction générale de la concurrence, de la consommation et de la répression des fraudes.

(3) C. com., art. L. 450-3.

(4) En général, ils acceptent d'attendre l'arrivée de la personne compétente.

→ Conseils pratiques

• Si les enquêteurs acceptent d'attendre, les conduire dans une pièce où n'est conservé aucun document ou dossier.

• S'ils exigent de commencer immédiatement, essayer de leur faire examiner d'abord les documents les plus généraux[5].

• Affecter à l'enquête un ou plusieurs membres de la direction juridique, en plus des employés et dirigeants demandés par les enquêteurs eux-mêmes.

C. – Refuser la visite ?

250. – Ne pas s'opposer à l'enquête, sous peine de sanction administrative[6] ou de poursuites pénales[7].

La jurisprudence récente[8] a énoncé de la part des personnes faisant l'objet d'une opération de visite et saisie une obligation de collaboration active et loyale. Celle-ci impose à la société de communiquer avec diligence les éléments demandés par les enquêteurs.

D. – Peut-on être assisté d'un avocat ?

251. – La présence de l'avocat est admise, mais la visite peut commencer avant son arrivée. En tout état de cause, les enquêteurs n'accepteront qu'un bref délai dans l'attente de l'arrivée de l'avocat. Il convient donc de le prévenir immédiatement.

E. – Pouvoirs des enquêteurs

252. – Les enquêteurs peuvent :

1° **accéder à tous les locaux**, terrains ou moyens de transport à usage professionnel ;

→ Conseils pratiques

• Garder son calme et rester courtois.

• Accompagner les enquêteurs partout dans l'entreprise. Ne jamais les laisser seuls.

• Prendre des notes sur le déroulement de la visite, sans commentaire personnel.

• Ne détruire ou dissimuler aucun document.

(5) Par ex., les documents sociaux ou les organigrammes.

(6) Sanction administrative pouvant aller jusqu'à 1 % de son chiffre d'affaires (C. com., art. L. 464-2).

(7) Sous peine de deux ans d'emprisonnement et/ou d'une amende de 300 000 € pour opposition à l'exercice des fonctions des enquêteurs pour une personne physique. Les sociétés (personnes morales) encourent une amende cinq fois supérieure.

(8) Aut. conc., 3 mai 2021, déc. n° 21-D-10. – Aut. conc., 9 juill. 2021, déc. n° 21-D-16. – Aut. conc., 19 juill. 2021, déc. n° 21-D-19.

2° **exiger la communication des livres, factures et autres documents professionnels**[9] (quel que soit le support, notamment informatique). Toute demande doit être précise[10] ;

→Conseils pratiques

• Les documents demandés par les enquêteurs doivent être précisément identifiés. À défaut de demande précise, vous pouvez refuser de communiquer les documents demandés (après consultation des juristes et, si possible, de l'avocat).

• Installer les enquêteurs dans une salle de réunion adéquate (fermée et vide de tout document) permettant de centraliser les documents et les personnes qu'ils souhaitent voir.

• Dresser une liste précise de toutes les copies demandées par les enquêteurs.

3° accéder aux logiciels et aux données stockées ;

4° emporter des copies de documents ;

5° **demander des explications** concernant les documents qu'ils examinent ;

6° recueillir sur place tout renseignement nécessaire au contrôle.

→Conseils pratiques

• Noter précisément toutes les questions posées et les réponses données.

• S'il ne peut être répondu à une question immédiatement, demander du temps pour consulter les personnes compétentes ou faire des recherches. Les enquêteurs devraient normalement accepter une réponse faite par écrit ultérieurement.

• Si les questions portent sur le fond de l'affaire, il est possible de demander à faire l'objet d'une audition ultérieure, sur convocation et en présence d'un avocat.

• Ne pas donner d'opinion personnelle sur un sujet, mais s'en tenir strictement aux faits.

F.– Limites des pouvoirs des enquêteurs

253. – Les enquêteurs ne peuvent pas :

1° fouiller eux-mêmes les bureaux et saisir des documents non remis par l'entreprise ;

2° emporter avec eux des documents originaux ;

3° poser des questions sans lien avec l'objet de l'enquête ;

4° consulter ou emporter les correspondances entre la société et ses avocats, car elles sont confidentielles[11] ;

(9) C. com., art. L. 450-3.

(10) Par ex., une demande de communication de factures doit porter sur une période donnée se rapportant à l'enquête et concerner un partenaire commercial identifié.

(11) Cass. crim., 24 avr. 2013, n° 12-80.331, *Medtronic*.

→ Conseils pratiques

• Concernant les documents couverts par la confidentialité des correspondances entre la société et ses avocats, les enquêteurs ne peuvent ni en prendre connaissance, ni les saisir.

• En particulier, ils ne peuvent saisir l'intégralité d'un classeur ou d'une boîte e-mail sans s'assurer que les éventuelles correspondances avocats/clients pouvant y être contenues en ont été extraites.

• Il est donc possible de s'opposer à toute saisie de documents massive réalisée sans distinction si la société estime que des correspondances couvertes par la confidentialité avocat/client y sont incluses.

• En pratique, en cas de désaccord sur la question de savoir si une saisie massive contient des documents protégés par le secret des correspondances avocat / client, ou si un document particulier bénéficie d'une telle protection, les enquêteurs procèdent à des « scellés fermés provisoires ». Il appartient ensuite à la société de fournir la liste exacte des documents protégés contenus dans le scellé, afin d'en assurer la destruction.

• Si les enquêteurs y procèdent malgré votre opposition, il convient de le faire acter au procès-verbal.

NB : Le projet de texte[12] prévoyant une protection des avis juridiques des juristes d'entreprise exclut expressément une telle protection en matière pénale et fiscale.

5° avoir accès[13] aux informations/zones classifiées « Secret-Défense »[14].

G. – À l'issue de la visite

254. – Les enquêteurs rédigent un procès-verbal (PV) qui mentionne :

- la nature, la date et le lieu des investigations ;
- la description des opérations ;
- les déclarations des personnes entendues ;
- la liste des documents remis aux enquêteurs.

→ Conseils pratiques

• Relire attentivement le procès-verbal et la liste dressée par les enquêteurs. S'ils ne sont pas conformes à la réalité des opérations, consigner toute observation ou réserve.

• En dernier recours, il est possible de refuser de signer le PV, mais ce refus n'affecte pas la validité du PV.

• Conserver les éléments de preuve qui pourraient démontrer le caractère erroné ou incomplet du PV.

(12) Au moment de l'édition de cet ouvrage, le projet de texte était en cours d'examen par l'Assemblée nationale et le Sénat. Il avait été voté en première lecture avant que l'Assemblée nationale ne soit dissoute au mois de juin 2024.

(13) Sauf nécessité et autorisation de l'autorité ayant procédé à la classification.

(14) Tout niveau : « Très Secret-Défense », « Secret-Défense » ou « Confidentiel-Défense ».

255. - Le procès-verbal est signé par les enquêteurs, le représentant de l'entreprise ayant assisté aux opérations[15] et chacun des employés interrogés.

256. - Une copie du procès-verbal doit être remise à l'entreprise.

→ Conseil pratique

• Afin d'évaluer les risques encourus, examiner dès que possible avec le cabinet d'avocats la portée des déclarations faites et le contenu des documents copiés par les enquêteurs.

H. – Les suites de l'enquête

257. - L'enquête constitue généralement la première étape d'une procédure devant l'Autorité de la concurrence.

Le plus souvent, l'enquête se poursuit par des auditions, ou des demandes d'informations écrites.

I. – Les voies de recours

258. - Il n'existe pas de voie de recours *stricto sensu* à l'encontre de la mesure d'enquête simple. En cas de procédure de sanction, la validité de la procédure pourra néanmoins être contestée devant le collège de l'Autorité de la concurrence, et / ou la Cour d'appel de Paris en cas de décision de sanction.

Pour en savoir plus :

• www.autoritedelaconcurrence.fr

(15) Le représentant légal ou tout cadre de l'entreprise.

FICHE PRATIQUE 7

AUTORITÉ DE LA CONCURRENCE : L'ENQUÊTE APPROFONDIE AVEC AUTORISATION JUDICIAIRE

A. - Généralités

259. - **Texte applicable.** Article L. 450-4 du Code de commerce.

260. - **Pourquoi ?** Rechercher les éléments de nature à établir l'existence d'une pratique anticoncurrentielle.

261. - **Qui se présente ?** Les agents de l'Autorité de la concurrence (qui peuvent être, le cas échéant, assistés des agents de la DGCCRF) et un ou plusieurs officiers de police judiciaire (OPJ).

262. - **Quand ?** La visite doit commencer entre 6 heures et 21 heures.

263. - **Où ?** Dans tous les locaux de l'entreprise.

264. - **Ordonnance.** À leur arrivée, les enquêteurs délivrent au représentant de l'entreprise[16] l'ordonnance du juge des libertés et de la détention autorisant la visite[17] et dressent un **procès-verbal (PV) de notification** qui est signé par le représentant de l'entreprise.

→ Conseils pratiques

À l'arrivée des enquêteurs :

- noter l'identité, les fonctions et le service des enquêteurs et des OPJ et l'heure de leur arrivée ;
- vérifier que les OPJ présents sont nommément mentionnés dans l'ordonnance du juge ;
- vérifier également que l'adresse de l'entreprise est correctement indiquée dans l'ordonnance ;
- prévenir immédiatement le cabinet d'avocats ;
- désigner au plus vite un responsable (directeur juridique, dirigeant) en charge d'accueillir et de guider les agents. Ce responsable devra être identifié auprès des agents comme le seul interlocuteur officiel de la société.

B. - Qui doit être présent ?

265. - La visite peut avoir lieu, même en l'absence d'un représentant de l'entreprise[18].

En l'absence de cadre de l'entreprise, l'officier de police judiciaire demande à contacter par téléphone l'un d'entre eux et l'invite à désigner un préposé chargé de recevoir l'ordonnance. À défaut de préposé expressément désigné par un cadre, l'OPJ choisit deux témoins, hors des personnes relevant de son autorité ou de celle de l'Autorité.

(16) Il s'agit du représentant légal ou de tout cadre de l'entreprise. En pratique, les agents remettent l'ordonnance au responsable hiérarchique le plus élevé qui est présent sur les lieux. Si aucun cadre n'est présent, l'ordonnance est notifiée après la visite par lettre recommandée avec demande d'avis de réception, ce qui n'empêche pas les investigations.

(17) L'ordonnance doit préciser notamment l'adresse des lieux à visiter, l'identité des agents habilités, les motifs de la visite, l'identité de l'OPJ chargé d'accompagner les agents de l'Autorité de la concurrence et la date avant laquelle la visite doit être effectuée.

(18) Défini comme tout cadre de l'entreprise. Les enquêteurs sont donc libres de commencer sans attendre l'arrivée d'une personne de la direction juridique ou de la direction générale.

→ Conseils pratiques

• Si les enquêteurs acceptent d'attendre l'arrivée d'un représentant/cadre de l'entreprise, les conduire dans une pièce où n'est conservé aucun document. Veiller si possible à ce que quelqu'un reste avec eux. S'ils exigent de commencer sans attendre, essayer de leur faire examiner d'abord les documents les plus généraux[19].

• Affecter à l'enquête un ou plusieurs membres de la direction juridique, en plus des employés et dirigeants demandés par les enquêteurs eux-mêmes.

C. – Refuser la visite ?

266. – Ne pas s'opposer à la visite, sous peine de sanction administrative[20] ou de poursuites pénales[21] ;

– la jurisprudence récente[22] a énoncé de la part des personnes faisant l'objet d'une opération de visite et saisie une obligation de collaboration active et loyale. Celle-ci impose à la société de communiquer avec diligence les éléments demandés par les enquêteurs.

D. – Peut-on être assisté d'un avocat ?

267. – L'entreprise peut être assistée de son avocat et cette faculté est notifiée par les enquêteurs à leur arrivée. Les enquêteurs n'ont pas obligation d'attendre l'arrivée de l'avocat pour commencer leurs opérations.

E. – Pouvoirs des agents

268. – Les agents peuvent :

1° **accéder à tous les locaux**, à usage professionnel et privé[23], visés dans l'ordonnance ;

(19) Par ex., les documents sociaux ou les organigrammes.

(20) Sanction administrative pouvant aller jusqu'à 1 % de son chiffre d'affaires (C. com., art. L. 464-2).

(21) Sous peine de deux ans d'emprisonnement et/ou d'une amende de 300 000 € pour opposition à l'exercice des fonctions des enquêteurs pour une personne physique. Les sociétés (personnes morales) encourent une amende cinq fois supérieure.

(22) Aut. conc., 3 mai 2021, déc. n° 21-D-10. – Aut. conc., 9 juill. 2021, déc. n° 21-D-16. – Aut. conc., 19 juill. 2021, déc. n° 21-D-19.

(23) L'Autorité de la concurrence a indiqué dans un communiqué de presse en date du 10 novembre 2021 avoir effectué sa première opération de visite au domicile d'un salarié.

→ Conseils pratiques

• Garder son calme et rester courtois.

• Accompagner les enquêteurs partout dans l'entreprise. Ne jamais les laisser seuls.

• Prendre des notes sur le déroulement de la visite, sans commentaire personnel.

• Ne détruire ou dissimuler aucun document.

2° **rechercher et saisir tous documents, y compris des originaux**[24] (registres, factures, disquettes, disques durs, etc.), le cas échéant en utilisant la force pour accéder aux bureaux, armoires, ordinateurs, etc. Les agents peuvent saisir des données numériques quel que soit leur support (physique ou *cloud*) ainsi que leurs « moyens de déchiffrement susceptibles d'être détenus ou d'être accessibles ou disponibles »[25]. Ils doivent dresser un inventaire des pièces saisies ;

→ Conseil pratique

• Préciser aux enquêteurs les documents commercialement sensibles ou stratégiques afin qu'ils puissent bénéficier de la protection prévue à l'article L. 463-4 du Code de commerce.

3° **demander des explications** concernant les documents qu'ils examinent.

→ Conseils pratiques

• Noter précisément toutes les questions posées et les réponses données.

• S'il ne peut être répondu à une question immédiatement, demander du temps pour consulter les personnes compétentes ou faire des recherches. Les enquêteurs devraient normalement accepter une réponse faite par écrit ultérieurement.

• Si les questions portent sur le fond de l'affaire, il est possible de demander à faire l'objet d'une audition ultérieure, sur convocation et en présence d'un avocat.

• Ne pas donner d'opinion personnelle sur un sujet, mais s'en tenir strictement aux faits.

4° **placer les documents et supports d'informations** (y compris informatiques) sous scellés. Tout bris de scellé est passible de sanction.

F. – Limites des pouvoirs des agents

269. – Les agents ne peuvent pas :

1° poser de questions sans lien avec l'objet de l'enquête ;

(24) Il est d'usage que l'Autorité laisse à la société une copie des documents saisis, mais ce n'est pas une obligation.

(25) C. com., art. L. 450-4.

2° exiger la communication de documents qui n'ont pas de relation avec l'objet de l'enquête ;

3° consulter ou emporter les correspondances entre la société et ses avocats, car elles sont confidentielles[26] ;

Le cas des boîtes de messagerie électronique professionnelle

• Les enquêteurs peuvent saisir les données électroniques (données informatiques et notamment les boîtes de messagerie électronique professionnelle et données téléphoniques).

• Si nécessaire, demander à ce que la messagerie copiée soit limitée dans le temps (copie de courriels sur une période précise, de date à date) OU ne contienne que des courriels / onglets / classeurs en rapport avec l'objet de l'enquête.

• Demander à ce que les échanges avec les avocats soient exclus de la boîte copiée (car les correspondances avocat/client sont confidentielles, cf. *infra*).

• En cas de refus demander la constitution de « scellés fermés provisoires ». En cas de refus, le faire acter au procès-verbal.

• Plus généralement, si des documents litigieux sont saisis, le mentionner au procès-verbal pour faciliter l'exercice d'éventuels recours ultérieurs.

NB : Le projet de texte[27] prévoyant une protection des avis juridiques des juristes d'entreprise ne connaît de restriction qu'en matière pénale et fiscale. La protection, si le texte entre un jour en vigueur, aura donc vocation à s'appliquer ici.

4° avoir accès[28] aux informations/zones classifiées « Secret-Défense »[29].

→ Conseil pratique

• La visite s'effectue sous le contrôle du juge ayant rendu l'ordonnance. En cas de difficulté significative, il est possible de l'en avertir. À tout moment, il peut décider la suspension ou l'arrêt de la visite (rare en pratique).

G. – À l'issue de la visite

270. – Les enquêteurs doivent rédiger un procès-verbal (PV) qui mentionne :

– la nature, la date et le lieu des investigations ;

– la description des opérations ;

– les déclarations des personnes entendues ;

– l'inventaire des pièces saisies.

(26) Cass. crim., 24 avr. 2013, n° 12-80.331, *Medtronic*.

(27) Au moment de l'édition de cet ouvrage, le projet de texte était en cours d'examen par l'Assemblée nationale et le Sénat. Il avait été voté en première lecture avant que l'Assemblée nationale ne soit dissoute au mois de juin 2024.

(28) Sauf nécessité et autorisation de l'autorité ayant procédé à la classification.

(29) Tout niveau : « Très Secret-Défense », « Secret-Défense » ou « Confidentiel-Défense ».

→ Conseils pratiques

• Relire attentivement le procès-verbal et l'inventaire. S'ils ne sont pas conformes au déroulement de la visite ou si des documents litigieux sont saisis, consigner toute observation et réserve sur le PV.

• En cas de difficulté ayant pu avoir lieu lors de la visite, le faire mentionner au PV sous forme de réserve. Si vous rencontrez des difficultés lors de l'établissement des réserves, ne pas hésiter à écrire au procureur pour acter les difficultés rencontrées. Ces réserves peuvent être ajoutées par les enquêteurs au PV ou faire l'objet d'une note à part pouvant être annexée au PV à la demande de l'entreprise.

• En dernier recours, il est également possible de refuser de signer le PV, mais ce refus n'affecte pas la validité du PV, ni de la visite.

• Conserver les éléments de preuve qui pourraient démontrer le caractère erroné ou incomplet du PV.

271. - Le procès-verbal est signé par les enquêteurs, le représentant de l'entreprise ayant assisté aux opérations[30] et chacun des employés interrogés.

272. - Une copie du procès-verbal doit être remise à l'entreprise.

H. - Les suites de l'enquête

273. - La visite constitue généralement la première étape d'une procédure devant l'Autorité de la concurrence. Le plus souvent, la visite est suivie par des auditions. Une fois la phase d'enquête terminée, l'Autorité de la concurrence décide d'émettre une notification des griefs ou de classer le dossier.

I. - Voies de recours

274. - L'ordonnance rendue par le juge des libertés et de la détention autorisant la visite peut faire l'objet d'un recours dans les dix jours de sa notification (en pratique, dans les dix jours suivant la visite) devant le premier président de la cour d'appel territorialement compétente.

La visite elle-même est susceptible d'un recours également devant le premier président de la cour d'appel dans le même délai.

La décision du premier président de la cour d'appel rendue sur ce recours est susceptible de faire l'objet d'un pourvoi en cassation.

Pour en savoir plus :

• www.autoritedelaconcurrence.fr

(30) Si deux représentants de l'entreprise ou plus assistent à toute l'enquête, la signature d'un seul d'entre eux est en principe suffisante. Mais dès lors qu'un représentant assiste seul à une partie des opérations, il doit signer le PV.

FICHE PRATIQUE 8 COMMISSION EUROPÉENNE

A. – Trois types d'enquêtes[31]

275. – Il existe trois types d'enquêtes de la Commission européenne, chacune faisant l'objet d'une décision émanant d'une entité différente.

1° Enquête sur autorisation écrite d'un service de la Commission[32].

Vous avez le droit de vous y opposer : il vous appartient donc, au cas par cas, de décider si vous acceptez ou refusez l'enquête. Une telle décision doit être prise avec la direction juridique et, le cas échéant, les avocats de la société.

En pratique, la visite fondée sur ce type d'enquête est rarement inopinée.

▲ ATTENTION

Un refus de se soumettre à l'enquête risque d'accroître les soupçons de la Commission, de sorte que les agents pourraient revenir ultérieurement munis d'une décision formelle de la Commission.

2° Enquête sur décision formelle[33] de la Commission (et non d'un service).

Vous ne pouvez pas vous y opposer[34].

3° Enquête approfondie sur décision formelle de la Commission Européenne accompagnée d'une autorisation du juge des libertés et de la détention réalisée avec l'assistance de l'Autorité de la concurrence et d'officiers de police judiciaire.

Les règles de l'enquête approfondie de l'Autorité de la concurrence s'appliquent *in extenso* (V. Fiche pratique 7 relative à l'enquête approfondie).

B. – Règles des enquêtes sur autorisation écrite d'un service et sur décision formelle de la Commission

→ Conseils pratiques

• Demander aux enquêteurs leur carte professionnelle. Noter leur identité, fonction et service, et l'heure de leur arrivée.

• Demander l'objet et l'étendue de l'enquête, ainsi que les modalités de l'inspection. L'autorisation écrite doit être communiquée.

(31) Les enquêtes portent essentiellement sur la concurrence communautaire.

(32) Il s'agit d'une simple note de service émanant, par exemple, de l'unité anticartel de la Direction générale de la concurrence. Cette autorisation doit comporter les noms et numéros d'habilitation des enquêteurs habilités à mener l'enquête, les lieux où les enquêteurs sont autorisés à enquêter, l'objet et le but de l'enquête.

(33) Elle est formulée de la façon suivante : « Décision de la Commission en date du … ordonnant à … de se soumettre à une vérification en application de l'article 20, § 3 du règlement n° 1/2003 du Conseil, affaire n° COMP/ … ». La décision formelle doit, quant à elle, indiquer, en plus des mentions exigées dans une simple autorisation d'un service de la Commission, la date à laquelle la visite doit commencer, ainsi que les possibilités de recours.

(34) Sous peine d'une amende pouvant aller jusqu'à 1 % du chiffre d'affaires total réalisé au cours de l'exercice précédent, et d'une astreinte pouvant aller jusqu'à 5 % du chiffre d'affaires journalier moyen réalisé au cours de l'exercice social précédent par jour de retard.

276. – Pourquoi ? Rechercher des éléments de nature à établir l'existence d'une pratique anticoncurrentielle.

277. – Quand ? Aux « heures d'ouverture des bureaux ».

278. – Qui doit être présent ? Un représentant de l'entreprise[35].

→ Conseils pratiques

• Prévenir immédiatement le cabinet d'avocats et demander aux enquêteurs de ne pas commencer leur inspection avant l'arrivée d'une personne de la direction générale ou de la direction juridique, et de l'avocat. Il s'agit du représentant légal ou de tout cadre de l'entreprise. Si aucun dirigeant n'est présent et que les enquêteurs de la Commission sont accompagnés par des agents de l'Autorité de la concurrence et des OPJ munis d'une ordonnance du président du tribunal judiciaire, ils procèdent à l'enquête en respectant les règles décrites dans la Fiche pratique 7

• Toutefois, les enquêteurs sont libres de commencer immédiatement. En général, ils acceptent d'attendre que les personnes occupant les bureaux dans lesquels ils cherchent des documents soient présentes.

• Si les enquêteurs acceptent d'attendre, les conduire dans une pièce où n'est conservé aucun document ou dossier. Veiller à ce que quelqu'un reste avec eux.

• S'ils exigent de commencer immédiatement, essayer de leur faire examiner d'abord les documents les plus généraux[36].

• Affecter à l'enquête un ou plusieurs membres de la direction juridique, en plus des employés et dirigeants demandés par les enquêteurs eux-mêmes.

C. – Peut-on être assisté d'un avocat ?

279. – Rien n'interdit de se faire assister d'un avocat et cela est admis en pratique.

D. – Pouvoirs des enquêteurs dans les enquêtes sur autorisation écrite d'un service et sur décision formelle de la Commission

280. – Les enquêteurs peuvent :

1° **emporter** des copies de documents, mais aussi des originaux[37] ;

2° **demander des explications** concernant les documents qu'ils examinent. Les réponses formulées peuvent être enregistrées par les enquêteurs.

→ Conseils pratiques

• Noter précisément toutes les questions posées et les réponses données.

• S'il ne peut être répondu à une question immédiatement, demander

(35) Défini comme tout cadre de l'entreprise. Les enquêteurs sont donc libres de commencer sans attendre l'arrivée d'une personne de la direction juridique ou de la direction générale.

(36) Par ex., les documents sociaux ou les organigrammes.

(37) Ou des originaux lorsqu'ils sont accompagnés par des agents de l'Autorité de la concurrence et des OPJ munis d'une ordonnance du président du tribunal judiciaire et qu'ils décident d'utiliser les pouvoirs accordés dans le cadre de cette procédure (cf. Fiche pratique 7). En cas de saisie d'originaux, demander une copie.

du temps pour consulter les personnes compétentes ou faire des recherches. Les enquêteurs devraient normalement accepter une réponse faite par écrit ultérieurement.

• Ne pas donner d'opinion personnelle sur un sujet, mais s'en tenir strictement aux faits.

E. – Pouvoirs des enquêteurs munis d'une décision formelle de la Commission

281. - Les enquêteurs peuvent :

1° accéder à tous les locaux, terrains et moyens de transport de l'entreprise ;

2° contrôler les livres, ainsi que tout autre document professionnel, quel qu'en soit le support (y compris informatique) ;

3° prendre des copies ou extraits des documents contrôlés ;

4° apposer des scellés (pendant une durée maximale de soixante-douze heures) ;

5° si la décision le prévoit, accéder à tous autres locaux expressément identifiés (y compris, par exemple, les domiciles de tout membre de l'entreprise).

→ Conseils pratiques

• Ne pas s'y opposer, sous peine de sanction[38].

• Ne pas laisser les enquêteurs se déplacer seuls dans l'entreprise.

F. – Limites des pouvoirs des enquêteurs

282. - Les enquêteurs ne peuvent pas :

1° poser des questions sans lien avec l'objet de l'enquête ;

2° plus généralement, les enquêteurs ne peuvent pas exiger la communication de documents qui n'ont pas de relation avec l'objet de l'enquête ;

3° consulter ou emporter les **correspondances entre la société et ses avocats** qui sont confidentielles. L'entreprise qui demande l'application du principe de protection de la confidentialité des communications entre avocats et clients pour un document donné est tenue de fournir à la Commission une justification appropriée, accompagnée d'éléments utiles pour appuyer sa demande, sans devoir pour autant dévoiler le contenu du document en cause[39] ;

(38) Sous peine d'une amende pouvant aller jusqu'à 1 % du chiffre d'affaires total réalisé au cours de l'exercice précédent, et d'une astreinte pouvant aller jusqu'à 5 % du chiffre d'affaires journalier moyen réalisé au cours de l'exercice social précédent par jour de retard.

(39) Cependant, lorsque, au cours d'une inspection, les agents de la Commission estiment que les éléments présentés par l'entreprise ne sont pas de nature à prouver que le document en question est protégé par la confidentialité des communications entre avocats et clients, au sens de la jurisprudence de la Cour de justice de l'Union européenne, particulièrement lorsque l'entreprise refuse aux agents de la Commission la consultation sommaire d'un document, mais qu'il ne peut être exclu la possibilité que le document soit effectivement confidentiel, les agents de la Commission peuvent placer une copie du document litigieux dans une enveloppe scellée et l'emporter ensuite avec eux en vue d'une résolution ultérieure du différend.

→ Conseil pratique

• Si des documents litigieux sont saisis, exiger qu'ils soient placés dans une enveloppe fermée.

4° avoir accès[40] aux informations/zones classifiées « Secret-Défense »[41].

G. – À l'issue de la visite

283. – Si les enquêteurs se contentent d'emporter des copies de documents (sans interroger les personnes présentes), ils n'établissent pas de procès-verbal, mais un simple inventaire des documents emportés, qui est communiqué sur-le-champ au représentant de l'entreprise présent.

→ Conseil pratique

• Vérifier la régularité et l'exhaustivité de cet inventaire.

284. – Si le représentant de l'entreprise a fait des déclarations ou souhaite formuler des observations, un procès-verbal est dressé.

285. – L'enquête constitue généralement la première étape d'une procédure en matière de concurrence qui aboutit, le cas échéant, devant la Commission européenne.

→ Conseil pratique

• Afin d'évaluer les risques encourus, examiner dès que possible, avec le cabinet d'avocats, la portée des déclarations faites et le contenu des documents emportés par les enquêteurs.

H. – Les suites de l'enquête

286. – La visite constitue généralement la première étape d'une procédure devant la Commission. La visite peut être suivie par des auditions. Une fois la phase d'enquête terminée, la Commission décide d'émettre une communication des griefs ou de classer le dossier.

Pour en savoir plus :

• Site de la Commission européenne : http://ec.europa.eu/index_fr.htm

(40) Sauf nécessité et autorisation de l'autorité ayant procédé à la classification.
(41) Tout niveau : « Très Secret-Défense », « Secret-Défense » ou « Confidentiel-Défense ».

FICHE PRATIQUE 9

AUTORITÉ DES MARCHÉS FINANCIERS[42] : LA VISITE SUR POUVOIRS PROPRES SUR AUTORISATION JUDICIAIRE[43]

287. – La visite sur pouvoirs propres de l'Autorité des marchés financiers (AMF) se distingue de la visite opérée sur autorisation du juge des libertés et de la détention. Dans le premier cas, les pouvoirs des agents de l'AMF sont plus restreints que dans le second.

A. – Généralités

288. – Textes applicables. Articles L. 621-9, L. 621-10 et R. 621-31 et suivants du Code monétaire et financier.

289. – Pourquoi ? Les enquêtes AMF portent sur tout fait susceptible de caractériser un abus de marché (opération d'initié, manipulation de cours, diffusion de fausse information) ou de porter atteinte à la protection et à l'information des investisseurs ou au bon fonctionnement du marché.

Il existe trois motifs principaux d'enquête :

– veiller à la régularité des opérations effectuées sur des instruments financiers offerts au public et des instruments financiers et actifs admis sur un marché réglementé ou organisé ;

– vérifier le respect des obligations professionnelles pesant sur des entités réglementées (sociétés cotées, banques, entreprises d'investissement, sociétés de gestion, conseillers en investissements financiers, analystes financiers, etc.) et les personnes physiques placées sous leur autorité ou agissant pour leur compte ;

– répondre à la demande d'enquête d'une autorité étrangère similaire à l'AMF (par ex. : FCA, BaFin, etc.).

290. – Qui se présente ? La visite sur pouvoirs propres est réalisée par les enquêteurs de l'AMF et leurs assistants d'enquête (ils assistent les enquêteurs dans la partie technique/informatique de l'enquête), désignés par le secrétaire général de l'AMF (ou son délégataire) et pour lesquels un ordre de mission nominatif est établi.

291. – Quand ? Aux heures habituelles d'ouverture des locaux. Les opérations de visite peuvent être assez longues et se prolonger dans la soirée, voire dans la nuit.

292. – Où ? Dans tous les locaux à usage professionnel[44].

293. – Comment ? À leur arrivée, les enquêteurs se présentent à la réception et demandent à être reçus par le ou les mandataires sociaux (président, directeur général ou secrétaire général), sans avoir prévenu de leur venue.

(42) L'AMF est issue de la fusion qui a eu lieu en 2003 de la Commission des opérations de bourse (COB), du Conseil des marchés financiers (CMF) et du Conseil de discipline de la gestion financière (CDGF).

(43) C. mon. fin., art. L. 621-9.

(44) Les enquêteurs n'ont pas le pouvoir de réaliser une visite sur pouvoirs propres en certains lieux (domiciles, cabinets d'avocats, entreprises de presse), ils procèdent alors à une visite domiciliaire, celle-ci étant autorisée et encadrée par un juge (cf. Fiche pratique 10).

Les enquêteurs expliquent ensuite l'objet de l'enquête et de leur visite. Ils ne sont pas tenus de montrer leur ordre de mission ni la décision d'enquête à leur arrivée, mais rien n'interdit de leur demander.

→ Conseils pratiques

À l'arrivée des enquêteurs :

– s'il ne vous l'a pas été précisé, demander aux enquêteurs l'objet de l'enquête en cours, celui de la visite et à voir leur ordre de mission ;

– noter l'identité, les fonctions, le service des enquêteurs et l'heure de leur arrivée ;

– prévenir les employés et dirigeants concernés du déroulement de l'enquête ;

– garder son calme et rester courtois ;

– prévenir immédiatement le cabinet d'avocats. Mais l'enquête peut débuter avant l'arrivée de l'avocat.

B. – Qui doit être présent ?

294. – Les enquêteurs demandent à être mis en présence du représentant légal de l'entreprise et, à défaut, d'une personne déléguée par celui-ci, ainsi que de toute personne jugée utile pour la visite ou l'enquête (directeur financier ou responsable informatique par exemple).

Les enquêteurs sont libres de commencer immédiatement sans attendre l'arrivée d'une personne de la direction juridique ou de l'avocat.

→ Conseils pratiques

• Conduire les enquêteurs dans une pièce où n'est conservé aucun document ou dossier. Veiller à ce quelqu'un reste avec eux. S'ils exigent de commencer immédiatement, essayer de leur faire accepter d'examiner d'abord les documents les plus généraux[45].

• Affecter à l'enquête un ou plusieurs membres de la direction juridique, en plus des employés et dirigeants demandés par les enquêteurs eux-mêmes.

C. – Refuser la visite ?

295. – Même si les enquêteurs ne disposent pas de pouvoirs coercitifs, refuser la visite comporte des risques. Le fait de s'opposer à la visite ou de refuser de communiquer les documents et données demandés par les enquêteurs est susceptible de constituer une entrave passible de sanction pénale[46] et administrative[47].

(45) Par ex., les documents sociaux ou les organigrammes.

(46) Délit d'entrave (C. mon. fin., art. L. 642-2) : deux ans d'emprisonnement et/ou amende de 300 000 €. Les sociétés (personnes morales) encourent une amende cinq fois supérieure. En pratique, il existe très peu de cas de condamnations pour refus de communiquer des éléments ou d'accéder aux locaux.

(47) La loi n° 2013-672 du 26 juillet 2013 de séparation et de régulation des activités bancaires a institué un manquement autonome d'entrave qui peut être retenu à l'égard de toute personne refusant aux enquêteurs d'accéder à un document/données, à des locaux, à des informations ou à répondre à des

Si l'accès aux locaux ne semble pas pouvoir être refusé, il est possible **au cas par cas** de s'interroger sur l'intérêt pour l'entreprise de refuser la visite, c'est-à-dire l'accès à certaines données présentes dans l'entreprise et à la remise de certains documents demandés. Il est recommandé de prendre conseil auprès de son avocat si le temps le permet.

D. – Peut-on être assisté d'un avocat ?

296. – Il s'agit d'une faculté qui est mentionnée par les enquêteurs à leur arrivée. Toutefois, ces derniers peuvent commencer leurs opérations avant l'arrivée de l'avocat.

E. – Pouvoirs des enquêteurs

297. – Les enquêteurs peuvent :

1° **accéder à tous les locaux à usage professionnel.** Si les enquêteurs souhaitent se déplacer dans l'entreprise, les accompagner partout et ne pas les laisser chercher seuls dans les dossiers. Ils n'en ont pas le droit. Ils ne peuvent que demander la communication de documents/données ;

2° **demander tous documents/données** quel que soit le support, notamment informatique. Les enquêteurs indiquent tous les documents et données dont ils souhaitent recevoir une copie le jour de la visite ;

→ Conseils pratiques

• S'ils ne vous remettent pas une liste des documents demandés, noter ceux-ci.

• Si les documents/données demandés par les enquêteurs sont trop volumineux ou qu'il est nécessaire de disposer d'un temps plus long pour les réunir, expliquer ces contraintes et s'engager à leur faire parvenir lesdits documents/données dans un délai bref.

3° **le cas des boîtes de messagerie électronique professionnelle.** Les enquêteurs sollicitent le plus souvent les boîtes de messagerie électronique professionnelle de plusieurs personnes (les dirigeants, le directeur financier, toute autre personne identifiée par les enquêteurs). Pour ce faire, ils demandent à ce que le responsable informatique vienne expliquer le système informatique sur lequel ces boîtes de messagerie électronique professionnelle sont stockées et sauvegardées.

Les enquêteurs/assistants d'enquête ne peuvent pas réaliser eux-mêmes une copie des données informatiques. C'est le responsable informatique de l'entreprise qui y procède, le cas échéant avec l'aide technique des assistants d'enquête de l'AMF.

Généralement, les enquêteurs demandent une copie de l'intégralité de chaque boîte de messagerie électronique professionnelle ;

questions. La Commission des sanctions de l'AMF est compétente pour statuer sur ledit manquement qui encourt une sanction pécuniaire (100 M€) et le cas échéant des sanctions disciplinaires (avertissement, blâme). À ce jour, aucune application n'a encore été faite de cette disposition récente.

→ Conseils pratiques

• Si nécessaire, demander à ce que la messagerie copiée soit limitée dans le temps (copie de courriels sur une période précise, de date à date), OU ne contienne que des courriels / onglets / classeurs en rapport avec l'objet de l'enquête.

• Attention : les enquêteurs peuvent vous opposer que ces limitations sont difficiles à réaliser techniquement et/ou que l'ensemble de la boîte de messagerie est utile à l'enquête. La présence de votre responsable informatique sera utile pour répondre à cet argument technique.

• Demander à ce que les échanges avec les avocats soient exclus de la boîte copiée.

• Attention : les enquêteurs peuvent vous opposer que ces exclusions sont difficiles à réaliser techniquement (recherche par mots-clés, suppression des courriels un à un). Dans ce cas, les messageries pourront être copiées sur un support adapté et mises sous scellé sous la garde de l'entreprise jusqu'à ce qu'un tri soit réalisé ultérieurement.

• Les enquêteurs mentionnent sur le procès-verbal dressé par eux à l'issue de la visite (cf. *infra*) les copies en plusieurs exemplaires de ces données, ainsi que les mesures conservatoires prises (enveloppe scellée).

• Faire une copie (libre/non scellée) des boîtes de messagerie électronique professionnelle pour avoir les mêmes pièces que les enquêteurs.

4° **emporter des copies de documents.** Dresser une liste précise de toutes les copies demandées par les enquêteurs ;

5° **ordonner la conservation de toute information**, quel qu'en soit le support ; étant précisé que cette mesure est confirmée ensuite par écrit, avec indication précise de la durée et des conditions de renouvellement de la mesure[48] ;

6° **demander des explications** concernant des documents qu'ils examinent ;

→ Conseils pratiques

• Noter précisément toutes les questions posées et les réponses données.

• S'il ne peut être répondu à une question immédiatement, demander du temps pour consulter les personnes compétentes ou faire des recherches. Les enquêteurs devraient normalement accepter une réponse par écrit sur ces points.

7° **procéder à des auditions sur place[49].** Dans ce cas, les enquêteurs doivent informer la personne concernée de son droit de se faire assister d'un conseil de son choix. La personne concernée peut également refuser l'audition et demander à être convoquée ultérieurement. Un procès-verbal de l'audition est établi.

(48) Règl. gén. AMF, art. 144-2.
(49) La loi n° 2013-672 du 26 juillet 2013 de séparation et de régulation des activités bancaires octroie la possibilité aux enquêteurs de procéder à des auditions à l'occasion des visites. Le décret n° 2014/498 du 16 mars 2014 en précise les modalités (C. mon. fin., art. R. 621-34 à R. 621-36).

→ Conseils pratiques

• Ne pas tenter de répondre aux questions auxquelles on n'a pas la réponse.

• Fournir des réponses factuelles et synthétiques, sans avis personnel.

• Bien relire le procès-verbal, demander les corrections utiles avant de le signer[50].

F. – Limites des pouvoirs des enquêteurs

298. – Les enquêteurs ne peuvent pas :

1° fouiller eux-mêmes les bureaux ;

2° saisir des documents non remis par l'entreprise ;

3° emporter des documents originaux avec eux ;

4° poser des questions sans lien avec l'objet de l'enquête ;

5° accéder[51] à des informations/zones classifiées « Secret-Défense »[52] ;

6° consulter ni emporter les correspondances entre la société et ses avocats, car elles sont confidentielles (plus généralement le secret professionnel des auxiliaires de justice leur est opposable et inclut, outre celui des avocats, celui des commissaires de justice, des administrateurs judiciaires et des mandataires liquidateurs).

NB : Le projet de texte[53] prévoyant une protection des avis juridiques des juristes d'entreprise ne connaît de restriction qu'en matière pénale et fiscale. La protection, si le texte entre un jour en vigueur, aura donc vocation à s'appliquer ici.

▲ ATTENTION

Les autres catégories de secret professionnel, en particulier le secret bancaire, ne sont pas opposables aux enquêteurs de l'AMF.

G. – À l'issue de la visite

299. – Les enquêteurs rédigent un **procès-verbal (PV) de visite** (ou autrement dit de « transport » ou encore de « remise de documents ») qui relate les opérations (description de la visite, des personnes rencontrées, des documents demandés, des renseignements pris, des copies de documents et données obtenus ainsi que la duplication de ceux-ci en plusieurs exemplaires, des mesures conservatoires prises pour la conservation des données…).

Une copie du procès-verbal est remise à l'entreprise.

(50) Le refus de signer est, le cas échéant, mentionné sur le PV.
(51) Sauf nécessité et autorisation de l'autorité ayant procédé à la classification.
(52) Tout niveau : « Très Secret-Défense », « Secret-Défense » ou « Confidentiel-Défense ».
(53) Au moment de l'édition de cet ouvrage, le projet de texte était en cours d'examen par l'Assemblée nationale et le Sénat. Il avait été voté en première lecture avant que l'Assemblée nationale ne soit dissoute au mois de juin 2024.

→ Conseils pratiques

• Bien relire le contenu du procès-verbal et s'assurer qu'il est fidèle au déroulement de la visite.

• Ne pas hésiter à demander toute correction utile.

• Demander le cas échéant à ce que toute remarque / réserve / déclaration soit mentionnée.

• Signer le PV, sauf si celui-ci contient des éléments qui ne reflètent pas les opérations et qui sont susceptibles de vous porter préjudice.

• Conserver les éléments de preuve qui pourraient démontrer le caractère erroné ou incomplet du PV.

H. – À la fin de l'enquête

300. – À l'issue de l'enquête, les enquêteurs rédigent un pré-rapport qui, le cas échéant, fait ressortir les éléments qui sont de nature à constituer des manquements.

Si l'enquête a mis en évidence des manquements potentiels, la direction des enquêtes de l'AMF adresse aux personnes susceptibles d'être mises en cause une lettre appelée « lettre circonstanciée »[54]. Celle-ci expose en fait et en droit l'analyse des enquêteurs. Les destinataires disposent d'un délai d'un mois pour répondre. Sur demande motivée, ce délai peut être allongé.

301. – Après réception des réponses aux lettres circonstanciées, les enquêteurs rédigent un **rapport** qui est examiné *in fine* par le collège de l'AMF. Celui-ci peut alors décider de :

– classer le dossier (sans suite) ;

– proposer une transaction appelée « composition administrative » (les abus de marchés étant exclus du champ de la composition administrative) ;

– saisir une autre autorité compétente (par ex., le procureur de la République si les faits sont susceptibles de revêtir une qualification pénale) ;

– envoyer une lettre d'observation (parfois rendue publique) ;

– engager une procédure de sanction devant la Commission des sanctions de l'AMF.

Dans ce dernier cas, l'entreprise est avertie par courrier recommandé des griefs qui lui sont reprochés.

302. – Les boîtes de messagerie électronique sont restituées à leur propriétaire. Les enquêteurs dressent d'abord un procès-verbal de constatation qui liste les courriels conservés dans le dossier d'enquête, puis un procès-verbal de restitution par lequel ils retournent à l'entreprise les boîtes de messagerie électronique.

I. – Voies de recours

303. – Il n'existe pas de voie de recours *stricto sensu* à l'encontre de la visite sur pouvoirs propres elle-même ou de l'enquête. Si une procédure de sanction est engagée devant la Commission des sanctions de l'AMF, vous pourrez soulever toute nullité de procédure notamment au stade de l'enquête et faire valoir que vous n'avez pas commis de manquement.

Pour en savoir plus :

• www.amf-france.org/

• Charte de l'enquête de l'AMF : www.amf-france.org/L-AMF/Missions-et-competences/Enquetes-et-controles/Chartes.html

(54) Règl. gén. AMF, art. 144-2-1.

FICHE PRATIQUE 10 AUTORITÉ DES MARCHÉS FINANCIERS : LA VISITE DOMICILIAIRE (SUR AUTORISATION JUDICIAIRE)[55]

A. – Généralités

304. - Texte applicable. Article L. 621-12 du Code monétaire et financier.

305. - La visite domiciliaire est réalisée dans le cadre d'une enquête ouverte par le secrétaire général de l'AMF (V. Fiche pratique 9). L'AMF demande (par voie de requête) l'autorisation préalable du juge[56]. Si le juge estime qu'une visite domiciliaire est nécessaire, il rend une ordonnance autorisant la visite domiciliaire, en visant les lieux concernés. Il désigne également, dans l'ordonnance, l'officier de police judiciaire (OPJ) qui accompagnera les agents de l'AMF.

Visite domiciliaire *versus* visite sur pouvoirs propres

Les enquêteurs procèdent à une visite domiciliaire (assimilable à une perquisition) lorsqu'une visite sur pouvoirs propres n'est pas possible (aux domiciles privés par exemple) ou ne permettrait pas de recueillir efficacement les éléments de preuve recherchés. Comparativement à la visite sur pouvoirs propres, la visite domiciliaire est plus intrusive. C'est une mesure coercitive, qui est très encadrée juridiquement et nécessite l'autorisation préalable du juge.

306. - Pourquoi ? Rechercher les preuves des infractions[57] portant atteinte à la transparence des marchés[58] (manquement d'initié, manipulation de cours, diffusion d'informations fausses ou trompeuses) ou susceptibles de constituer un délit pénal contre les biens.

307. - Qui se présente ? Des enquêteurs de l'AMF (dotés d'un ordre de mission nominatif spécifique à l'enquête), des assistants d'enquête de l'AMF (chargés de la partie technique / informatique) et l'OPJ visé dans l'ordonnance, et dans certains cas le juge ayant autorisé la visite.

308. - Quand ? La visite doit commencer après 6 heures et avant 21 heures. Dans les lieux ouverts au public, elle peut avoir lieu pendant les heures d'ouverture de l'établissement.

309. - Où ? Tous les lieux dont l'adresse figure dans l'ordonnance (y compris le cas échéant au domicile personnel).

B. – Notification de l'autorisation du juge

310. - À l'arrivée des enquêteurs, l'officier de police judiciaire (OPJ) expose succinctement le cadre légal de la visite domiciliaire et indique, avec les enquêteurs de l'AMF, l'objet de celle-ci.

(55) C. mon. fin. art. L. 621-12.

(56) Il s'agit du juge des libertés et de la détention (JLD) qui peut également être présent lors de la visite domiciliaire.

(57) Infractions définies aux articles L. 465-1 et L. 465-2 du Code monétaire et financier.

(58) Marchés réglementés (Nyse Euronext Paris) et marchés organisés/régulés (par ex. : Alternext).

Les enquêteurs notifient l'ordonnance du juge des libertés et de la détention autorisant la visite. L'ordonnance est présentée et un procès-verbal (PV) de notification est dressé auquel est annexée l'ordonnance du juge.

→ Conseils pratiques

À l'arrivée des enquêteurs :

- demander à l'OPJ l'objet exact de la visite ;
- vérifier que l'OPJ présent est visé dans l'ordonnance ;
- vérifier également que l'adresse de l'entreprise visitée est bien indiquée dans l'ordonnance et correspond à celle-ci ;
- noter l'identité des enquêteurs et de l'OPJ, ainsi que l'heure de leur arrivée ;
- si le procès-verbal relate fidèlement la notification de l'ordonnance (ainsi que les modalités de recours), le signer ;
- prévenir immédiatement le cabinet d'avocats de l'entreprise, bien que la visite puisse débuter avant son arrivée.

C. – Qui doit être présent ?

311. – L'occupant des lieux ou son représentant[59]. En cas d'impossibilité, l'officier de police judiciaire choisit deux témoins.

D. – Refuser la visite ?

312. – **Non**, la visite domiciliaire est une mesure coercitive autorisée par le juge. En cas de refus, l'officier de police judiciaire peut recourir à la force, et des sanctions pénales sont encourues.

E. – Peut-on être assisté d'un avocat ?

313. – Il s'agit d'une faculté qui est notifiée par les enquêteurs à leur arrivée. Toutefois, ces derniers peuvent commencer leurs opérations avant l'arrivée de l'avocat.

F. – Pouvoirs des agents

314. – Les agents peuvent :

1° **procéder aux actes courants d'investigation**, tels que réaliser des inventaires, chercher ou demander des documents ;

→ Conseils pratiques

- Garder son calme et rester courtois.
- Accompagner les enquêteurs partout dans l'entreprise. Ne jamais les laisser seuls.
- Prendre des notes sur le déroulement de la visite, sans commentaire personnel.
- Ne détruire ou dissimuler aucun document.

(59) Toute personne qui, de par sa position ou un mandat régulier, a qualité pour agir au nom de la société.

2° **saisir des pièces, supports et documents** (y compris si besoin des originaux) en lien avec l'objet de l'enquête et se trouvant dans les lieux désignés par le juge, sans qu'il soit nécessaire que ces pièces, supports et documents appartiennent ou soient à la disposition de l'occupant des lieux[60] ;

Le cas des boîtes de messagerie électronique

• Les enquêteurs peuvent saisir les données électroniques (données informatiques et notamment les boîtes de messagerie électronique professionnelle et données téléphoniques).

• Si l'autorisation du juge le prévoit, les enquêteurs peuvent également saisir des données personnelles (pour établir par exemple un abus de marché).

• Si nécessaire, demander à ce que la messagerie copiée soit limitée dans le temps (copie de courriels sur une période précise, de date à date), ou ne contienne que des courriels / onglets / classeurs en rapport avec l'objet de l'enquête.

• Les enquêteurs peuvent vous opposer que ces limitations sont difficiles à réaliser techniquement et/ou que l'ensemble de la boîte de messagerie est utile à l'enquête.

• Demander à ce que les échanges avec les avocats soient exclus de la boîte copiée (car les correspondances avocat/client sont confidentielles, cf. *infra*).

• Les enquêteurs peuvent vous opposer que ces exclusions sont difficiles à réaliser techniquement (recherche par mots-clés et suppression des courriels un à un). Dans ce cas, un tri sera réalisé ultérieurement.

NB : Le projet de texte[61] prévoyant une protection des avis juridiques des juristes d'entreprise ne connaît de restriction qu'en matière pénale et fiscale. La protection, si le texte entre un jour en vigueur, aura donc vocation à s'appliquer ici.

• Les boîtes de messagerie électronique professionnelle sont copiées sur un support adapté (CD, visite domiciliaire, disque dur externe) et en plusieurs exemplaires : un premier pour l'exploitation des données par les enquêteurs, un deuxième qui est scellé dans une enveloppe conservée par la personne visitée (et qui servira en cas de contestation, le cas échéant), un troisième scellé également emporté par les enquêteurs.

• Les enquêteurs mentionnent sur le procès-verbal dressé par eux à l'issue de la visite (cf. *infra*) les copies en plusieurs exemplaires de ces données, ainsi que les mesures conservatoires prises (enveloppe scellée).

• Faire une copie (libre/non scellée) des boîtes de messagerie électronique professionnelle.

3° procéder à des **auditions « sur-le-champ »**[62] ; dans ce cas, les enquêteurs doivent informer la personne concernée de son droit de se faire assister d'un conseil de son choix. La personne concernée peut refuser l'audition et demander à être convoquée ultérieurement ;

(60) Cass. ass. plén., 16 déc. 2022, n° 21-23.719 et Cass. ass. plén., 16 déc. 2022, n° 21-23.685 sur la validité de la saisie de téléphones et d'ordinateurs de personnes de passage dans le lieu perquisitionné.

(61) Au moment de l'édition de cet ouvrage, le projet de texte était en cours d'examen par l'Assemblée nationale et le Sénat. Il avait été voté en première lecture avant que l'Assemblée nationale ne soit dissoute au mois de juin 2024.

(62) Cette prérogative nouvelle est issue de la loi n° 2013-672 du 26 juillet 2013 de séparation et de régulation des activités bancaires. Le décret n° 2014/498 du 16 mai 2014 en précise les modalités (C. mon. fin., art. R. 621-34 à R. 621-36).

→ Conseils pratiques

• Si les questions concernent le fond de l'affaire, vous pouvez demander à être entendu ultérieurement sur convocation et avec l'assistance d'un avocat.

• Ne pas tenter de répondre aux questions auxquelles on n'a pas la réponse.

• Fournir des réponses factuelles et synthétiques, sans avis personnel.

• Bien relire le procès-verbal, demander les corrections utiles, puis le signer[63].

4° sur autorisation du juge :

– mettre sous séquestre des fonds, valeurs, titres ou droits ;

– faire consigner une somme d'argent.

G. – Limites des pouvoirs des agents

315. – Les agents ne peuvent pas :

1° consulter ou emporter les correspondances entre la société et ses avocats, car elles sont confidentielles ;

2° avoir accès[64] aux informations/zones classifiées « Secret-Défense »[65].

→ Conseil pratique

• La visite s'effectue sous l'autorité et le contrôle du juge qui l'a autorisée. Si vous détectez une situation grave ou périlleuse, faites-en part aux enquêteurs et à l'officier de police judiciaire et, à défaut de réaction de leur part, prenez contact avec le juge des libertés et de la détention qui a autorisé la visite domiciliaire et informez-le de la situation. À tout moment, il peut décider la suspension ou l'arrêt de la visite (même si cela est rare en pratique).

H. – Cas particuliers[66]

316. – Les visites domiciliaires effectuées en des lieux occupés par des professions protégées par un secret professionnel particulier sont soumises à une procédure spécifique. Il en est ainsi :

– chez un avocat (cabinet ou domicile) : la visite domiciliaire est réalisée par un magistrat en présence du bâtonnier (ou de son représentant) ;

– chez un journaliste/entreprise de presse : la visite domiciliaire est réalisée par un magistrat ;

– dans le cabinet d'un médecin, d'un notaire, d'un avoué ou d'un commissaire de justice : la visite domiciliaire est effectuée par un magistrat et en présence d'un représentant de l'ordre/organisation professionnelle.

(63) Le refus de signer est, le cas échéant, mentionné sur le PV.
(64) Sauf nécessité et autorisation de l'autorité ayant procédé à la classification.
(65) Tout niveau : « Très Secret-Défense », « Secret-Défense » ou « Confidentiel-Défense ».
(66) CPP, art. 56-1 à 56-3.

I. – À l'issue de la visite

317. – Un procès-verbal (PV) est dressé sur-le-champ par les enquêteurs. Il décrit les modalités et le déroulement des opérations. Un inventaire des pièces saisies est annexé[67].

318. – Le procès-verbal et l'inventaire sont signés par l'officier de police judiciaire, les enquêteurs de l'AMF et l'occupant des lieux ou son représentant.

→ Conseils pratiques

• Relire attentivement le procès-verbal et l'inventaire. S'ils ne sont pas conformes au déroulement de la visite ou si des documents litigieux sont saisis, consigner toutes observations et réserves sur le PV[68].

• En dernier recours, vous pouvez également refuser de le signer[69], mais ce refus n'affecte pas la validité du PV.

• Demander une copie du PV et de l'inventaire. Elle doit vous être remise.

• Conserver les éléments de preuve qui pourraient démontrer le caractère erroné ou incomplet du PV.

• En cas de difficulté ayant pu avoir lieu lors de la visite, le faire mentionner au PV sous forme de réserve. Si vous rencontrez des difficultés lors de l'établissement des réserves, ne pas hésiter à écrire au procureur pour acter les difficultés rencontrées. Ces réserves peuvent être ajoutées par les enquêteurs au PV ou faire l'objet d'une note à part pouvant être annexée au PV à la demande de l'entreprise.

J. – À la fin de l'enquête

319. – À l'issue de l'enquête, les enquêteurs rédigent un pré-rapport qui, le cas échéant, fait ressortir les éléments qui sont de nature à constituer des manquements.

Si l'enquête a mis en évidence des manquements potentiels, la direction des enquêtes de l'AMF adresse aux personnes susceptibles d'être mises en cause une lettre appelée « lettre circonstanciée »[70]. Elle expose en fait et en droit l'analyse des enquêteurs. Les destinataires disposent d'un délai d'un mois pour répondre. Sur demande motivée, ce délai peut être allongé.

320. – À l'issue, après réception des réponses aux lettres circonstanciées, les enquêteurs rédigent un **rapport** qui est examiné *in fine* par le collège de l'AMF. Celui-ci peut alors décider de :

– classer le dossier sans suite ;

– proposer une transaction appelée « composition administrative », ce qui en pratique demeure rare (les abus de marchés étant exclus du champ de la composition administrative) ;

(67) Si l'inventaire sur place présente des difficultés, les pièces saisies sont placées sous scellés. L'occupant des lieux ou son représentant pourra assister à l'ouverture des scellés et à leur inventaire en présence de l'OPJ.
(68) Pour faciliter l'exercice d'éventuels recours ultérieurs.
(69) En cas de refus de signer, mention en est faite au PV.
(70) Règl. gén. AMF, art. 144-2-1.

– saisir une autre autorité compétente (par ex., le procureur de la République si les faits doivent être examinés sous un angle pénal) ;

– envoyer des lettres d'observations, parfois publiques ;

– engager une procédure de sanction devant la Commission des sanctions de l'AMF.

Dans ce dernier cas, vous êtes averti par courrier recommandé des griefs qui vous sont reprochés.

321. – Les boîtes de messagerie électronique sont restituées à leur propriétaire. Les enquêteurs dressent un procès-verbal de constatation qui liste les courriels conservés dans le dossier d'enquête, puis un procès-verbal de restitution pour retourner à l'entreprise les boîtes de messagerie électronique.

K. – Voies de recours

322. – L'ordonnance rendue par le juge des libertés et de la détention autorisant la visite peut faire l'objet d'un recours, dans les quinze jours de sa notification (donc dans les quinze jours qui suivent la visite) devant le premier président de la cour d'appel (dans le ressort duquel le juge a autorisé la visite domiciliaire).

La décision du premier président de la cour d'appel pourra elle-même faire l'objet d'un pourvoi en cassation, dans un délai de quinze jours.

La visite elle-même est susceptible de recours. Les recours contre le déroulement des opérations sont portés devant le premier président de la cour d'appel (dans le ressort duquel le juge a autorisé la visite) dans un délai de quinze jours suivant la visite domiciliaire.

La décision du premier président de la cour d'appel pourra elle-même faire l'objet d'un pourvoi en cassation, dans un délai de quinze jours.

Pour en savoir plus :

• www.amf-france.org/

• Charte de l'enquête de l'AMF : www.amf-france.org/L-AMF/Missions-et-competences/Enquetes-et-controles/Chartes.html

FICHE PRATIQUE 11

AUTORITÉ DE CONTRÔLE PRUDENTIEL ET DE RÉSOLUTION : LA PROCÉDURE DE CONTRÔLE SUR PLACE[71]

A. – Généralités

323. – Textes applicables. Articles L. 612-23 et suivants et R. 612-22 et suivants du Code monétaire et financier.

324. – Pourquoi ? L'Autorité de contrôle prudentiel et de résolution (ACPR) contrôle le respect par les entreprises qui y sont assujetties des règles qui leur sont applicables. Elle veille notamment à :

– la préservation de la stabilité du système financier (l'ACPR vérifie l'adéquation de l'organisation interne de l'établissement à la nature de ses activités et de ses risques et les dispositions de contrôle et de maîtrise des risques mises en place) ;

– la protection des clients, assurés, adhérents et bénéficiaires des personnes contrôlées[72].

L'ACPR peut aussi effectuer des contrôles pour le compte d'une autre autorité ou en coopération avec elle (par ex. : AMF ou régulateurs financiers étrangers – FCA, BaFin, etc.)[73].

325. – Qui se présente ? Le chef de mission et les contrôleurs désignés dans la lettre de mission par le secrétaire général de l'ACPR[74]. Dans le cadre de leur mission de contrôle permanent, les contrôleurs de l'entreprise assujettie bénéficient d'une accréditation permanente. Dans ce cas, il n'existe pas de lettre de mission[75]. Peuvent s'y ajouter des corps de contrôle extérieurs, des commissaires aux comptes, des experts, personnes ou autorités compétentes désignés par le secrétaire général[76].

→ Conseils pratiques

• À son arrivée, le chef de mission doit vous informer du début des opérations de contrôle[77]. Il n'est pas tenu de vous montrer sa lettre de mission de sa propre initiative lorsqu'elle existe.

• Demander à voir la lettre de mission signée par le secrétaire général de l'ACPR précisant le champ de la vérification[78] que le chef de mission devra alors vous présenter.

• En cas de modification de l'objet de la mission, vous serez informé.

(71) La fiche a été établie avec la contribution de Frédérick Lacroix, avocat associé chez Clifford Chance.

(72) C. mon. fin., art. L. 612-1.

(73) Quand l'ACPR agit pour le compte d'une autre autorité, ses agents se conforment au cadre législatif de cette autorité en question. Se référer le cas échéant aux autres fiches.

(74) C. mon. fin., art. R. 612-22, al. 2e.

(75) C. mon. fin., art. R. 612-22 al. 1er v. également art. II-1 de la Charte de conduite d'une mission de contrôle sur place de l'ACPR.

(76) C. mon. fin., art. L. 612-23 et R. 612-24 pour les modalités de personnes extérieures appelées à contrôler.

(77) Lorsque l'établissement contrôlé est une filiale d'un groupe dont la maison mère est assujettie au contrôle de l'ACPR, le chef de mission informe celle-ci du début des opérations de contrôle dans cette filiale.

(78) C. mon. fin., art. R. 612-22. La lettre de mission est présentée à la personne contrôlée en réponse à toute demande. Art. III-2-1-1 de la Charte de conduite d'une mission de contrôle sur place de l'ACPR.

326. - **Quand ?** À tout moment dans l'année, aux heures d'ouverture professionnelles, afin notamment de tenir compte de l'évolution de la situation des établissements et de l'environnement économique et financier, national et international.

Vous êtes prévenu du contrôle par l'envoi d'une lettre recommandée avec demande d'avis de réception dite d'« assujettissement au contrôle », suivie d'un appel du chef de mission, qui annonce la date à laquelle commencera le contrôle sur place.

→ Conseils pratiques

- Noter l'identité, les fonctions, le service des contrôleurs et l'heure de leur arrivée.
- Prévenir les employés et dirigeants concernés du déroulement de l'enquête et de leur obligation de prêter leur concours.
- Garder son calme et rester courtois.
- Prévenir le cabinet d'avocats.

B. - Qui doit être présent ?

327. - Les dirigeants[79] effectifs doivent être présents ou représentés lors du démarrage de l'enquête et lors des séances de restitution des constats effectués par la mission. L'entreprise peut désigner une personne pour assurer la coordination des échanges avec le chef de mission, disposant d'un positionnement hiérarchique suffisamment élevé (Charte, art. IV-2.1). Il est attendu de l'entreprise qu'elle s'organise pour faciliter les contrôles[80].

Ainsi à la demande du chef de mission, la personne contrôlée doit le mettre en relation avec les membres du comité d'audit, les consultants externes ou les tiers rendant des prestations essentielles au sens de l'arrêté du 3 novembre 2014 relatif au contrôle interne des entreprises du secteur de la banque, des services de paiement et des services d'investissement soumises au contrôle de l'Autorité de contrôle prudentiel et de résolution.

C. - Peut-on refuser la visite ?

328. - On ne peut pas s'opposer à la visite de contrôle, sous peine de sanction pénale[81].

D. - Peut-on être assisté d'un avocat ?

329. - Rien ne s'oppose à ce que l'avocat soit présent.

(79) Il s'agit des personnes assurant la direction effective de l'établissement, au sens de l'art. L. 511-13, al. 2 C. mon. fin. concernant les établissements de crédit et les sociétés de financement. Elles sont au minimum de deux. En pratique, il s'agit le plus souvent du directeur général et d'un ou plusieurs directeurs généraux délégués.

(80) Charte de conduite d'une mission de contrôle sur place de l'ACPR, art. IV-2.1.

(81) Le fait de ne pas répondre après mise en demeure aux demandes d'informations de l'ACPR, de mettre obstacle de quelque manière que ce soit à l'exercice par celle-ci de sa mission de contrôle ou de lui communiquer des renseignements inexacts est puni d'un an d'emprisonnement et de 15 000 € d'amende (C. mon. fin., art. L. 571-4, L. 572-8, L. 573-1-1 ; C. assur., art. L. 310-28 ; CSS, art. L. 951-11 ; et C. mut., art. L. 510-12). Les personnes morales peuvent être déclarées pénalement responsables de ces infractions et encourir la peine prévue par le Code pénal.

E. – Pouvoirs des contrôleurs

330. – Les contrôleurs peuvent :

1° accéder à tous les locaux à usage professionnel[82] ;

→ Conseil pratique

• Si les contrôleurs souhaitent se déplacer dans l'entreprise, les accompagner partout et ne pas les laisser chercher seuls dans les dossiers.

2° **demander tous documents ou renseignements**[83] (quel que soit le support, notamment informatique et à cet effet, en ayant accès aux outils informatiques de l'entreprise)[84]. Le secret bancaire ne peut pas être opposé à l'ACPR[85] ;

→ Conseil pratique

• Installer les contrôleurs dans une salle de réunion adéquate (vide de tout document) permettant de centraliser les documents et les personnes qu'ils souhaitent voir.

3° emporter des copies de documents[86] ;

→ Conseils pratiques

• Dresser une liste précise de toutes les copies demandées par les contrôleurs.

• Désigner un interlocuteur spécifique avec les contrôleurs au sein de l'entreprise (cela permet de connaître précisément les documents qui auront été consultés par l'ACPR et de pouvoir parfaitement maîtriser l'exercice du contrôle sur pièces).

4° **demander des explications** concernant des documents qu'ils examinent[87].

Le chef de mission peut notamment prendre contact avec les commissaires aux comptes de l'établissement contrôlé[88] ;

(82) C. mon. fin., art. L. 612-23 : ce droit étant indissociable de la possibilité pour l'ACPR d'effectuer des contrôles sur place.
(83) C. mon. fin., art. R. 612-26.
(84) Les agents de contrôle ne peuvent demander qu'en lecture la mise à disposition d'accès dans les systèmes d'information et les bases de données.
(85) C. mon. fin., art. L. 511-33.
(86) C. mon. fin., art. R. 612-26.
(87) C. mon. fin., art. R. 612-26.
(88) C. mon. fin., art. L. 612-44.

→ Conseils pratiques

• Noter précisément toutes les questions posées et les réponses données.

• S'il ne peut être répondu à une question immédiatement, demander un délai pour consulter les personnes compétentes ou faire des recherches. Les contrôleurs devraient normalement accepter une réponse par écrit sur ces points.

• Ne pas donner d'opinion sur un sujet, mais s'en tenir strictement aux faits.

• Vous pouvez à tout moment solliciter auprès du chef de mission des réunions ou échanges afin d'éviter tout malentendu ou apporter des éléments utiles à la clôture de l'enquête.

5° **procéder à des auditions**, en avertissant la personne concernée au moins huit jours avant, sauf si celle-ci renonce à ce délai[89].

→ Conseils pratiques

• Vous avez le droit d'être assisté par un avocat lors de l'audition.

• Éviter en conséquence de renoncer au délai de huit jours, sauf si un avocat est présent sur les lieux et peut ainsi vous assister immédiatement.

• Un procès-verbal est établi.

• Bien relire le procès-verbal, demander les corrections utiles le cas échéant, puis le signer[90]. En cas de désaccord sur le contenu, il est possible de faire des réserves. Ces réserves peuvent être ajoutées par les enquêteurs au PV ou faire l'objet d'une note à part pouvant être annexée au PV à la demande de l'entreprise.

6° **accéder aux informations** et éléments disponibles sur les services en ligne fournis par l'entreprise, en faisant usage d'une identité d'emprunt[91].

7° **auditionner des membres du conseil d'administration** ou de surveillance de l'entreprise : le secrétaire général de l'ACPR peut intervenir devant le conseil d'administration ou le conseil de surveillance ou convoquer collectivement les membres du conseil d'administration ou du conseil de surveillance[92].

F. – Limites des pouvoirs des contrôleurs

331. – Les contrôleurs ne peuvent pas :

1° fouiller eux-mêmes les bureaux et saisir des documents non remis par l'entreprise ;

2° emporter des documents originaux avec eux ;

3° poser des questions sans lien avec l'objet du contrôle ;

(89) C. mon. fin., art. L. 612-24, al. 4 et R. 612-27 : le secrétaire général de l'ACPR peut entendre toute personne dont le contrôle est nécessaire à l'exercice de sa mission. Cette faculté ne se limite donc pas à l'audition des seules personnes soumises au contrôle.

(90) Le refus de signer est, le cas échéant, mentionné sur le PV.

(91) C. mon. fin. L. 612-24 *in fine*.

(92) C. mon. fin. art. L. 612-24, al. 9.

4° divulguer les informations dont ils ont eu connaissance lors des contrôles sur place[93] ;

5° relever des faits susceptibles de recevoir une qualification pénale. Cependant, si les faits sont susceptibles de justifier des poursuites pénales, le président de l'ACPR en informe le procureur de la République[94] ;

6° procéder sans votre accord à des auditions « sur-le-champ » ;

→ Conseils pratiques

• En cas d'audition, vous avez droit à un délai de prévenance d'au moins huit jours.

• Vous pouvez être assisté d'un avocat.

• Un procès-verbal de l'audition doit être établi.

7° exiger la communication de documents qui n'ont pas de relation avec l'objet de l'enquête ;

8° consulter ni emporter les correspondances entre la société et ses avocats, car elles sont confidentielles. Les autres catégories de secret professionnel ne sont pas opposables aux contrôleurs de l'ACPR[95]. Le projet de texte[96] prévoyant une protection des avis juridiques des juristes d'entreprise ne connaît de restriction qu'en matière pénale et fiscale. La protection, si le texte entre un jour en vigueur, aura donc vocation à s'appliquer ici.

G. – À l'issue de la visite

332. – Le chef de mission communique à l'entreprise un **avant-projet de rapport** sur lequel elle peut faire des remarques (corriger d'éventuelles erreurs factuelles…). Le cas-échéant cette communication est précédée d'une réunion de restitution avec l'équipe de contrôle.

Après cet examen complémentaire, le chef de mission rédige un projet de rapport qu'il adresse à l'entreprise. L'entreprise bénéficie d'un délai de quinze jours pour faire valoir ses observations écrites. Puis l'ensemble du rapport d'enquête définitif (avec vos observations en annexe) est envoyé au secrétaire général de l'ACPR et à l'entreprise[97].

Les suites du rapport sont communiquées à l'entreprise. Elles peuvent être communiquées aux commissaires aux comptes et aux contrôleurs spécifiques ainsi qu'à l'entreprise mère et l'organe central[98].

(93) C. mon. fin., art. L. 612-17 et L. 641-1.
(94) C. mon. fin., art. L. 612-28.
(95) C. mon. fin., art. L. 511-33.
(96) Au moment de l'édition de cet ouvrage, le projet de texte était en cours d'examen par l'Assemblée nationale et le Sénat. Il avait été voté en première lecture avant que l'Assemblée nationale ne soit dissoute au mois de juin 2024.
(97) C. mon. fin., art. L. 612-27.
(98) C. mon. fin., art. L. 612-27.

Le chef de mission peut dresser des procès-verbaux énonçant des constatations susceptibles de constituer des manquements en indiquant la nature, la date et le lieu des constatations, soumis à la signature du représentant de l'entreprise. À défaut de signature, mention en est faite au procès-verbal[99].

333. – L'envoi du rapport et la formalisation du procès-verbal marquent la fin du contrôle sur place. Le secrétaire général peut alors décider :

– d'émettre une « lettre de suite » comportant des remarques et recommandations, ou

– de soumettre le dossier au collège de l'ACPR qui pourra le cas échéant :

• prendre des mesures de police administrative[100],

• mettre en œuvre une procédure disciplinaire[101].

→Remarques

• La procédure est toujours contradictoire[102].

• Dans ce dernier cas, l'entreprise est avertie par courrier des griefs qui lui sont reprochés[103].

• Elle a le droit de se faire assister par un avocat.

Pour en savoir plus :

• Le site de l'ACPR : https//acpr.banque-france.fr/lacpr.html

(99) C. mon. fin., art. R. 612-26.

(100) C. mon. fin., art. L. 612-30 à L. 612-34 : les mesures de police administrative sont, par exemple, la mise en garde, mise en demeure, présentation d'un programme de rétablissement, mesures conservatoires, administration provisoire…

(101) C. mon. fin., art. L. 612-38.

(102) C. mon. fin., art. L. 612-35 pour les mesures de police administrative et art. L. 612-38 pour la procédure disciplinaire.

(103) C. mon. fin., art. L. 612-38.

FICHE PRATIQUE 12

DGCCRF[104] – ENQUÊTE ORDINAIRE (SANS AUTORISATION JUDICIAIRE)[105]

A. – Généralités

334. – Textes applicables. Articles L. 512-5 à L. 512-50 et R. 512-1 à R. 512-38 du Code de la consommation. Article L. 450-3 du Code de commerce.

335. – Pourquoi ? Contrôler les pratiques d'une entreprise conformément aux règles de son secteur économique en matière de droit de la concurrence et de droit de la consommation (information des consommateurs, sécurité et qualité des produits et services fournis…).

336. – Qui se présente ? L'enquête est menée sous la responsabilité d'un fonctionnaire de la DGCCRF habilité par le ministre chargé de l'économie.

337. – Quand ? En l'absence de disposition spéciale, les heures d'intervention sont celles au cours desquelles s'exerce l'activité professionnelle.

338. – Où ? Les enquêteurs peuvent accéder à tous locaux, terrains ou moyens de transport à usage professionnel de l'entreprise.

→ Conseils pratiques

À l'arrivée des enquêteurs :

– à leur arrivée, les enquêteurs sont tenus de présenter leur carte professionnelle. S'ils ne le font pas spontanément, il faut demander à la voir. Les enquêteurs ne sont en revanche pas tenus de produire une habilitation nominative ou un mandat précis pour effectuer leurs investigations ;

– noter l'identité, les fonctions et le service des enquêteurs ainsi que l'heure de leur arrivée ;

– prévenir les employés et dirigeants concernés et leur recommander de coopérer ;

– prévenir immédiatement la direction juridique et le cabinet d'avocats ;

– désigner au plus vite un responsable (directeur juridique, dirigeant) en charge d'accueillir et de guider les agents ;

– l'enquêteur doit indiquer le motif de la visite. Si ce n'est pas le cas, il faut le lui demander.

B. – Qui doit être présent ?

339. – Un représentant de l'entreprise. Toutefois, les enquêteurs sont libres de commencer immédiatement sans attendre son arrivée[106].

(104) Direction générale de la concurrence, de la consommation et de la répression des fraudes.

(105) Les deux fiches suivantes ont été établies avec la contribution de Diego de Lammerville, avocat associé chez Clifford Chance.

(106) En général, ils acceptent d'attendre l'arrivée de la personne compétente.

→ Conseils pratiques

• Si les enquêteurs acceptent d'attendre, les conduire dans une pièce où n'est conservé aucun document ou dossier.

• S'ils exigent de commencer immédiatement, essayer de leur faire examiner d'abord les documents les plus généraux[107].

• Affecter à l'enquête un ou plusieurs membres de la direction juridique, en plus des employés et dirigeants demandés par les enquêteurs eux-mêmes.

C. – Refuser la visite ?

340. – Ne pas s'opposer à l'enquête, sous peine de sanction[108].

D. – Peut-on être assisté d'un avocat ?

341. – La présence de l'avocat est admise, mais la visite peut commencer avant son arrivée. Il convient donc de le prévenir immédiatement.

E. – Pouvoirs des enquêteurs

342. – Les enquêteurs peuvent :

1° **accéder à tous les locaux,** terrains ou moyens de transport à usage professionnel ;

→ Conseils pratiques

• Garder son calme et rester courtois.

• Accompagner les enquêteurs partout dans l'entreprise. Ne jamais les laisser seuls.

• Prendre des notes sur le déroulement de la visite, sans commentaire personnel.

• Ne détruire ou dissimuler aucun document.

2° **demander des documents** (quel que soit le support, notamment informatique). Toute demande doit être précise[109]. L'exercice par les enquêteurs de leur droit de communication n'est pas subordonné à la présence d'un dirigeant de l'entreprise ;

(107) Par ex., les documents sociaux ou les organigrammes.

(108) Sous peine de six mois d'emprisonnement et/ou d'une amende de 7 500 € pour opposition à l'exercice des fonctions des enquêteurs. Les sociétés (personnes morales) encourent une amende cinq fois supérieure.

(109) Par ex., une demande de communication de factures doit porter sur une période donnée se rapportant à l'enquête et concerner un partenaire commercial identifié.

→ Conseils pratiques

• À défaut de demande portant sur des documents précis, demander plus de détails sur les documents que l'enquêteur souhaite se voir remettre. Si sa demande de communication est trop vague, vous pouvez refuser de les lui communiquer (après consultation des juristes et, si possible, de l'avocat).

• Installer les enquêteurs dans une salle de réunion adéquate (fermée et vide de tout document) permettant de centraliser les documents et les personnes qu'ils souhaitent voir.

3° emporter des copies de documents ;

→ Conseil pratique

• Dresser une liste précise de toutes les copies demandées par les enquêteurs.

4° **demander des explications** concernant les documents qu'ils examinent.

→ Conseils pratiques

• Noter précisément toutes les questions posées et les réponses données.

• S'il ne peut être répondu à une question immédiatement, demander du temps pour consulter les personnes compétentes ou faire des recherches. Les enquêteurs devraient normalement accepter une réponse faite par écrit ultérieurement.

• Si les questions portent sur le fond de l'affaire, il est possible de demander à faire l'objet d'une audition ultérieure, sur convocation et en présence d'un avocat.

• Ne pas donner d'opinion personnelle sur un sujet, mais s'en tenir strictement aux faits.

• Ne pas faire de spéculation.

F. – Limites des pouvoirs des enquêteurs

343. – Les enquêteurs ne peuvent pas :

1° fouiller eux-mêmes les bureaux et saisir des documents non remis par l'entreprise ;

2° emporter avec eux des documents originaux ;

3° poser des questions sans lien avec l'objet de l'enquête ;

4° consulter ou emporter les correspondances entre la société et ses avocats, car elles sont confidentielles[110] ;

(110) Cass. crim., 24 avr. 2013, n° 12-80.331, *Medtronic*.

→ Conseils pratiques

• Concernant les documents couverts par la confidentialité des correspondances entre la société et ses avocats, les enquêteurs ne peuvent ni en prendre connaissance, ni les saisir.

• En particulier, ils ne peuvent saisir l'intégralité d'un classeur ou d'une boîte e-mail sans s'assurer que les éventuelles correspondances avocats/clients pouvant y être contenues en ont été extraites.

• Il est donc possible de s'opposer à toute saisie de documents massive réalisée sans distinction si la société estime que des correspondances couvertes par la confidentialité avocat/client y sont incluses.

• Si les enquêteurs y procèdent malgré votre opposition, il convient de le faire acter au procès-verbal.

NB : Le projet de texte[111] prévoyant une protection des avis juridiques des juristes d'entreprise ne connaît de restriction qu'en matière pénale et fiscale. La protection, si le texte entre un jour en vigueur, aura donc vocation à s'appliquer ici.

5° avoir accès[112] aux informations/zones classifiées « Secret-Défense »[113].

G. – À l'issue de la visite

344. – Les enquêteurs rédigent un procès-verbal (PV) qui mentionne :

- la nature, la date et le lieu des investigations ;
- la description des opérations ;
- les déclarations des personnes entendues ;
- la liste des documents remis aux enquêteurs.

→ Conseils pratiques

• S'assurer que les enquêteurs délivrent un double du procès-verbal.

• Relire attentivement le PV et la liste dressée par les enquêteurs. S'ils ne sont pas conformes à la réalité des opérations, consigner toute observation ou réserve.

• En dernier recours, il est possible de refuser de signer le PV, mais ce refus n'affecte pas la validité du PV.

• Conserver les éléments de preuve qui pourraient démontrer le caractère erroné ou incomplet du PV.

• En cas de difficulté ayant pu avoir lieu lors de la visite, le faire mentionner au PV sous forme de réserve. Ces réserves peuvent être ajoutées par les enquêteurs au PV ou faire l'objet d'une note à part pouvant être annexée au PV à la demande de l'entreprise. Si vous rencontrez des difficultés lors de l'établissement des réserves, ne pas hésiter à écrire au procureur pour acter les difficultés rencontrées.

(111) Au moment de l'édition de cet ouvrage, le projet de texte était en cours d'examen par l'Assemblée nationale et le Sénat. Il avait été voté en première lecture avant que l'Assemblée nationale ne soit dissoute au mois de juin 2024.

(112) Sauf nécessité et autorisation de l'autorité ayant procédé à la classification.

(113) Tout niveau : « Très Secret-Défense », « Secret-Défense » ou « Confidentiel-Défense ».

345. – Le procès-verbal est signé par les enquêteurs, le représentant de l'entreprise ayant assisté aux opérations[114] et chacun des employés interrogés.

346. – Une copie du procès-verbal doit être remise à l'entreprise.

→ Conseil pratique

• Afin d'évaluer les risques encourus, examiner dès que possible avec le cabinet d'avocats la portée des déclarations faites et le contenu des documents copiés par les enquêteurs.

H. – Voies de recours

347. – Il n'existe pas de voie de recours *stricto sensu* à l'encontre de la mesure d'enquête simple. En cas de procédure de sanction, la validité de la procédure pourra néanmoins être contestée.

(114) Le représentant légal ou tout cadre de l'entreprise.

FICHE PRATIQUE 13 DGCCRF – VISITE SUR AUTORISATION JUDICIAIRE

A. – Généralités

348. – **Textes applicables.** Articles L. 512-52 à L. 512-65 et R. 512-39 à R. 512-42 du Code de la consommation. Article L. 450-4 du Code de commerce.

349. – **Pourquoi ?** Rechercher les éléments de nature à établir l'existence de certaines pratiques commerciales déloyales ou illicites en matière de concurrence ou de consommation.

350. – **Qui se présente ?** L'enquête est menée sous la responsabilité d'un fonctionnaire de la DGCCRF spécialement habilité ainsi que d'un officier de police judiciaire (OPJ). Il agit sur ordonnance du juge des libertés et de la détention (JLD) qui peut également se rendre sur place lors de l'enquête.

351. – **Quand ?** La visite doit commencer entre 6 heures et 21 heures.

352. – **Où ?** Dans tous les locaux de l'entreprise.

353. – **Ordonnance.** À leur arrivée, les enquêteurs montrent au représentant de l'entreprise[115] l'ordonnance du juge des libertés et de la détention autorisant la visite[116] et dressent un **procès-verbal (PV) de notification** qui est signé par le représentant de l'entreprise. Une copie du procès-verbal, auquel est annexée l'ordonnance, doit être remise à l'entreprise.

→ Conseils pratiques

À l'arrivée des enquêteurs :

– noter l'identité, les fonctions et le service des enquêteurs et des officiers de police judiciaire et l'heure de leur arrivée ;

– vérifier que les OPJ présents sont nommément mentionnés dans l'ordonnance du juge ;

– vérifier également que l'adresse de l'entreprise est correctement indiquée dans l'ordonnance ;

– prévenir immédiatement le cabinet d'avocats. Mais l'enquête peut débuter avant l'arrivée de l'avocat ;

– désigner au plus vite un responsable (directeur juridique, dirigeant) en charge d'accueillir et de guider les agents.

B. – Qui doit être présent ?

354. – La visite peut avoir lieu, même en l'absence d'un représentant de l'entreprise[117].

(115) Il s'agit du représentant légal ou de tout cadre de l'entreprise. En pratique, les agents remettent l'ordonnance au responsable hiérarchique le plus élevé qui est présent sur les lieux. Si aucun cadre n'est présent, l'ordonnance est notifiée après la visite par lettre recommandée avec demande d'avis de réception, ce qui n'empêche pas les investigations.

(116) L'ordonnance doit préciser notamment l'adresse des lieux à visiter, l'identité des agents habilités, les motifs de la visite, l'identité de l'OPJ chargé d'accompagner les agents de l'Autorité de la concurrence et la date avant laquelle la visite doit être effectuée.

(117) Défini comme tout cadre de l'entreprise. Les enquêteurs sont donc libres de commencer sans attendre l'arrivée d'une personne de la direction juridique ou de la direction générale.

En l'absence sur place de cadres de l'entreprise, l'officier de police judiciaire demande à contacter par téléphone l'un d'entre eux et l'invite à désigner un préposé chargé de recevoir l'ordonnance. À défaut de préposé expressément désigné par un cadre, l'OPJ choisit deux témoins, hors des personnes relevant de son autorité ou de celle de l'Autorité.

→ Conseils pratiques

• Si les enquêteurs acceptent d'attendre l'arrivée d'un représentant/cadre de l'entreprise, les conduire dans une pièce où n'est conservé aucun document. Veiller si possible à ce que quelqu'un reste avec eux.

• S'ils exigent de commencer sans attendre, essayer de leur faire examiner d'abord les documents les plus généraux[118].

• Affecter à l'enquête un ou plusieurs membres de la direction juridique, en plus des employés et dirigeants demandés par les enquêteurs eux-mêmes.

C. – Refuser la visite ?

355. - Ne pas s'opposer à l'enquête, sous peine de sanction[119].

D. – Peut-on être assisté d'un avocat ?

356. - L'entreprise peut être assistée de son avocat et cette faculté est notifiée par les enquêteurs à leur arrivée. Les enquêteurs n'ont pas obligation d'attendre l'arrivée de l'avocat pour commencer leurs opérations.

E. – Pouvoirs des agents

357. - Les agents peuvent :

1° **accéder à tous les locaux**, à usage professionnel et privé, visés dans l'ordonnance ;

→ Conseils pratiques

• Garder son calme et rester courtois.

• Accompagner les enquêteurs partout dans l'entreprise. Ne jamais les laisser seuls.

• Prendre des notes sur le déroulement de la visite, sans commentaire personnel.

• Ne détruire ou dissimuler aucun document.

(118) Par ex., les documents sociaux ou les organigrammes.

(119) Sous peine de six mois d'emprisonnement et/ou d'une amende de 7 500 € pour opposition à l'exercice des fonctions des enquêteurs. Les sociétés (personnes morales) encourent une amende cinq fois supérieure.

2° **rechercher et saisir tous documents, y compris des originaux**[120] (registres, factures, disquettes, disques durs, etc.), le cas échéant en utilisant la force pour accéder aux bureaux, armoires, ordinateurs, etc. Ils doivent dresser un inventaire des pièces saisies ;

→ Conseil pratique

• Préciser aux enquêteurs les documents commercialement sensibles ou stratégiques afin qu'ils puissent bénéficier, le cas échéant, de la protection prévue à l'article L. 463-4 du Code de commerce.

3° **demander des explications** concernant les documents qu'ils examinent.

→ Conseils pratiques

• Noter précisément toutes les questions posées et les réponses données.

• S'il ne peut être répondu à une question immédiatement, demander du temps pour consulter les personnes compétentes ou faire des recherches. Les enquêteurs devraient normalement accepter une réponse faite par écrit ultérieurement.

• Si les questions portent sur le fond de l'affaire, il est possible de demander à faire l'objet d'une audition ultérieure, sur convocation et en présence d'un avocat.

• Ne pas donner d'opinion personnelle sur un sujet, mais s'en tenir strictement aux faits.

F. – Limites des pouvoirs des agents

358. – Les agents ne peuvent pas :

1° poser de questions sans lien avec l'objet de l'enquête ;

2° exiger la communication de documents qui n'ont pas de relation avec l'objet de l'enquête ;

3° consulter ou emporter les correspondances entre la société et ses avocats, car elles sont confidentielles[121], ou qui sont couvertes par le secret professionnel ;

Le cas des boîtes de messagerie électronique professionnelle

• Les enquêteurs peuvent saisir les données électroniques (données informatiques et notamment les boîtes de messagerie électronique professionnelle et données téléphoniques).

• Si nécessaire, demander à ce que la messagerie copiée soit limitée dans le temps (copie de courriels sur une période précise, de date à date) OU ne contienne que des courriels / onglets / classeurs en rapport avec l'objet de l'enquête.

(120) Il est d'usage que les enquêteurs laissent à la société une copie des documents saisis, mais ce n'est pas une obligation.

(121) Cass. crim., 24 avr. 2013, n° 12-80.331, *Medtronic*.

• Demander à ce que les échanges avec les avocats soient exclus de la boîte copiée (car les correspondances avocat/client sont confidentielles, cf. *infra*).

• En cas de refus, le faire acter au procès-verbal.

• Plus généralement, si des documents litigieux sont saisis, le mentionner au procès-verbal pour faciliter l'exercice d'éventuels recours ultérieurs.

NB : Le projet de texte[122] prévoyant une protection des avis juridiques des juristes d'entreprise ne connaît de restriction qu'en matière pénale et fiscale. La protection, si le texte entre un jour en vigueur, aura donc vocation à s'appliquer ici.

4° avoir accès[123] aux informations/zones classifiées « Secret-Défense »[124].

→ Conseil pratique

• La visite s'effectue sous le contrôle du juge ayant rendu l'ordonnance. En cas de difficulté significative, il est possible de l'en avertir. À tout moment, il peut décider la suspension ou l'arrêt de la visite, même si cela est rare en pratique.

G. – À l'issue de la visite

359. – Les enquêteurs doivent rédiger un procès-verbal (PV) qui mentionne :

- la nature, la date et le lieu des investigations ;
- la description des opérations ;
- les déclarations des personnes entendues ;
- l'inventaire des pièces saisies.

→ Conseils pratiques

• Relire attentivement le procès-verbal et l'inventaire. S'ils ne sont pas conformes au déroulement de la visite ou si des documents litigieux sont saisis, consigner toute observation et réserve sur le PV.

• En dernier recours, il est également possible de refuser de signer le PV, mais ce refus n'affecte pas la validité du PV.

• Conserver les éléments de preuve qui pourraient démontrer le caractère erroné ou incomplet du PV.

• En cas de difficulté ayant pu avoir lieu lors de la visite, le faire mentionner au PV sous forme de réserve. Ces réserves peuvent être ajoutées par les enquêteurs au PV ou faire l'objet d'une note à part pouvant être annexée au PV à la demande de l'entreprise. Si vous rencontrez des difficultés lors de l'établissement des réserves, ne pas hésiter à écrire au procureur pour acter les difficultés rencontrées.

(122) Au moment de l'édition de cet ouvrage, le projet de texte était en cours d'examen par l'Assemblée nationale et le Sénat. Il avait été voté en première lecture avant que l'Assemblée nationale ne soit dissoute au mois de juin 2024.

(123) Sauf nécessité et autorisation de l'autorité ayant procédé à la classification.

(124) Tout niveau : « Très Secret-Défense », « Secret-Défense » ou « Confidentiel-Défense ».

360. – Le procès-verbal est signé par les enquêteurs, le représentant de l'entreprise ayant assisté aux opérations[125] et chacun des employés interrogés.

361. – Une copie du procès-verbal doit être remise à l'entreprise.

H. – Voies de recours

362. – L'ordonnance rendue par le juge des libertés et de la détention autorisant la visite peut faire l'objet d'un recours dans les dix jours de sa notification (en pratique, dans les dix jours suivant la visite) devant le premier président de la cour d'appel territorialement compétente.

La visite elle-même est susceptible d'un recours également devant le premier président de la cour d'appel dans le même délai.

La décision du premier président de la cour d'appel rendue sur ce recours est susceptible de faire l'objet d'un pourvoi en cassation.

(125) Si deux représentants de l'entreprise ou plus assistent à toute l'enquête, la signature d'un seul d'entre eux est en principe suffisante. Mais dès lors qu'un représentant assiste seul à une partie des opérations, il doit signer le PV.

FICHE PRATIQUE 14 INSPECTION DU TRAVAIL[126]

A. – Généralités

363. – Textes applicables. Articles L. 8112-1 et L. 8113-1 du Code du travail.

364. – Pourquoi ? Contrôler l'application du droit du travail au sein de l'entreprise. Les visites de l'inspecteur ou du contrôleur du travail n'ont pas à être motivées et ne sont subordonnées à aucune condition particulière.

365. – Qui se présente ? L'inspecteur ou le contrôleur du travail territorialement compétent[127], le cas échéant sur autorisation du procureur.

366. – Quand ? À n'importe quel moment, aux jours et heures d'ouverture de l'entreprise, dès lors que du personnel est présent dans l'entreprise.

367. – Où ? Dans les locaux de l'entreprise.

→ Conseils pratiques

À l'arrivée de l'inspecteur :

- garder son calme et rester courtois ;
- demander la carte professionnelle de l'inspecteur ou du contrôleur du travail[128] ;
- noter son identité, ses fonctions et son service, et l'heure de son arrivée ;
- être prêt à justifier de son identité à la demande de l'inspecteur ou du contrôleur du travail[129] ;
- prendre des notes tout au long de la visite : noter le déroulement des opérations, sans commentaire personnel ;
- prévenir immédiatement la direction des ressources humaines et le cabinet d'avocats[130] ;
- prévenir également les délégués du personnel et les membres du comité social et économique[131].

B. – Qui doit être présent ?

368. – L'inspecteur ou le contrôleur du travail est en droit d'effectuer seul son contrôle : la présence d'un représentant de l'entreprise n'est pas obligatoire.

→ Conseils pratiques

• Il est toutefois nécessaire qu'un responsable de l'entreprise supervise la visite et réponde aux questions de l'inspecteur ou du contrôleur du travail.

• Ne pas laisser seul l'inspecteur ou le contrôleur du travail.

(126) Les deux fiches suivantes ont été établies avec la contribution de François Farmine, avocat associé chez Clifford Chance.
(127) C. trav., art. L. 8112-1.
(128) Ou toute autre pièce justificative de sa fonction et de sa mission.
(129) C. trav., art. L. 8113-2.
(130) Cependant, la présence de l'avocat n'est pas un droit. Elle est parfois tolérée mais, en tout état de cause, la visite peut commencer avant son arrivée.
(131) Les membres du CSE sont en droit de présenter des observations.

C. – Refuser la visite ?

369. – Ne pas s'opposer à la visite, sous peine de sanctions[132].

D. – Peut-on être assisté d'un avocat ?

370. – La présence de l'avocat n'est pas un droit expressément reconnu en matière pénale[133]. Elle peut être tolérée, mais la visite peut toujours commencer avant son arrivée. Si elle est refusée, signalez-le d'une manière ou d'une autre par écrit.

E. – Pouvoirs des enquêteurs[134]

371. – Les enquêteurs peuvent :

1° **visiter tous les locaux professionnels**[135], à l'exception des locaux habités où s'exécute le travail (pour lesquels l'autorisation des habitants est alors nécessaire)[136] ;

2° **examiner l'ensemble des documents** imposés par la législation du travail (livres, registres, etc.)[137] ;

3° dans le cadre d'un contrôle portant sur l'infraction de travail dissimulé, **prendre copie des documents utiles au contrôle**[138] (immatriculations, déclarations et formalités d'embauche de salariés, attestations d'assurance, devis, bons de commande, factures et documents commerciaux pour lutter contre le recours aux services de personnes exerçant un travail dissimulé).

Dans le cadre d'un contrôle portant sur le respect des dispositions relatives aux discriminations, à l'égalité professionnelle et au droit syndical, **se faire communiquer tout document ou tout élément utile à son contrôle** (immatriculations, déclarations et formalités d'embauche de salariés…)[139].

Aucun texte ne fixant les conditions de la réquisition faite par l'inspecteur ou le contrôleur du travail, celle-ci peut être verbale ;

4° **procéder à des prélèvements** pour analyse de tout produit présent dans l'entreprise[140] (vérification des substances, préparations dangereuses, etc.), sous réserve d'informer l'entreprise du prélèvement effectué ;

5° **interroger l'employeur ou le personnel** de l'entreprise sur toute question relative à l'application du droit du travail. La personne interrogée est tenue de répondre ;

(132) L'article L. 8114-1 du Code du travail sanctionne le délit d'obstacle à contrôle d'un an d'emprisonnement et/ou d'une amende de 37 500 € (peines doublées en cas de récidive). Ces dispositions sanctionnent également le fait de donner sciemment de fausses informations, de s'opposer à la remise des justificatifs demandés ou à l'audition de témoins. Les sociétés (personnes morales) encourent une amende cinq fois supérieure.

(133) Néanmoins, dans un arrêt récent du 5 mars 2024, la Chambre criminelle a précisé que le fait qu'un droit ne soit pas explicitement prévu par le code de procédure pénale ne permet pas pour autant de l'exclure. Cette motivation pourrait permettre de consacrer implicitement la présence d'un avocat au cours d'une perquisition pénale (Cass, Crim, 5 mars 2024, n°23-80.229).

(134) C. trav., art. L. 8113-1 à L. 8113-11 et R. 8113-1 à R. 8113-8.

(135) C. trav., art. L. 8113-1, al. 1er. Les locaux professionnels s'entendent des locaux qui constituent des lieux de travail ainsi que des parties de l'entreprise ouvertes à la clientèle. Il peut également s'agir des locaux annexes tels que les vestiaires, la cantine.

(136) C. trav., art. L. 8113-1, al. 2 et 3.

(137) C. trav., art. L. 8113-4.

(138) C. trav., art. L. 8271-6-2 et s.

(139) C. trav., art. L. 8113-5.

(140) C. trav., art. L. 8113-3.

→ Conseils pratiques

• Ne pas tenter de répondre aux questions auxquelles on n'a pas la réponse.

• Fournir des réponses factuelles et synthétiques, sans donner d'avis personnel.

• Ne pas confirmer ou nier les hypothèses émises par l'inspecteur ou le contrôleur du travail.

6° **prescrire[141] une vérification,** par un organisme agréé, de la conformité des machines, équipements, installations…

F. – Limites des pouvoirs des enquêteurs

372. – Les enquêteurs ne peuvent pas :

1° fouiller les locaux de l'entreprise et saisir les documents non remis par l'entreprise ;

2° consulter ou emporter les correspondances entre la société et ses avocats, car elles sont confidentielles (NB : Le projet de texte[142] prévoyant une protection des avis juridiques des juristes d'entreprise ne connaît de restriction qu'en matière pénale et fiscale. La protection, si le texte entre un jour en vigueur, aura donc vocation à s'appliquer ici) ;

3° avoir accès[143] aux informations/zones classifiées « Secret-Défense »[144].

G. – À l'issue de la visite

373. – L'inspecteur ou le contrôleur du travail apprécie la gravité des faits constatés et décide :

– soit de notifier de simples avertissements ou conseils à l'entreprise ;

– soit de notifier une mise en demeure écrite[145] ;

– soit de dresser un procès-verbal de constatation d'infraction[146], adressé au préfet et au procureur de la République[147] qui décidera de l'opportunité d'engager des poursuites judiciaires contre l'entreprise et/ou son dirigeant.

(141) Cet acte est susceptible de recours.

(142) Au moment de l'édition de cet ouvrage, le projet de texte était en cours d'examen par l'Assemblée nationale et le Sénat. Il avait été voté en première lecture avant que l'Assemblée nationale ne soit dissoute au mois de juin 2024.

(143) Sauf nécessité et autorisation de l'autorité ayant procédé à la classification.

(144) Tout niveau : « Très Secret-Défense », « Secret-Défense » ou « Confidentiel-Défense ».

(145) C. trav., art. L. 8113-9, R. 8113-4 et R. 8113-5. La mise en demeure est susceptible de recours dans un délai de quinze jours maximum, ainsi que d'un recours contentieux dans les deux mois.

(146) C. trav., art. L. 8113-7 et Instr. technique DAGEMO/MICAPCOR n° 2002-03, 28 mars 2002 concernant les procès-verbaux de l'inspection du travail. La procédure de mise en demeure préalable au procès-verbal n'est obligatoire que dans les cas où les dispositions au regard desquelles l'infraction est constatée l'ont prévue expressément.

(147) Le procès-verbal n'est en principe pas envoyé à l'entreprise, sauf pour les infractions en matière de durée du travail.

FICHE PRATIQUE 15 URSSAF[148]

A. – Généralités

374. – **Textes applicables.** Articles L. 243-7 et L. 243-11 du Code de la sécurité sociale.

375. – **Pourquoi ?** Contrôler les déclarations sociales effectuées par les employeurs et le paiement des cotisations qui en découle.

376. – **Comment ?** Contrôle sur pièces[149] ou sur place[150], après information préalable de l'employeur.

Tout contrôle, sauf celui portant sur la recherche d'infractions liées au travail dissimulé, doit être précédé de l'envoi d'un avis recommandé avec accusé de réception[151] dans les trente jours précédant le contrôle[152].

Cet avis doit obligatoirement préciser :

– la possibilité pour l'employeur de se faire assister d'un conseil ;

– la présentation à l'employeur, dès le début du contrôle, d'un document sur la procédure de contrôle et les droits dont il dispose pendant son déroulement et à son issue, en précisant l'adresse électronique où ce document est consultable[153].

L'absence d'information préalable entraîne la nullité des opérations de contrôle[154].

377. – **Qui se présente ?** Un inspecteur ou un contrôleur du recouvrement de l'URSSAF assermenté et agréé[155], éventuellement accompagné de collègues non encore assermentés et agréés[156].

378. – **Quand ?** Concernant la date du contrôle, aucun délai légal n'est prévu entre la présentation de l'avis de passage et le contrôle.

Concernant l'heure du contrôle, l'inspecteur peut intervenir à toute heure, dès lors que des salariés sont présents ou que la présence de salariés est soupçonnée[157].

(148) Union de recouvrement des cotisations de sécurité sociale et d'allocations familiales.

(149) L'URSSAF peut réaliser, dans ses locaux, à partir des éléments dont elle dispose et de ceux qu'elle demande, des contrôles sur pièces portant sur les obligations déclaratives et de paiement. Cette procédure simplifiée ne concerne que les employeurs et travailleurs indépendants occupant neuf salariés au plus au 31 décembre de l'année qui précède celle du contrôle. Le contrôle sur pièces ne peut être mis en œuvre qu'avec l'accord exprès du cotisant (C. trav., art. R. 243-59-3 et Circ. ACOSS n° 2007-79, 25 mai 2007). Les garanties procédurales de l'article R. 243-59 du Code de la sécurité sociale doivent être respectées (Circ. ACOSS n° 2007-107, 27 juill. 2007).

(150) Le contrôle sur place est effectué quel que soit l'effectif de l'entreprise. Il fait l'objet de la présente fiche.

(151) CSS, art. R. 243-59, al. 1er.

(152) Circ. ACOSS n° 1999-82, 16 juill. 1999 ; CSS, art. R. 243-59.

(153) Article R. 243-59.

(154) La charge de la preuve incombe à l'inspecteur de l'URSSAF.

(155) CSS, art. L. 243-7.

(156) Le fait qu'un agent soit accompagné d'un inspecteur non encore assermenté et agréé ne remet pas en cause la validité du contrôle (Cass. soc., 31 oct. 2000, n° 99-13.322).

(157) Dans l'hypothèse du travail dissimulé, la recherche de la présence éventuelle de salariés est l'objet même du contrôle. Le fait qu'il n'y ait dans l'entreprise, au moment du contrôle, ni l'employeur, ni aucun salarié nécessite de la part de l'URSSAF de prouver comment le caractère contradictoire du contrôle a pu être respecté (Cass. soc., 10 juin 2003, n° 01-20.850).

→ Conseils pratiques

À l'arrivée de l'URSSAF :

- garder son calme et rester courtois ;
- demander à l'inspecteur sa carte professionnelle[158] ;
- noter son identité, sa fonction, son service, et l'heure de son arrivée ;
- prendre des notes tout au long du contrôle : noter le déroulement des opérations, sans commentaire personnel ;
- prévenir la direction des ressources humaines et le cabinet d'avocats[159].

B. – Qui doit être présent ?

379. – L'inspecteur est en droit d'effectuer seul son contrôle : la présence d'un représentant de l'entreprise n'est pas obligatoire[160].

→ Conseil pratique

• Il est toutefois nécessaire qu'un responsable de l'entreprise assiste aux opérations, de manière à ce qu'il puisse exposer ses explications et faire respecter le caractère contradictoire de la procédure.

C. – Refuser la visite ?

380. – Ne pas s'opposer à la visite, sous peine de sanction[161].

D. – Peut-on être assisté d'un avocat ?

381. – L'entreprise peut être assistée d'un avocat.

E. – Pouvoirs de l'inspecteur

382. – L'inspecteur peut :

1° **visiter** tous les locaux professionnels susceptibles d'être concernés par la recherche d'infractions en matière de travail dissimulé ;

(158) Ou toute autre pièce justificative de sa fonction et de sa mission.

(159) Pendant le contrôle sur place, l'employeur a le droit de se faire assister par le conseil de son choix (CSS, art. R. 243-59, al. 2). Il doit être fait mention de ce droit dans l'avis préalable au contrôle et dans la lettre d'observations remise par l'inspecteur à l'issue de sa vérification.

(160) Cass. soc., 7 nov. 1997, n° 95-15.148.

(161) Sous peine de six mois d'emprisonnement et/ou d'une amende de 7 500 € pour délit d'obstacle (CSS, art. L. 243-12-1, peines doublées en cas de récidive). Le fait de donner sciemment de fausses informations, de s'opposer à la remise des justificatifs demandés, ou à l'audition de témoins est également sanctionné au titre du délit d'obstacle. Les sociétés (personnes morales) encourent une amende cinq fois supérieure.

→ Conseils pratiques

• Garder son calme et rester courtois.

• Accompagner les inspecteurs partout dans l'entreprise, ne pas les laisser seuls.

• Prendre des notes au cours de la visite, sans commentaire personnel.

• Ne détruire ou dissimuler aucun document.

2° **examiner** tous les documents nécessaires au contrôle[162] et obtenir copie immédiate des documents permettant la recherche et la constatation d'infractions relatives au travail dissimulé[163].

Sont essentiellement concernés les documents permettant de déterminer les sommes soumises à cotisations tels que les doubles des bulletins de paie[164], les registres obligatoires, la déclaration annuelle des données sociales (DADS), les relevés de frais professionnels[165]…

En aucun cas, les inspecteurs n'ont la possibilité de rechercher eux-mêmes les documents ni de s'en saisir sans l'accord de l'employeur. De telles irrégularités entraînent la nullité du contrôle et du redressement qui s'ensuit ;

3° **interroger l'employeur ou le personnel.** Les contrôleurs peuvent interroger toute personne rémunérée pour connaître son nom, son adresse, la nature de l'activité exercée et le montant de la rémunération correspondante, y compris les avantages en nature[166]. Ils peuvent également procéder à l'audition de toute personne ayant reçu de l'employeur une rémunération sous forme d'honoraires[167].

Les inspecteurs de l'URSSAF peuvent également entendre des personnes étrangères à l'entreprise lorsqu'elles sont les seules à avoir accès aux informations nécessaires à l'exercice du contrôle[168].

L'audition ne peut se faire que dans l'entreprise ou sur les lieux de travail. À défaut, le contrôle est nul[169].

→ Conseils pratiques

• La personne interrogée est tenue de répondre.

• Ne pas tenter de répondre aux questions auxquelles on n'a pas la réponse.

• Fournir des réponses factuelles et synthétiques, sans donner d'avis personnel.

• Ne pas confirmer ou nier les hypothèses émises par l'inspecteur.

• Il est préférable que le responsable assiste aux auditions.

• L'inspecteur peut procéder à cet interrogatoire seul ou en présence de témoins.

(162) CSS, art. R. 243-59, al. 3.
(163) C. trav., art. L. 8271-9.
(164) CSS, art. L. 243-12.
(165) L'ACOSS édite un guide des pièces justificatives susceptibles d'être demandées à l'employeur : www.urssaf.fr.
(166) Selon l'administration, cette possibilité concerne également les anciens salariés de l'entreprise (Rép. min. Cavaillet, Sénat, 17 avr. 1970, p. 2136, n° 9192).
(167) CSS, art. R. 243-59, al. 4.
(168) Cass. 2e civ., 22 févr. 2005, n° 03-30.442.
(169) Cass. soc., 28 nov. 1991, n° 89-11.287.

F. – Limites des pouvoirs de l'inspecteur

383. – L'inspecteur ne peut pas :

1° fouiller les locaux et saisir des documents non remis par l'entreprise ;

2° demander la communication de documents sans rapport avec l'enquête ou manifestement inutiles à celle-ci ;

3° consulter ou emporter les correspondances entre la société et ses avocats, car elles sont confidentielles (le projet de texte[170] prévoyant une protection des avis juridiques des juristes d'entreprise ne connaît de restriction qu'en matière pénale et fiscale. La protection, si le texte entre un jour en vigueur, aura donc vocation à s'appliquer ici) ;

4° avoir accès[171] aux informations/zones classifiées « Secret-Défense »[172] ;

5° sauf exception, procéder à un nouveau contrôle portant, pour une même période, sur les points déjà vérifiés[173].

G. – À l'issue de la visite

384. – Communication à l'employeur. À l'issue du contrôle[174], l'inspecteur adresse par courrier recommandé avec demande d'avis de réception ou remis en main propre[175] un document daté et signé par lui[176] appelé « la lettre d'observations ».

La lettre d'observations mentionne l'objet du contrôle, les documents consultés[177], la période vérifiée et la date de la fin du contrôle. Par ailleurs, elle doit indiquer la nature, le mode de calcul et le montant des redressements envisagés.

L'employeur a trente jours pour répondre aux observations faites par le contrôleur par lettre recommandée avec demande d'avis de réception[178]. En l'absence de réponse de l'employeur dans ce délai, l'URSSAF peut engager la mise en recouvrement des cotisations, majorations et pénalités de retard faisant l'objet du redressement[179].

Toutefois, le silence de l'employeur pendant le délai de trente jours ne le prive pas de la faculté d'invoquer ultérieurement, devant le juge, l'insuffisance des observations de l'URSSAF[180].

Lorsque la personne contrôlée répond avant la fin du délai imparti, l'agent chargé du contrôle est tenu de répondre. Chaque observation exprimée de manière circons-

(170) Au moment de l'édition de cet ouvrage, le projet de texte était en cours d'examen par l'Assemblée nationale et le Sénat. Il avait été voté en première lecture avant que l'Assemblée nationale ne soit dissoute au mois de juin 2024.

(171) Sauf nécessité et autorisation de l'autorité ayant procédé à la classification.

(172) Tout niveau : « Très Secret-Défense », « Secret-Défense » ou « Confidentiel-Défense ».

(173) CSS, art. L. 243-12-4.

(174) La Cour de cassation a confirmé que la communication des observations n'est soumise à aucun délai (Cass. soc., 11 juill. 2005, n° 03-20.898).

(175) Circ. ACOSS n° 1999-82, 16 juill. 1999.

(176) L'administration préconise d'intituler ce document « lettre d'observations » et de faire référence au 4e alinéa de l'article R. 243-59 du Code de la sécurité sociale sur la possibilité d'interroger les salariés (Circ. DSS n° 99/726, 30 déc. 1999).

(177) Compte tenu de la diversité des documents consultés au cours du contrôle et de leur volume, il n'est pas envisageable d'en dresser une liste exhaustive. Toutefois, il est impératif que l'inspecteur apporte la plus grande précision à cette énumération afin que, lors d'un contrôle ultérieur, soient garantis à la fois les droits du cotisant et ceux de l'URSSAF en matière d'accord tacite.

(178) CSS, art. R. 243-59, al. 5.

(179) CSS, art. R. 243-59, al. 6.

(180) Cass. 2e civ., 9 févr. 2006, n° 04-30.535.

tanciée par la personne contrôlée fait l'objet d'une réponse motivée. Cette réponse détaille, par motif de redressement, les montants qui, le cas échéant, ne sont pas retenus et les redressements qui demeurent envisagés[181].

La réponse de l'URSSAF ne peut intervenir qu'après le délai de trente jours[182].

385. – À l'issue du délai de trente jours, le contrôleur transmet à l'URSSAF un procès-verbal faisant état de ses observations, accompagné le cas échéant de la réponse de l'employeur[183].

Les informations relatives aux cotisations d'assurance chômage et/ou garantie des salaires (AGS) figurant sur le procès-verbal de contrôle sont adressées aux institutions qui assurent la mise en recouvrement des cotisations les concernant, chiffrées lors du contrôle URSSAF[184].

S'il s'agit d'infractions sanctionnées pénalement, le procès-verbal est adressé au procureur de la République, qui décidera de l'opportunité d'engager des poursuites judiciaires contre l'entreprise[185].

Un schéma simplifié des procédures de contrôle et de recouvrement se trouve ci-après.

Pour en savoir plus :

- www.urssaf.fr

(181) CSS, art. R. 243-59, al. 7.
(182) Circ. ACOSS n° 2000-21, 17 févr. 2000.
(183) CSS, art. R. 243-59, al. 8.
(184) Les mises en recouvrement appartiennent à chaque organisme (URSSAF et institutions d'assurance chômage).
(185) CSS, art. L. 243-7.

Schéma simplifié des procédures de contrôle et de recouvrement URSSAF

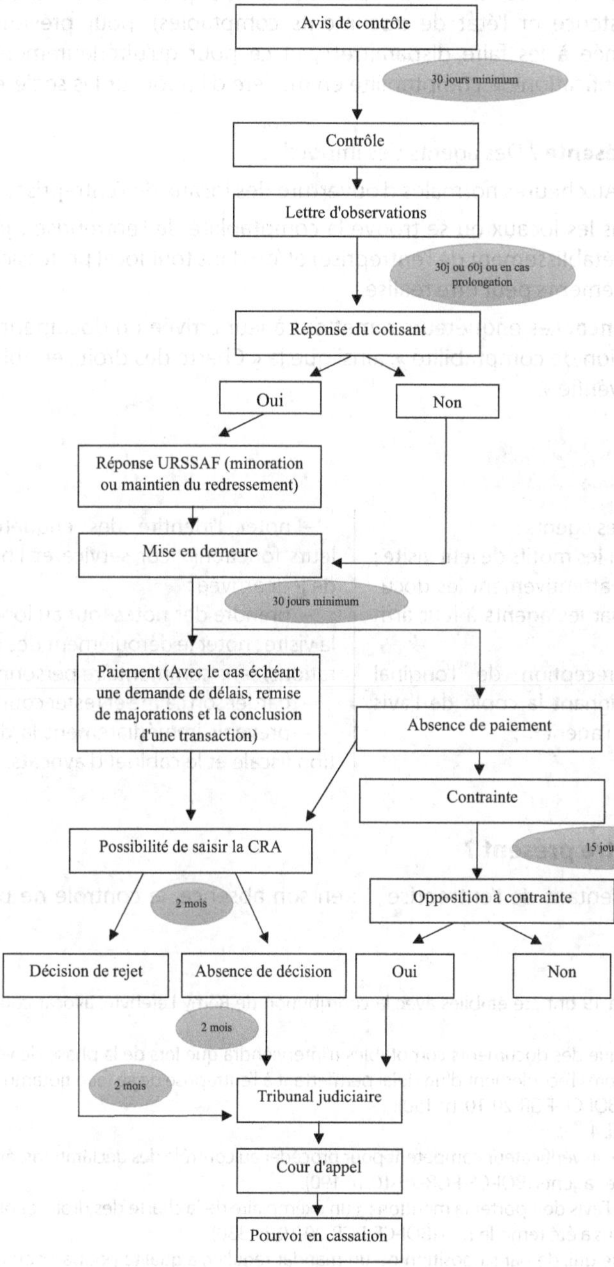

FICHE PRATIQUE 16 **ADMINISTRATION FISCALE : LE CONTRÔLE INOPINÉ**[186]

A. – Généralités

386. – Textes applicables. Articles L. 10 à L. 80E du livre des procédures fiscales.

387. – Pourquoi ? Inventorier les différents documents/pièces de comptabilité (et notamment l'existence et l'état de documents comptables), pour prévenir toute manœuvre destinée à les faire disparaître[187], et ce pour qu'ultérieurement il soit procédé à une vérification de comptabilité en matière d'impôt sur les sociétés et/ou de TVA[188].

388. – Qui se présente ? Des agents des impôts[189].

389. – Quand ? Aux heures normales d'ouverture des locaux de l'entreprise.

390. – Où ? Dans les locaux où se trouve la comptabilité de l'entreprise (généralement le principal établissement de l'entreprise) et/ou dans tout local professionnel où l'inventaire des éléments peut être réalisé.

391. – Ordonnance. Les enquêteurs remettent à leur arrivée un document intitulé « avis de vérification de comptabilité », ainsi que la « Charte des droits et obligations du contribuable vérifié ».

→ Conseils pratiques

À l'arrivée des agents :
- demander les motifs de leur visite ;
- examiner attentivement les documents remis par les agents à leur arrivée ;
- accuser réception de l'original de l'avis, en signant la copie de l'avis conservée par l'agent[190] ;
- noter l'identité des enquêteurs, leurs fonctions, leur service et l'heure de leur arrivée ;
- prendre des notes tout au long de la visite : noter le déroulement des opérations, sans commentaire personnel ;
- garder son calme et rester courtois ;
- prévenir immédiatement la direction fiscale et le cabinet d'avocats.

B. – Qui doit être présent ?

392. – Le représentant de l'entreprise[191] : en son absence, le contrôle ne peut pas avoir lieu.

(186) Les fiches 16 à 19 ont été établies avec la contribution de Rémy Lefebvre, avocat counsel chez Clifford Chance.
(187) L'examen critique des documents comptables n'interviendra que lors de la phase de vérification proprement dite, après l'écoulement d'un délai permettant à l'entreprise de se faire notamment assister par un conseil (BOI-CF-PGR-20-10, n° 150).
(188) LPF, art. L. 47, al. 4.
(189) En l'occurrence un vérificateur compétent pour procéder au contrôle des déclarations, éventuellement assisté d'autres agents (BOI-CF-PGR-20-10, n° 190).
(190) Cette copie de l'avis doit porter la mention : « un exemplaire de la charte des droits et obligations du contribuable vous a été remis le … » (BOI-CF-PGR-20-10, n° 330).
(191) Toute personne qui, de par sa position ou un mandat régulier, a qualité pour agir au nom de la société.

C. – Refuser la visite ?

393. – Ne pas s'opposer au contrôle, sous peine de sanctions[192].

D. – Peut-on être assisté d'un avocat ?

394. – La présence d'un avocat est possible, mais la visite peut commencer sans lui.

E. – Pouvoirs des agents

395. – Les agents peuvent :

1° constater l'existence des documents comptables et consulter les factures ;

2° faire l'inventaire des stocks et autres moyens de production ;

3° effectuer un relevé des prix pratiqués ;

4° demander des explications leur permettant de réaliser le contrôle (notamment la localisation des dossiers) ;

5° réaliser et emporter des copies des fichiers informatiques concourant directement ou indirectement à la formation des résultats comptables ou fiscaux et à l'élaboration des déclarations rendues obligatoires par le CGI (Article L. 47A, III du CGI) : les agents peuvent réaliser deux copies de ces fichiers, qui doivent être mises sous scellés. Une copie est confiée à l'entreprise, la deuxième étant conservée par l'administration. L'administration exploitera la copie qu'elle aura conservée uniquement en cas d'altération des scellés de la copie confiée à l'entreprise[193] ;

→ Conseils pratiques

• Ne pas laisser les enquêteurs se déplacer seuls dans l'entreprise. Les accompagner partout.

• Prendre des notes au cours de la visite.

• Ne détruire ou dissimuler aucun document.

F. – Limites des pouvoirs des agents

396. – Les agents ne peuvent pas :

1° **fouiller les locaux de l'entreprise et emporter des documents** (ni originaux, ni copies), sauf en ce qui concerne les fichiers informatiques ;

2° **procéder à un examen critique des documents :** aucune disposition ne leur permet d'interroger le personnel, ni le représentant de l'entreprise sur le contenu des documents ;

(192) Conformément à l'article 1746 du Code général des impôts, une amende de 25 000 € pour opposition à fonctions, ainsi qu'une peine d'emprisonnement de six mois en cas de récidive, peuvent être prononcées. Les personnes morales encourent une amende cinq fois supérieure (C. pén., art. 131-38). Par ailleurs, une évaluation d'office des bases d'imposition de l'entreprise, et éventuellement des pénalités sur les suppléments de droit, notamment une majoration de 100 %, pourront s'appliquer si les faits caractérisent une opposition à contrôle fiscal (BOI-CF-PGR-20-10, n° 210).

(193) LPF, art. L. 47 A.

3° consulter ou emporter les correspondances entre la société et ses avocats, car elles sont confidentielles (le projet de texte[194] prévoyant une protection des avis juridiques des juristes d'entreprise ne connaît de restriction qu'en matière pénale et fiscale. La protection, si le texte entrer un jour en vigueur, n'aura donc pas vocation à s'appliquer ici ;

4° avoir accès[195] aux informations/zones classifiées « Secret-Défense »[196].

G. – À l'issue de la visite

397. – Les agents établissent sur-le-champ un **état contradictoire**[197] qui :

- mentionne leurs noms et qualités, les lieux du contrôle, les constats effectués ;
- est dressé en double exemplaire ;
- est signé par le représentant de l'entreprise.

→ Conseils pratiques

• Relire attentivement l'état contradictoire et le faire relire par l'avocat si celui-ci est présent.

• Si le document ne décrit pas correctement le contrôle, vous pouvez proposer les modifications qui vous semblent légitimes et nécessaires, ou émettre des réserves. Ces réserves peuvent être ajoutées par les enquêteurs au PV ou faire l'objet d'une note à part pouvant être annexée au PV à la demande de l'entreprise. Si vous rencontrez des difficultés lors de l'établissement des réserves, ne pas hésiter à écrire au procureur pour acter les difficultés rencontrées.

• Si l'état contradictoire n'est pas conforme au déroulement du contrôle, vous pouvez refuser de le signer[198]. Le refus de signer n'affecte pas la validité du document.

• Conserver un exemplaire de l'état contradictoire.

(194) Au moment de l'édition de cet ouvrage, le projet de texte était en cours d'examen par l'Assemblée nationale et le Sénat. Il avait été voté en première lecture avant que l'Assemblée nationale ne soit dissoute au mois de juin 2024.

(195) Sauf nécessité et autorisation de l'autorité ayant procédé à la classification.

(196) Tout niveau : « Très Secret-Défense », « Secret-Défense » ou « Confidentiel-Défense ».

(197) BOI-CF-PGR-20-10, n° 200.

(198) La mention du refus est portée sur les deux exemplaires.

FICHE PRATIQUE 17 **ADMINISTRATION FISCALE : LE DROIT D'ENQUÊTE**

A. – Généralités

398. – Textes applicables. Articles L. 80F à L. 80J du livre des procédures fiscales.

399. – Pourquoi ? Rechercher les manquements aux règles de facturation auxquelles l'entreprise est soumise en matière de TVA (absence de facturation, mentions incomplètes ou erronées sur les factures…)[199].

400. – Qui se présente ? Des agents des impôts, assistés éventuellement par d'autres agents.

401. – Quand ? De 8 heures à 20 heures et durant les heures d'activité professionnelle[200].

402. – Où ? Dans tous les établissements de l'entreprise (y compris terrains, entrepôts et moyens de transport à usage professionnel) ou, sur convocation, dans les bureaux de l'administration[201].

403. – Ordonnance. Les enquêteurs remettent à leur arrivée un document intitulé « avis d'enquête »[202].

→ Conseils pratiques

À l'arrivée des agents :

- examiner le document remis par les agents des impôts à leur arrivée ;
- conserver le cas échéant l'original des documents remis ;
- accuser réception de l'original de l'avis, en signant la copie de l'avis conservée par l'agent ;
- noter l'identité des enquêteurs, leurs fonctions, leur service et l'heure de leur arrivée ;
- demander les motifs de leur visite ;
- prendre des notes tout au long de la visite : noter le déroulement des opérations, sans commentaire personnel ;
- garder son calme et rester courtois ;
- prévenir immédiatement la direction fiscale et le cabinet d'avocats.

B. – Qui doit être présent ?

404. – Les agents ne sont pas tenus d'attendre qu'un représentant de l'entreprise[203] arrive sur les lieux[204].

(199) LPF, art. L. 80F, al. 1er ; BOI-CF-COM-20-10, n° 1.

(200) LPF, art. L. 80F, al. 3 ; BOI-CF-COM-20-10, n° 200. Les agents peuvent procéder à plusieurs interventions successives dans l'entreprise.

(201) LPF, art. L. 80F, al. 5 ; BOI-CF-COM-20-10, n° 190.

(202) LPF, art. L. 80G. V. égal. BOI-CF-COM-20-10, n° 180.

(203) Toute personne qui, de par sa position ou un mandat régulier, a qualité pour agir au nom de la société.

(204) Dans ce cas, les agents remettent l'avis d'enquête à la personne qui les reçoit (par ex., un salarié) et dressent un procès-verbal signé par cette personne à l'issue de l'intervention (LPF, art. L. 80G et BOI-CF-COM-20-10, n° 220).

C. – Refuser l'intervention ?

405. – Ne pas s'opposer à l'intervention, sous peine de sanctions[205].

D. – Peut-on être assisté d'un avocat ?

406. – Un avocat peut assister à l'enquête, mais la visite peut débuter avant son arrivée.

E. – Pouvoirs des agents[206]

407. – Les agents peuvent :

1° se faire présenter les factures ou tout document en tenant lieu, la comptabilité, les livres, les registres ainsi que les documents professionnels pouvant se rapporter à des opérations ayant donné lieu ou qui auraient dû donner lieu à facturation ainsi que toute documentation relative aux contrôles internes effectués par l'entreprise sur les règles de facturation éléctronique. Si ces contrôles internes sont effectués sous forme électronique, les agents sont en droit d'obtenir sous cette forme les élements demandés et d'en obtenir copie par tout moyen et sur tout support ;

2° procéder à des constatations matérielles et à des inventaires ;

→ Conseil pratique

• Ne pas laisser les enquêteurs se déplacer seuls dans l'entreprise. Les accompagner partout.

3° interroger toute personne présente sur place, y compris le personnel, qui est tenu de répondre. Un compte-rendu d'audition est alors établi par l'enquêteur et signé par la personne entendue.

→ Conseils pratiques

• Ne pas tenter de répondre aux questions auxquelles on n'a pas la réponse.

• Fournir des réponses factuelles et synthétiques, sans donner d'avis personnel.

• Ne répondre qu'à la question posée, sans digression.

• Si le compte-rendu d'audition n'est pas conforme au déroulement de l'audition, la personne entendue peut proposer des modifications, émettre des réserves, voire refuser de le signer[207]. Ces réserves peuvent être ajoutées par les enquêteurs au PV ou faire l'objet d'une note à part pouvant être annexée au PV à la demande de l'entreprise.

(205) Conformément à l'article 1746 du Code général des impôts, une amende fiscale de 25 000 € pour opposition à fonction, ainsi qu'une peine d'emprisonnement de six mois en cas de récidive, peuvent être prononcées. Les personnes morales encourent une amende cinq fois supérieure (C. pén., art. 131-38). Par ailleurs, une évaluation d'office des bases d'imposition de l'entreprise, et éventuellement des pénalités sur les suppléments de droit, notamment une majoration de 100 %, pourront s'appliquer si les faits caractérisent une opposition à contrôle fiscal (BOI-CF-INF-10-40-20, n° 10).

(206) LPF, art. L. 80F, al. 1er à 4 ; BOI-CF-COM-20-10, nos 260 et s.

(207) Mention en est faite au compte-rendu.

F. – Limites des pouvoirs des agents

408. - Les agents ne peuvent pas :

1° fouiller les locaux de l'entreprise et saisir des documents non remis par l'entreprise[208] ;

2° consulter ou emporter les correspondances entre la société et ses avocats, car elles sont confidentielles (le projet de texte[209] prévoyant une protection des avis juridiques des juristes d'entreprise ne connaît de restriction qu'en matière pénale et fiscale. La protection, si le texte entre un jour en vigueur, n'aura donc pas vocation à s'appliquer ici ;

3° avoir accès[210] aux informations/zones classifiées « Secret-Défense »[211].

G. – À l'issue de l'intervention

409. - L'agent dresse sur-le-champ un **procès-verbal (PV)** des opérations et y indique notamment[212] :

- son nom, qualité et service ;
- la date et l'heure de la visite ;
- les opérations effectuées et les manquements éventuellement constatés ;
- la liste des documents dont copie a été délivrée.

Le procès-verbal est signé par l'agent et le représentant de l'entreprise (ou la personne ayant accompagné l'enquêteur).

En l'absence du représentant de l'entreprise, le procès-verbal mentionne, outre la liste des documents demandés et/ou examinés, le nom de la personne à qui l'avis a été remis. Une copie du procès-verbal est remise au préposé et une autre copie est adressée sans tarder au représentant de l'entreprise (par lettre recommandée avec demande d'avis de réception).

(208) À noter que le Conseil constitutionnel a jugé que les dispositions permettant aux agents de l'administration fiscale d'effectuer des visites en tous lieux, même privés et appartenant à des tiers à la procédure, sont conformes à la Constitution, Cons. const., 11 mars 2022, n° 2021-980 QPC : *JO* 12 mars.

(209) Au moment de l'édition de cet ouvrage, le projet de texte était en cours d'examen par l'Assemblée nationale et le Sénat. Il avait été voté en première lecture avant que l'Assemblée nationale ne soit dissoute au mois de juin 2024.

(210) Sauf nécessité et autorisation de l'autorité ayant procédé à la classification.

(211) Tout niveau : « Très Secret-Défense », « Secret-Défense » ou « Confidentiel-Défense ».

(212) LPF, art. L. 80F, al. 7 ; BOI-CF-COM-20-10, n° 230.

→ Conseils pratiques

• Relire attentivement le procès-verbal et le faire relire par l'avocat si celui-ci est présent.

• Si le document ne décrit pas correctement le contrôle, vous pouvez proposer des modifications qui vous semblent légitimes et nécessaires ou émettre des réserves. Ces réserves peuvent être ajoutées par les enquêteurs au PV ou faire l'objet d'une note à part pouvant être annexée au PV à la demande de l'entreprise. Si vous rencontrez des difficultés lors de l'établissement des réserves, ne pas hésiter à écrire au procureur pour acter les difficultés rencontrées.

• Si le PV n'est pas conforme au déroulement de l'enquête, il est possible de refuser de le signer[213]. Le refus de signer n'affecte pas la validité du PV.

• Conserver une copie du PV.

410. – Dans un délai de trente jours après la dernière intervention sur place ou la dernière convocation, un procès-verbal de clôture d'enquête est dressé[214].

(213) Dans ce cas, mention du refus est faite sur le PV.
(214) LPF, art. L. 80H ; BOI-CF-COM-20-10, n° 320.

FICHE PRATIQUE 18 ADMINISTRATION FISCALE : LE DROIT DE COMMUNICATION

A. - Généralités

411. - Textes applicables. Articles L.81 et suivants du livre des procédures fiscales.

412. - Pourquoi ? Prendre connaissance de documents, notamment comptables, en vue de leur utilisation ultérieure pour recouvrer tout impôt dû par des tiers ou par l'entreprise elle-même[215].

413. - Qui se présente ? Des agents des impôts[216].

414. - Quand ? Aux heures normales d'ouverture des locaux de l'entreprise[217].

415. - Où ? Dans les locaux de l'entreprise où sont conservés les documents soumis au droit de communication[218].

416. - Les enquêteurs remettent à leur arrivée un document intitulé « avis de passage »[219].

→ Conseils pratiques

À l'arrivée des agents :

- examiner le document remis par les agents des impôts à leur arrivée ;
- conserver le cas échéant l'original des documents remis ;
- accuser réception de l'original de l'avis, en signant la copie de l'avis conservée par l'agent ;
- noter l'identité des enquêteurs, leurs fonctions, leur service et l'heure de leur arrivée ;
- demander les motifs de leur visite ;
- prendre des notes tout au long de la visite : noter le déroulement des opérations, sans commentaire personnel ;
- garder son calme et rester courtois ;
- prévenir immédiatement la direction fiscale et le cabinet d'avocats.

B. - Qui doit être présent ?

417. - Le représentant de l'entreprise[220] doit être présent.

(215) LPF, art. L. 81, al. 1er et BOI-CF-COM-10, n° 1.

(216) En principe il s'agit d'agents de la Direction générale des finances publiques et d'agents chargés du recouvrement des impôts, droits et taxes prévues par le Code général des impôts (BOI-CF-COM-10-10-20, n° 1).

(217) Aux heures normales de service des agents des impôts, sans limitation de temps pendant lequel ces derniers peuvent rester sur place, mais l'administration recommande à ses services d'exercer le droit de communication aux heures d'activité de l'entreprise (BOI-CF-COM-10-10-20, n° 70).

(218) BOI-CF-COM-10-10-20, n° 50.

(219) BOI-CF-COM-10-10-20, n° 80.

(220) Toute personne qui, de par sa position ou un mandat régulier, a qualité pour agir au nom de la société.

C. – Refuser la visite ?

418. - Ne pas s'opposer à la visite, sous peine de sanctions[221].

D. – Peut-on être assisté d'un avocat ?

419. - Un avocat peut être présent[222], mais la visite peut débuter avant son arrivée.

E. – Pouvoirs des agents

420. - Les agents peuvent :

1° **se faire présenter les documents** comptables[223], les registres de transferts d'actions, les feuilles de présence aux assemblées générales[224] ;

2° **demander des explications** leur permettant de relever les écritures comptables (notamment la localisation des dossiers) ;

3° **réaliser des copies de documents** à leurs frais[225] et les emporter (mais pas les originaux).

→ Conseil pratique

• Ne pas laisser les enquêteurs se déplacer seuls dans l'entreprise. Les accompagner partout.

F. – Limites des pouvoirs des agents

421. - Les agents ne peuvent pas :

1° fouiller les locaux de l'entreprise et saisir les documents non remis par l'entreprise ;

2° procéder à un examen critique des documents, notamment en interrogeant le personnel ou le représentant de l'entreprise ;

3° consulter ou emporter les **correspondances entre la société et ses avocats,** car elles sont confidentielles ;

(221) Conformément à l'article 1734 du Code général des impôts, une amende fiscale de 10 000 € pour refus de communication des documents comptables peut s'appliquer. En outre, si le refus est qualifié d'opposition à fonctions, une amende de 25 000 €, ainsi qu'une peine d'emprisonnement de six mois en cas de récidive, peuvent être prononcées, conformément à l'article 1746 du Code général des impôts (CGI). Les personnes morales encourent une amende cinq fois supérieure (C. pén., art. 131-38). Par ailleurs, une évaluation d'office des bases d'imposition de l'entreprise, et éventuellement des pénalités sur les suppléments de droit, notamment une majoration de 100 %, pourront s'appliquer si les faits caractérisent une opposition à contrôle fiscal (V. BOI-CF-INF-10-40-20, n° 20).

(222) BOI-CF-PGR-20-20, n° 10.

(223) Il s'agit en principe des documents comptables dont la tenue est obligatoire, par exemple le livre journal, grand-livre, livre d'inventaire, livres et documents annexes, et pièces de recettes et de dépenses (V., pour les entreprises industrielles et commerciales, BOI-CF-COM-10-20-10, n° 40).

(224) Dans le cas des sociétés, les agents peuvent en outre avoir accès aux procès-verbaux des conseils d'administration ou des conseils de surveillance et aux rapports des commissaires aux comptes (BOI-CF-COM-10-20-10, n° 100).

(225) En remboursant, le cas échéant, l'entreprise pour les frais de copie en cas d'utilisation du matériel de l'entreprise (BOI-CF-COM-10-10-40, n° 1).

4° avoir accès[226] aux informations/zones classifiées « Secret-Défense »[227].

NB : Le projet de texte[228] prévoyant une protection des avis juridiques des juristes d'entreprise ne connaît de restriction qu'en matière pénale et fiscale. La protection, si le texte entre un jour en vigueur, n'aura donc pas vocation à s'appliquer ici.

G. – À l'issue de leur intervention

422. – Les agents dressent un procès-verbal non contradictoire, qui n'est pas signé par le représentant de l'entreprise, lequel n'en reçoit pas copie.

(226) Sauf nécessité et autorisation de l'autorité ayant procédé à la classification.
(227) Tout niveau : « Très Secret-Défense », « Secret-Défense » ou « Confidentiel-Défense ».
(228) Au moment de l'édition de cet ouvrage, le projet de texte était en cours d'examen par l'Assemblée nationale et le Sénat. Il avait été voté en première lecture avant que l'Assemblée nationale ne soit dissoute au mois de juin 2024.

FICHE PRATIQUE 19

ADMINISTRATION FISCALE : LE DROIT DE VISITE ET DE SAISIE (AVEC AUTORISATION JUDICIAIRE)

A. – Généralités

423. – **Textes applicables.** Article L. 16B, I et II, du livre des procédures fiscales.

424. – **Pourquoi ?** Rechercher la preuve d'agissements frauduleux en matière d'impôt sur le revenu ou sur les bénéfices et des taxes sur le chiffre d'affaires (par ex. : achats/ventes sans facture, délivrance de factures de complaisance…), lorsqu'il existe des présomptions de tels agissements[229].

425. – **Qui se présente ?** Les agents des impôts habilités à cet effet visés dans l'ordonnance autorisant la visite (éventuellement assistés d'autres agents), accompagnés d'un officier de police judiciaire (OPJ)[230].

426. – **Quand ?** La visite doit commencer après 6 heures et avant 21 heures[231].

427. – **Où ?** En tous lieux, même privés, visés dans l'ordonnance du juge des libertés et de la détention autorisant la visite.

428. – **Ordonnance.** Les enquêteurs notifient à leur arrivée l'ordonnance rendue par le juge des libertés et de la détention[232].

→ Conseils pratiques

À l'arrivée des agents :
- examiner l'ordonnance remise par les agents à leur arrivée ;
- conserver l'original des documents remis ;
- accuser réception de l'ordonnance, en signant le procès-verbal de visite ;
- noter l'identité des enquêteurs, leurs fonctions, leur service et l'heure de leur arrivée ;
- demander les motifs de leur visite ;
- prendre des notes tout au long de la visite : noter le déroulement des opérations, sans commentaire personnel ;
- prévenir immédiatement la direction fiscale et le cabinet d'avocats.

B. – Qui doit être présent ?

429. – Un représentant de l'entreprise[233], **mais l'officier de police judiciaire n'est pas tenu de le contacter, ni d'attendre son arrivée.** En l'absence de représentant de l'entreprise, l'OPJ choisit deux témoins.

(229) LPF, art. L. 16B, I ; BOI-CF-COM-20-20, n° 20.
(230) Le juge ayant autorisé la visite peut également être présent ; BOI-CF-COM-20-20, n° 80.
(231) LPF, art. L. 16B, III, al. 1er.
(232) Conformément à l'article L. 16B, II, alinéa 16 du Livre des procédures fiscales, en l'absence du représentant de l'entreprise, l'ordonnance est notifiée, après la visite, par lettre recommandée avec demande d'avis de réception. V. égal. BOI-CF-COM-20-20, n° 110.
(233) Toute personne qui, de par sa position ou un mandat régulier, a qualité pour agir au nom de la société.

C. – Refuser la visite ?

430. – Ne pas s'opposer à la visite, sous peine de sanctions[234].

431. – L'obstacle à l'accès aux pièces ou documents sur support informatique, à leur lecture ou à leur saisie peut entraîner l'application d'une amende spécifique[235].

D. – Peut-on être assisté d'un avocat ?

432. – L'article L. 16 B II, alinéa 7 du Livre des procédures fiscales précise que l'ordonnance autorisant la visite domiciliaire doit comporter la mention de la faculté pour le contribuable de faire appel à un conseil de son choix. L'avocat sera l'interlocuteur de l'administration durant la visite si l'entreprise le désigne comme son représentant[236].

→ Conseil pratique

• Informer les agents qu'un avocat sera présent durant les opérations de visite. La visite peut cependant débuter avant son arrivée.

E. – Pouvoirs des enquêteurs

433. – Les enquêteurs peuvent :

1° **procéder à des actes courants d'investigation**, tels que réaliser des inventaires des stocks, chercher ou demander des documents ;

→ Conseils pratiques

• S'ils ne vous remettent pas une liste des documents demandés, notez bien ceux-ci.

• Si les documents/données demandés par les enquêteurs sont trop volumineux ou qu'il est nécessaire de disposer d'un temps plus long pour les réunir, expliquez-leur ces contraintes et engagez-vous à leur faire parvenir lesdits documents/données dans un délai bref.

2° fouiller les locaux de l'entreprise ;

3° **saisir des documents, y compris des originaux**[237]. La saisie peut concerner tous les documents, quel qu'en soit le support, notamment les documents informatiques ;

(234) Conformément à l'article 1746 du Code général des impôts, une amende de 25 000 € pour opposition à fonction, ainsi qu'une peine d'emprisonnement de six mois en cas de récidive, peuvent être prononcées en cas d'opposition à fonctions. Les personnes morales encourent une amende cinq fois supérieure (C. pén., art. 131-38). Par ailleurs, une évaluation d'office des bases d'imposition de l'entreprise, et éventuellement des pénalités sur les suppléments de droit, notamment une majoration de 100 %, pourront s'appliquer si les faits caractérisent une opposition à contrôle fiscal (BOI-CF-INF-10-40-20, n° 10).

(235) Jusqu'à 10 000 € ou 5 % des droits rappelés si ce montant est plus élevé (CGI, art. 1735 quater).

(236) BOI-CF-COM-20-20, n° 80.

(237) Les éléments saisis doivent être restitués dans les six mois de la visite (LPF, art. L. 16B, V, al. 2).

Le cas des boîtes de messagerie électronique professionnelle

• Les enquêteurs peuvent saisir les données électroniques (données informatiques et notamment les boîtes de messagerie électronique professionnelle et données téléphoniques).

• Si nécessaire, demander à ce que la messagerie copiée soit limitée dans le temps (copie de courriels sur une période précise, de date à date), ou ne contienne que des courriels / onglets / classeurs en rapport avec l'objet de l'enquête.

• Les enquêteurs peuvent vous opposer que ces limitations sont difficiles à réaliser techniquement et/ou que l'ensemble de la boîte de messagerie est utile à l'enquête.

• Demander à ce que les échanges avec les avocats soient exclus de la boîte copiée (car les correspondances avocat/client sont confidentielles, cf. *infra*).

4° **demander des explications** leur permettant de réaliser la visite (disposition des locaux, identité des personnes présentes, localisation des dossiers, etc.) ;

5° sur autorisation expresse du juge, donnée par tout moyen et mentionnée sur le procès-verbal dressé à l'issue de la visite[238], accéder aux coffres bancaires[239] dont l'entreprise est titulaire :

6° sur autorisation expresse du juge (dans l'ordonnance), effectuer des fouilles à corps, fouiller les sacs à main[240] ;

7° sur autorisation expresse du juge (dans l'ordonnance), recueillir des renseignements et des justifications auprès du représentant légal de l'entreprise, et lui demander à cette occasion de justifier son identité et son adresse[241].

F. – Limites des pouvoirs des enquêteurs

434. – Les enquêteurs ne peuvent pas :

1° consulter ou emporter les correspondances entre la société et ses avocats, car elles sont confidentielles[242] ;

2° avoir accès aux[243] informations/zones classifiées « Secret-Défense »[244].

NB : Le projet de texte[245] prévoyant une protection des avis juridiques des juristes d'entreprise ne connaît de restriction qu'en matière pénale et fiscale. La protection, si le texte entre un jour en vigueur, n'aura donc pas vocation à s'appliquer ici.

(238) LPF, art. L. 16B, II, al. 10. L'autorisation du juge peut être donnée par communication téléphonique, dont il est fait mention au PV relatant les opérations.

(239) L'accès à des coffres bancaires est autorisé par le juge lorsque des pièces se rapportant aux infractions recherchées sont susceptibles de se trouver dans les coffres.

(240) Cass, Com, 19 décembre 1995, n°94-10.581 et n°94-10.582 ; Cass, Com, 12 avril 2016, n°14-22.260.

(241) LPF, art. L. 16B, II, al. 6. Les agents ne sont pas autorisés à recueillir des renseignements et justifications auprès des salariés (BOI-CF-COM-20-20, n° 160). Les renseignements et justifications sont consignés dans un compte-rendu annexé au PV dressé à l'issue de la visite (BOI-CF-COM-20-20, n° 200).

(242) L'article L. 16B, III, alinéa 4 du Livre des procédures fiscales, et la doctrine administrative (BOI-CF-COM-20-20, n° 90) indiquent que l'OPJ doit veiller au respect du secret professionnel.

(243) Sauf nécessité et autorisation de l'autorité ayant procédé à la classification.

(244) Tout niveau : « Très Secret-Défense », « Secret-Défense » ou « Confidentiel-Défense ».

(245) Au moment de l'édition de cet ouvrage, le projet de texte était en cours d'examen par l'Assemblée nationale et le Sénat. Il avait été voté en première lecture avant que l'Assemblée nationale ne soit dissoute au mois de juin 2024.

G. – À l'issue de la visite

435. - Un procès-verbal (PV) est dressé sur-le-champ[246].

436. - Le procès-verbal :

– décrit le déroulement des opérations, les constatations effectuées et les déclarations spontanées ;

– mentionne le délai et la voie de recours ;

– est accompagné, le cas échéant, d'un inventaire des pièces saisies et du compte-rendu relatif aux demandes de renseignements et justifications.

437. - Le procès-verbal est signé par les agents, l'officier de police judiciaire et le représentant de l'entreprise (ou en son absence, par les deux témoins qui ont assisté à la visite).

→ Conseils pratiques

• Relire attentivement le procès-verbal.

• Si le PV n'est pas conforme au déroulement de l'enquête, il est possible d'y consigner des observations ou bien refuser de le signer[247]. Ces réserves peuvent être ajoutées par les enquêteurs au PV ou faire l'objet d'une note à part pouvant être annexée au PV à la demande de l'entreprise. En cas de difficulté ayant pu avoir lieu lors de la visite, le faire mentionner au PV sous forme de réserve. Si vous rencontrez des difficultés lors de l'établissement des réserves, ne pas hésiter à écrire au procureur pour acter les difficultés rencontrées.

• Demander une copie du PV et de l'inventaire.

H. – Voies de recours

438. - L'ordonnance autorisant la visite peut faire l'objet d'un appel devant le premier président de la cour d'appel dans un délai de quinze jours, non suspensif[248], à compter de sa notification. Cette voie de recours doit être mentionnée dans l'ordonnance.

439. - La visite elle-même est susceptible de recours devant le premier président de la cour d'appel dans un délai de quinze jours suivant la visite. Cette voie de recours doit être mentionnée dans le procès-verbal.

La décision du premier président de la cour d'appel pourra elle-même faire l'objet d'un pourvoi en cassation dans un délai de quinze jours.

(246) LPF, art. L. 16B, IV ; BOI-CF-COM-20-20, n° 120.
(247) Mention du refus est faite sur le PV.
(248) LPF, art. L. 16B, V, al. 4 ; BOI-CF-COM-20-20, n° 270.

FICHE PRATIQUE 20 **DOUANES : LE DROIT DE COMMUNICATION**[249]

A. – Généralités

440. – Texte applicable. Article 65 du Code des douanes.

441. – Pourquoi ? Obtenir tous les documents utiles se rapportant aux investigations et vérifications douanières.

442. – Qui se présente ? Des agents de l'administration des douanes[250].

443. – Quand ? Aux horaires d'ouverture de l'entreprise.

→ Conseils pratiques

À l'arrivée des agents :

– à l'arrivée des agents, il n'y a pas de document à signer ;

– vérifier et noter l'identité des agents[251] ;

– ne pas laisser les agents se déplacer seuls dans l'entreprise. Les accompagner partout ;

– prendre des notes au cours de la visite : noter le déroulement des opérations, sans commentaire personnel[252] ;

– prévenir immédiatement le cabinet d'avocats.

B. – Qui doit être présent ?

444. – L'enquête peut avoir lieu en l'absence de tout représentant de l'entreprise. Il est cependant nécessaire, en pratique, qu'un représentant de l'entreprise[253] assiste à la visite.

C. – Refuser la visite ?

445. – Ne pas s'opposer à la communication de documents, sous peine de sanction[254].

D. – Peut-on être assisté d'un avocat ?

446. – La présence de l'avocat n'est pas un droit expressément reconnu en matière douanière[255] et peut donc être refusée par les agents.

(249) Le droit de communication est régi par l'article 65 du Code des douanes.

(250) Selon l'article 65.1 et 65.2 du Code des douanes, « les agents des douanes ayant au moins le grade de contrôleur » ou « les agents des douanes de catégories C (…) sur ordre écrit d'un agent des douanes ayant au moins le grade d'inspecteur ».

(251) Carte d'identité, passeport, commission d'emploi ou carte d'agent de la Commission européenne.

(252) Les agents peuvent demander une copie des notes prises lors de l'enquête.

(253) Le représentant légal ou toute personne bénéficiant d'une délégation de pouvoir à cet effet.

(254) Sous peine d'un mois d'emprisonnement et d'une amende de 90 € à 450 € pour refus de communication (contravention douanière de cinquième classe). Les sociétés (personnes morales) encourent une amende cinq fois supérieure (C. douanes, art. 413 bis).

(255) Néanmoins, dans un arrêt récent du 5 mars 2024, la Chambre criminelle a précisé que le fait qu'un droit ne soit pas explicitement prévu par le code de procédure pénale ne permet pas pour autant de l'exclure. Cette motivation pourrait permettre de consacrer implicitement la présence d'un avocat au cours d'une perquisition pénale (Cass, Crim, 5 mars 2024, n°23-80.229).

E. – Pouvoirs des enquêteurs

447. - Les enquêteurs peuvent :

1° demander la communication de tous documents (sur tout support, y compris informatique)[256] se rapportant à l'objet de leur enquête ;

2° recueillir des documents, y compris des originaux ;

→ Conseils pratiques

• Noter la référence des documents communiqués et/ou emportés.

• Si des originaux sont emportés, en faire des copies.

• Ne pas détruire ou dissimuler de documents.

3° poser des questions aux personnes présentes ;

→ Conseils pratiques

• Fournir des réponses factuelles et synthétiques, sans donner d'avis personnel.

• Refuser de répondre aux questions qui ne sont pas liées aux documents examinés.

• Ne pas tenter de répondre aux questions dont on n'a pas la réponse. S'il n'est pas possible de répondre avec certitude, proposer aux agents de leur fournir ultérieurement les informations requises par écrit.

• Ne pas confirmer ou nier les hypothèses émises par les agents.

4° en cas de flagrant délit, procéder à la « retenue » de suspects pendant vingt-quatre heures (renouvelable sur autorisation du procureur de la République). Lorsque les personnes retenues sont placées en garde à vue au terme de la retenue, la durée de celle-ci s'impute sur la durée de la garde à vue.

F. – Limites des pouvoirs des enquêteurs

448. - Les enquêteurs ne peuvent pas :

1° fouiller les locaux de l'entreprise pour rechercher eux-mêmes et saisir les documents : ils ne peuvent que les demander ;

2° consulter ou emporter les correspondances entre la société et ses avocats, car elles sont confidentielles[257] ;

3° avoir accès[258] aux informations/zones classifiées « Secret-Défense »[259].

(256) L'ensemble des livres, registres, notes et pièces justificatives de comptabilité, registres, factures, correspondances, copies de lettres, etc., relatifs à l'activité professionnelle de l'entreprise.

(257) L'opposabilité du secret professionnel aux agents des douanes n'est toutefois pas clairement établie.

(258) Sauf nécessité et autorisation de l'autorité ayant procédé à la classification.

(259) Tout niveau : « Très Secret-Défense », « Secret-Défense » ou « Confidentiel-Défense ».

NB : Le projet de texte[260] prévoyant une protection des avis juridiques des juristes d'entreprise ne connaît de restriction qu'en matière pénale et fiscale. La protection, si le texte entre un jour en vigueur, aura donc vocation à s'appliquer ici.

G. – À l'issue de la visite

449. – Les agents dressent un **procès-verbal (PV)** et en remettent une copie à l'entreprise.

→ Conseils pratiques

- Relire attentivement le procès-verbal et rectifier toute inexactitude.
- En cas de désaccord sur le compte-rendu des opérations, le mentionner dans la rubrique « Déclaration de la personne intéressée » figurant à la fin du PV.
- À l'issue de l'enquête, vérifier les notes prises, et le cas échéant, adresser tout complément d'information nécessaire aux agents.

(260) Au moment de l'édition de cet ouvrage, le projet de texte était en cours d'examen par l'Assemblée nationale et le Sénat. Il avait été voté en première lecture avant que l'Assemblée nationale ne soit dissoute au mois de juin 2024.

FICHE PRATIQUE 21

DOUANES : LE DROIT D'ACCÈS AUX LOCAUX ET LIEUX À USAGE PROFESSIONNEL

A. – Généralités

450. – Texte applicable. Article 63 ter du Code des douanes.

451. – Pourquoi ? Accéder aux locaux et lieux à usage professionnel, ainsi qu'aux terrains et aux entrepôts où les marchandises et documents se rapportant à la constatation d'infractions sont susceptibles d'être détenus.

452. – Qui se présente ? Des agents de l'administration des douanes.

453. – Quand ? Entre 8 heures et 20 heures[261].

→ Conseils pratiques

À l'arrivée des agents :

- à l'arrivée des agents, il n'y a pas de document à signer ;
- vérifier et noter l'identité des agents[262] ;
- vérifier également leur habilitation[263] ;
- prendre des notes au cours de l'enquête : noter le déroulement des opérations, sans commentaire personnel[264] ;
- prévenir immédiatement le cabinet d'avocats.

B. – Qui doit être présent ?

454. – L'enquête peut avoir lieu en l'absence de tout représentant de l'entreprise. Il est cependant nécessaire, en pratique, qu'un représentant de l'entreprise[265] assiste à la visite.

C. – Refuser la visite ?

455. – Le représentant de l'entreprise ne dispose pas d'un droit d'opposition à la visite. Le refus peut faire l'objet de sanctions.

D. – Peut-on être assisté d'un avocat ?

456. – La présence de l'avocat n'est pas un droit en matière douanière.

(261) La visite peut cependant avoir lieu en dehors de ces horaires quand l'accès au public est autorisé ou lorsque des activités de production, de manutention, de transport, etc., sont en cours. En cas de doute, demander aux agents d'expliquer le cadre et les limites de leurs pouvoirs et prendre note de leurs explications.

(262) Carte d'identité, passeport, commission d'emploi ou carte d'agent de la Commission européenne.

(263) Document indiquant leur appartenance aux services douaniers, l'objet de l'enquête et les lieux visités.

(264) Les agents peuvent demander une copie des notes prises lors de l'enquête.

(265) Le représentant légal ou toute personne bénéficiant d'une délégation de pouvoir à cet effet.

E. – Pouvoirs des agents

457. - Les agents peuvent :

1° procéder à la saisie de documents pour les besoins de l'enquête ou en prendre copie[266] (quel que soit le support, y compris informatique) ;

→ Conseils pratiques

• Ne pas laisser les agents se déplacer seuls dans l'entreprise. Les accompagner partout.

• Noter la référence des documents communiqués et/ou emportés.

• Si des originaux sont emportés, en faire des copies.

• Ne pas détruire ou dissimuler des documents.

2° effectuer des prélèvements d'échantillons ;

3° poser des questions aux personnes présentes ;

→ Conseils pratiques

• Fournir des réponses factuelles et synthétiques, sans donner d'avis personnel.

• Ne pas tenter de répondre aux questions dont on n'a pas la réponse. S'il n'est pas possible de répondre avec certitude, proposer aux agents de leur fournir ultérieurement les informations requises par écrit.

• Ne pas confirmer ou nier les hypothèses émises par les agents.

4° en cas de flagrant délit, procéder à la « retenue » de suspects pendant vingt-quatre heures (renouvelable sur autorisation du procureur de la République)[267].

F. – Limites des pouvoirs des agents

458. - Les agents ne peuvent pas :

1° consulter ou emporter les correspondances entre la société et ses avocats, car elles sont confidentielles[268] ;

2° avoir accès[269] aux informations/zones classifiées « Secret-Défense »[270].

(266) L'ensemble des livres, registres, notes et pièces justificatives (comptabilité, registres, factures, correspondances, copies de lettres, etc.), relatifs à l'activité professionnelle de l'entreprise (C. douanes, art. 65, 4°, *b*).

(267) C. douanes, art. 323-2.

(268) L'opposabilité du secret professionnel aux agents des douanes n'est toutefois pas clairement établie.

(269) Sauf nécessité et autorisation de l'autorité ayant procédé à la classification.

(270) Tout niveau : « Très Secret-Défense », « Secret-Défense » ou « Confidentiel-Défense ».

G. – À l'issue de la visite

459. – Les agents dressent un **procès-verbal (PV)** et en remettent une copie à l'entreprise[271].

→ Conseils pratiques

• Relire attentivement le procès-verbal et rectifier toute inexactitude.

• En cas de désaccord sur le compte-rendu des opérations, le mentionner dans la rubrique « Déclaration de la personne intéressée » figurant à la fin du PV. Si vous rencontrez des difficultés lors de l'établissement des réserves, ne pas hésiter à écrire au procureur pour acter les difficultés rencontrées.

• À l'issue de l'enquête, vérifier les notes prises et, le cas échéant, adresser tout complément d'information nécessaire aux agents.

(271) La remise de cette copie se fait dans un délai de cinq jours suivant son établissement.

FICHE PRATIQUE 22

DOUANES : LA VISITE DOMICILIAIRE ET LES SAISIES (SUR AUTORISATION JUDICIAIRE)[272]

A. – Généralités

460. – Texte applicable. Article 64 du Code des douanes.

461. – Pourquoi ? Rechercher la preuve de délits douaniers.

462. – Où ? Aux adresses des locaux mentionnés dans l'ordonnance : dans l'entreprise ou aux **domiciles privés** de toute personne visée dans l'ordonnance[273].

463. – Qui se présente ? Les agents visés dans l'ordonnance du juge des libertés et de la détention autorisant la visite (éventuellement assistés d'autres agents) et accompagnés d'un officier de police judiciaire (OPJ)[274].

464. – Quand ? La visite doit commencer après 6 heures et avant 21 heures.

465. – Ordonnance. À leur arrivée, les agents doivent notifier oralement l'ordonnance au représentant de l'entreprise[275]. Une copie intégrale de l'ordonnance sera remise à ce dernier contre récépissé ou émargement du procès-verbal[276].

→ Conseils pratiques

• Vérifier et noter l'identité des agents des douanes[277].

• Prendre des notes au cours de la visite : noter le déroulement des opérations, sans commentaire personnel[278].

• Prévenir immédiatement le cabinet d'avocats.

• Ne pas laisser les agents se déplacer seuls dans l'entreprise. Les accompagner partout.

B. – Qui doit être présent ?

466. – Un représentant de l'entreprise[279]. En l'absence de représentant de l'entreprise, l'officier de police judiciaire choisit deux témoins.

C. – Refuser la visite ?

467. – Ne pas s'opposer à la visite sous peine de sanctions[280].

(272) Les visites domiciliaires sont régies par l'article 64 du Code des douanes.
(273) À noter toutefois que l'article 60 du Code des douanes n'autorise pas la visite d'un véhicule stationné sur la voie publique ou dans un lieu accessible au public libre de tout occupant (Cass. crim., 23 févr. 2022, n° 21-85.050).
(274) Le juge ayant autorisé la visite peut également être présent.
(275) En l'absence du représentant de l'entreprise, l'ordonnance est notifiée, après la visite, par lettre recommandée avec demande d'avis de réception.
(276) Sauf en cas de flagrant délit, auquel cas une ordonnance n'est pas nécessaire.
(277) Carte d'identité, passeport, commission d'emploi ou carte d'agent de la Commission européenne.
(278) Les agents peuvent demander une copie des notes prises lors de l'enquête.
(279) Personne qui, de par sa position ou un mandat régulier, a qualité pour agir au nom de la société.
(280) S'il y a refus d'ouverture des portes, les agents des douanes peuvent les faire ouvrir en présence d'un officier de police judiciaire.

D. – Peut-on être assisté d'un avocat ?

468. - La présence d'un avocat est une faculté mentionnée dans l'ordonnance, mais la visite peut commencer avant son arrivée.

E. – Pouvoirs des agents

469. - Les agents peuvent :

1° **demander des explications** leur permettant de réaliser la perquisition : disposition des locaux, identité des personnes présentes, localisation des dossiers, etc. ;

2° **procéder à des actes courants d'investigation :** procéder à des inventaires des stocks, chercher ou demander la communication de documents, etc. ;

3° fouiller les locaux et saisir des documents[281] (sur tout support, y compris informatique), y compris des originaux ainsi que des marchandises ;

→ Conseils pratiques

• Noter la référence des documents communiqués et/ou emportés.

• Si des originaux sont emportés, en faire des copies.

• Ne pas détruire de documents.

4° **poser des questions** à la condition qu'elles se rapportent à l'objet de l'enquête (tel que défini dans l'ordonnance du juge) ;

→ Conseils pratiques

• Fournir des réponses factuelles et synthétiques, sans donner d'avis personnel.

• Refuser de répondre aux questions qui ne sont pas liées aux documents examinés.

• Ne pas tenter de répondre aux questions dont on n'a pas la réponse. S'il n'est pas possible de répondre avec certitude, proposer aux agents de leur fournir ultérieurement les informations requises par écrit.

• Ne pas confirmer ou nier les hypothèses émises par les agents.

5° **effectuer des fouilles** à corps, fouiller les sacs à main, procéder à des contrôles d'identité ;

6° sur autorisation expresse du juge (qui a rendu l'ordonnance), **accéder aux coffres** bancaires dont l'entreprise est titulaire[282] ;

(281) L'ensemble des livres, registres, notes et pièces justificatives (comptabilité, registres, factures, correspondances, copies de lettres, etc.), relatifs à l'activité professionnelle de l'entreprise.

(282) L'accès à des coffres bancaires est autorisé par le juge lorsque des pièces se rapportant aux délits recherchés sont susceptibles de se trouver dans les coffres.

7° sur autorisation expresse du juge (qui a rendu l'ordonnance), **saisir des biens et avoirs** qui se trouvent en d'autres lieux[283] ;

8° en cas de flagrant délit, procéder à la « retenue » de suspects pendant vingt-quatre heures (renouvelable sur autorisation du procureur de la République).

F. – Limites des pouvoirs des agents

470. – Les agents ne peuvent pas :

1° consulter ou emporter **les correspondances entre la société et ses avocats,** car elles sont confidentielles[284] ;

2° avoir accès[285] aux informations/zones classifiées « Secret-Défense »[286].

NB : Le projet de texte[287] prévoyant une protection des avis juridiques des juristes d'entreprise ne connaît de restriction qu'en matière pénale et fiscale. La protection, si le texte entre un jour en vigueur, aura donc vocation à s'appliquer ici.

G. – À l'issue de la visite

471. – Un **procès-verbal** est dressé sur-le-champ. Il mentionne :

- le déroulement des opérations ;
- les constatations effectuées ;
- les déclarations spontanées.

Il est accompagné, le cas échéant, d'un inventaire des pièces saisies.

→ Conseil pratique

• Demander une copie du procès-verbal et de l'inventaire.

472. – Le procès-verbal est signé par les agents, l'officier de police judiciaire et le représentant de l'entreprise (ou en son absence, par les deux témoins qui ont assisté à la visite).

(283) Cette saisie est autorisée par le juge lorsque des éléments se rapportant aux délits recherchés révèlent l'existence de biens ou avoirs susceptibles de se trouver en d'autres lieux.

(284) L'opposabilité du secret professionnel aux agents des douanes n'est toutefois pas clairement établie.

(285) Sauf nécessité et autorisation de l'autorité ayant procédé à la classification.

(286) Tout niveau : « Très Secret-Défense », « Secret-Défense » ou « Confidentiel-Défense ».

(287) Au moment de l'édition de cet ouvrage, le projet de texte était en cours d'examen par l'Assemblée nationale et le Sénat. Il avait été voté en première lecture avant que l'Assemblée nationale ne soit dissoute au mois de juin 2024.

→ Conseils pratiques

• Si le procès-verbal n'est pas conforme au déroulement de l'enquête, vous pouvez y consigner vos observations ou bien refuser de le signer[288].

• En cas de difficulté ayant pu avoir lieu lors de la visite, le faire mentionner au PV sous forme de réserve. Ces réserves peuvent être ajoutées par les enquêteurs au PV ou faire l'objet d'une note à part pouvant être annexée au PV à la demande de l'entreprise. Si vous rencontrez des difficultés lors de l'établissement des réserves, ne pas hésiter à écrire au procureur pour acter les difficultés rencontrées.

• Conserver les éléments de preuve qui pourraient démontrer le caractère erroné ou incomplet du PV.

H. – Voies de recours

473. – L'ordonnance du juge des libertés et de la détention peut faire l'objet d'un appel devant le premier président de la cour d'appel, formé dans un délai de quinze jours à compter soit de la remise, soit de la réception, soit de la signification de l'ordonnance[289]. Cet appel n'est pas suspensif.

474. – Le premier président de la cour d'appel connaît également des recours contre le déroulement des opérations de visite ou de saisie autorisées, formés dans un délai de quinze jours à compter de la remise ou de la réception soit du procès-verbal, soit de l'inventaire. Ce recours n'est pas suspensif.

475. – L'ordonnance du premier président de la cour d'appel est susceptible d'un pourvoi en cassation. Le délai du pourvoi en cassation est de quinze jours.

Pour en savoir plus :

• www.douane.gouv.fr

• Charte des contrôles douaniers : www.douane.gouv.fr/Portals/0/fichiers/data douane/publication-douane/pour-les-professionnels/charte-des-controles-douaniers.pdf

(288) Mention en est faite au PV.

(289) Le premier président de la cour d'appel peut notamment contrôler l'appréciation faite par le juge des libertés et de la détention des éléments de fait et de droit exposés dans la requête initiale de la Douane en vue d'obtenir l'autorisation de visite, V. Cass. com., 4 nov. 2021, n° 19-25.441 et sur renvoi CA Paris, 19 oct. 2022, n° 21/20715, *Easysent SAS c/ Direction Nationale du Renseignement et des Enquêtes Douanières*.

FICHE PRATIQUE 23 AGENCE NATIONALE DE SÉCURITÉ DU MÉDICAMENT ET DES PRODUITS DE SANTÉ

A. - Généralités

476. - Texte applicable. Article R. 5313-4 du Code de la santé publique.

477. - Pourquoi ? Contrôler l'application des lois et règlements relatifs aux activités et aux produits mentionnés à l'article L. 5311-1 du Code de la santé publique (CSP)[290] et constater les infractions qui s'y rattachent. Plus généralement, contrôler, dans le cadre des compétences respectives des inspecteurs, l'application des dispositions du Code de la santé publique et, sauf disposition contraire, des autres dispositions législatives et réglementaires relatives à la santé publique[291].

478. - Qui se présente ? Les inspecteurs de l'Agence nationale de sécurité du médicament et des produits de santé (ANSM), les pharmaciens ou médecins inspecteurs de santé publique, les inspecteurs des agences régionales de santé (ARS) ayant la qualité de pharmacien ou de médecin[292]. Ils peuvent être accompagnés par toute personne qualifiée, désignée par l'autorité administrative dont ils dépendent[293].

479. - Quand ? L'inspection doit commencer entre 8 heures et 20 heures[294].

480. - Où ? Les lieux dont l'inspection est décidée par le directeur général de l'ANSM[295], sur la voie publique et dans les locaux, lieux, installations et moyens de transport dans lesquels ont vocation à s'appliquer les dispositions contrôlées[296], y compris dans les lieux publics[297].

481. - Comment ? Lorsque l'inspection est décidée par le directeur général de l'ANSM, il délivre une lettre de mission à l'inspecteur responsable de l'enquête[298].

La visite peut également être à l'initiative des inspecteurs dans le cadre de leurs compétences.

Lorsque l'accès est refusé, la visite peut être autorisée par ordonnance du juge des libertés et de la détention (JLD) du tribunal judiciaire dans le ressort duquel sont situés les lieux à visiter[299].

(290) Notamment les médicaments, produits contraceptifs, dispositifs médicaux, produits cosmétiques, etc.

(291) CSP, art. L. 5313-1 et L. 1421-1.

(292) CSP, art. L. 5411-1, L. 5412-1 et L. 5413-1. Pour certains des produits mentionnés à l'article L. 5311-1 du Code de la santé publique, les agents de la concurrence, de la consommation et de la répression des fraudes, de la Direction générale des douanes et de la Direction générale des finances publiques peuvent également avoir qualité pour rechercher et constater les infractions qui s'y rattachent (CSP, art. L. 5414-1).

(293) CSP, art. L. 1421-1, al. 2.

(294) CSP, art. L. 1421-2. La visite peut également se dérouler en dehors de ces heures, lorsque l'accès au public est autorisé ou qu'une activité est en cours.

(295) CSP, art. R. 5313-2.

(296) CSP, art. L. 1421-2. Lorsque les locaux, lieux, installations et moyens de transport sont également à usage d'habitation, les contrôles ne peuvent être effectués qu'entre 8 heures et 20 heures et après autorisation du juge des libertés et de la détention (JLD).

(297) CSP, art. L. 5411-1, L. 5412-1 et L. 5413-1.

(298) CSP, art. R. 5313-2.

(299) CSP, art. L. 5311-2 et L. 1421-2-1.

Les agents de l'ANSM agissent généralement sur pouvoir propres mais peuvent, dans certaines circonstances, également être munis d'une ordonnance du juge des libertés et de la détention. Le cas échant, ils disposent de pouvoirs coercitifs leur permettant de fouiller les locaux de l'entreprise et de saisir les éléments utiles à l'enquête.

→ Conseils pratiques

• Vérifier si les agents de l'ANSM agissent en vertu d'une ordonnance du JLD ou sur pouvoir propre.

• Noter l'identité et la qualité des inspecteurs, ainsi que l'heure de leur arrivée.

• Demander les motifs de leur visite et, le cas échéant, les titres autorisant la visite :

– la lettre de mission du directeur général de l'ANSM mentionnant l'établissement ou le lieu inspecté et le nom du ou des inspecteurs de l'agence ;

– si la visite a été autorisée par ordonnance du JLD, celle-ci doit être notifiée sur place au moment de la visite à l'occupant des lieux ou son représentant[300] qui en reçoit copie. Elle comporte l'adresse des lieux à visiter, le nom et la qualité de chaque inspecteur habilité ainsi que les heures auxquelles ils sont autorisés à se présenter.

• Prévenir immédiatement le cabinet d'avocats.

• Prévenir les employés et dirigeants concernés du déroulement de la visite.

• Si les inspecteurs se déplacent, les accompagner.

B. – Qui doit être présent ?

482. - La visite doit avoir lieu en présence de l'occupant des lieux ou de son représentant. En son absence, les inspecteurs ne peuvent procéder à la visite qu'en présence de deux témoins qui ne peuvent relever de leur autorité[301].

C. – Refuser la visite ?

483. - Selon le cas :

1° en l'absence d'une ordonnance du juge des libertés et de la détention, il est difficile de s'opposer à la visite dès lors que le fait de faire obstacle aux fonctions des inspecteurs est puni d'un an d'emprisonnement et de 75 000 € d'amende[302]. Toutefois, un tel refus peut intervenir en présence d'un motif légitime et s'il est fait de bonne foi ;

2° en présence d'une ordonnance du JLD, il n'est pas possible de s'opposer à la visite. Les recours à l'encontre de l'ordonnance du JLD ne suspendent pas son exécution[303],

(300) CSP, art. L. 1421-2-1, II. En l'absence de l'occupant des lieux ou de son représentant, l'ordonnance est notifiée, après la visite, par lettre recommandée avec demande d'avis de réception et, à défaut de réception, signifiée par acte de commissaire de justice.

(301) CSP, art. L. 1421-2-1, IV.

(302) CSP, art. L. 1427-1.

(303) La suspension ou l'arrêt de la visite peut être demandé au juge qui l'a autorisée. L'ordonnance ayant autorisé la visite peut faire l'objet d'un appel devant le premier président de la cour d'appel dans un délai de quinze jours à compter de la notification de l'ordonnance. Cet appel n'est pas suspensif. L'ordonnance du premier président de la cour d'appel est susceptible d'un pourvoi en cassation dans un délai de quinze jours (CSP, art. L. 1421-2-1, III et V).

mais en cas de difficulté sérieuse, il est possible d'en référer immédiatement au JLD qui dispose du pouvoir d'interrompre ou de suspendre la mesure.

D. – Peut-on être assisté d'un avocat ?

484. - L'occupant des lieux (ou son représentant) peut se faire assister d'un avocat. Sa présence ne peut pas être refusée par les inspecteurs[304]. Il est donc important de prévenir le cabinet au plus vite.

La faculté d'être assisté d'un avocat, bien que prévue par les textes, n'est pas notifiée par les enquêteurs.

E. – Pouvoirs des inspecteurs

485. - Les inspecteurs peuvent :

1° recueillir, sur place ou sur convocation, tout renseignement, toute justification ou tout document nécessaires aux contrôles[305] ;

2° **exiger la communication de tous documents propres à faciliter l'accomplissement de leur mission** (entre quelques mains qu'ils se trouvent), en prendre copie, par tout moyen et sur tout support. Ils peuvent exiger la mise à leur disposition des moyens indispensables pour effectuer leurs vérifications.

Ils ont accès aux logiciels et aux données informatiques stockées, ainsi qu'à la restitution en clair des informations propres à faciliter l'accomplissement de leur mission et peuvent en demander la transcription par tout traitement approprié dans des documents directement utilisables pour les besoins du contrôle[306].

Les inspecteurs ayant la qualité de médecin ou de pharmacien ont accès aux données médicales individuelles dans le respect du secret professionnel[307] ;

3° **prélever des échantillons[308].** Chaque prélèvement comporte trois échantillons : l'un laissé au propriétaire ou détenteur du produit, le deuxième destiné au laboratoire pour être analysé, le troisième conservé par l'inspecteur.

Le prélèvement donne lieu à la rédaction immédiate d'un rapport ou d'un procès-verbal selon le cas[309]. Une copie est remise au propriétaire ou détenteur du produit. Une copie est également envoyée au directeur général de l'ANSM.

Le rapport d'analyses (comportant les résultats des analyses) est envoyé aux agents auteurs du rapport ou du procès-verbal et à l'ANSM. Le propriétaire ou détenteur du produit est informé des résultats d'analyse.

Si le rapport faire apparaître des faits susceptibles d'entraîner des poursuites pénales, il est transmis au procureur de la République accompagné d'un échantillon. Une expertise contradictoire peut être ordonnée[310] ;

(304) CSP, art. L. 1421-2-1, IV.
(305) CSP, art. L. 1421-3.
(306) CSP, art. L. 1421-3, al. 1er.
(307) CSP, art. L. 1421-3, al. 3 et 4.
(308) CSP, art. R. 5127-4 à R. 5127-18.
(309) CSP, art. R. 5127-5. Le rapport ou le procès-verbal comporte les mentions listées à l'article R. 5127-6 du Code de la santé publique ainsi que les informations détaillées à l'article R. 5127-7 du même code. Ces mentions peuvent être complétées par toute déclaration que le propriétaire ou détenteur du produit pourrait juger utile. Celui-ci signe le rapport ou le procès-verbal (CSP, art. R. 5127-8).
(310) CSP, art. R. 5127-20 à R. 5127-27.

→ Conseils pratiques

• Garder son calme et rester courtois.

• Accompagner les inspecteurs lorsqu'ils se déplacent dans l'entreprise. Ne pas les laisser seuls.

• Prendre des notes au cours de la visite : noter le déroulement des opérations, sans commentaire personnel.

• Ne détruire ou dissimuler aucun document.

• Ne pas contacter de tiers extérieur à la société (sauf l'avocat) pour l'informer de la visite en cours.

• Prendre note des documents recueillis par les inspecteurs.

• Si possible, prendre copie de tous les documents saisis, même si la société dispose déjà d'une copie par ailleurs.

4° **procéder à la consignation des produits présentant ou susceptibles de présenter un danger** pour la santé humaine[311]. Dans l'attente des résultats d'analyse des échantillons prélevés ou de la communication des documents demandés, ces produits sont inventoriés et laissés à la garde du détenteur[312]. Les opérations font l'objet d'un rapport dont copie est remise au détenteur ;

5° **sur autorisation du juge des libertés et de la détention, les inspecteurs[313] peuvent fouiller les locaux, saisir les documents et données nécessaires à leur enquête ainsi que des produits**. Les produits saisis sont immédiatement inventoriés. L'inventaire est annexé au procès-verbal sur les lieux.

Les originaux du procès-verbal et de l'inventaire sont transmis, dans les cinq jours qui suivent leur clôture, au juge des libertés et de la détention qui peut, à tout moment, ordonner la mainlevée de la saisie[314].

Les produits saisis sont placés sous scellés et envoyés au procureur de la République en même temps que le procès-verbal[315] ;

6° relever l'identité des personnes qu'ils contrôlent[316].

F. – Limites des pouvoirs des inspecteurs

486. – Les inspecteurs ne peuvent pas :

– consulter ou emporter les correspondances entre une société et ses avocats, car elles sont confidentielles ;

– avoir accès[317] aux informations/zones classifiées « Secret-Défense »[318].

(311) CSP, art. L. 5127-2.

(312) La mesure de consignation ne peut excéder quinze jours sauf autorisation du JLD. Attention : le fait de mettre sur le marché ou d'utiliser des produits consignés est un délit puni de deux ans d'emprisonnement et de 150 000 € d'amende (CSP, art. L. 5425-1).

(313) CSP, art. L. 5411-3, L. 5411-1, L. 5412-1 et L. 5413-1.

(314) CSP, art. L. 5411-3.

(315) Si leur envoi immédiat est impossible, les produits saisis et placés sous scellés sont laissés en dépôt à l'intéressé ou, si celui-ci refuse, dans un lieu choisi par l'auteur du procès-verbal (CSP, art. R. 5127-19).

(316) CSP, art. L. 5411-4. Lorsque la personne contrôlée refuse ou se trouve dans l'impossibilité de justifier de son identité, les inspecteurs en rendent compte immédiatement à tout officier de police judiciaire territorialement compétent, qui peut alors procéder à une vérification d'identité (dans les conditions prévues à l'article 78-3 du Code de procédure pénale).

(317) Sauf nécessité et autorisation de l'autorité ayant procédé à la classification.

(318) Tout niveau : « Très Secret-Défense », « Secret-Défense » ou « Confidentiel-Défense ».

→ Conseils pratiques

• Concernant les documents couverts par la confidentialité des correspondances entre la société et ses avocats, les inspecteurs ne peuvent ni en prendre connaissance, ni les saisir.

• En particulier, ils ne peuvent saisir l'intégralité d'un classeur ou d'une boîte e-mail sans s'assurer que les éventuelles correspondances avocats/clients pouvant y être contenues en ont été extraites.

• Il est donc possible de s'opposer à toute saisie de documents massive réalisée sans distinction si la société estime que des correspondances couvertes par la confidentialité avocat/client y sont incluses.

• Si les enquêteurs y procèdent, le faire acter au procès-verbal.

NB : Le projet de texte[319] prévoyant une protection des avis juridiques des juristes d'entreprise ne connaît de restriction qu'en matière pénale et fiscale. La protection, si le texte entre un jour en vigueur, aura donc vocation à s'appliquer ici.

G. – À l'issue de la visite

487. – Les inspecteurs dressent, selon les cas, un rapport ou un procès-verbal.

Lorsque l'inspection a été décidée par le directeur de l'ANSM (qui délivre une lettre de mission), les informations recueillies font l'objet d'un rapport transmis au directeur général de l'ANSM[320].

Ce rapport est communiqué à la personne responsable de l'établissement ou du lieu inspecté, qui peut transmettre ses observations dans un délai qui ne peut être inférieur à quinze jours[321].

Lorsque les inspecteurs relèvent un fait susceptible d'entraîner des poursuites pénales, le directeur général de l'ANSM transmet le dossier au procureur de la République[322].

Lorsque l'inspection a été effectuée dans le cadre des articles L. 1421-1 et suivants du Code de la santé publique, un procès-verbal est dressé sur-le-champ par les inspecteurs ayant procédé à la visite. Ce procès-verbal :

– relate les modalités et le déroulement de l'opération ;

– consigne les constatations effectuées ;

– est signé par les inspecteurs, ainsi que par l'occupant des lieux ou, le cas échéant, son représentant et les témoins. En cas de refus de signer, mention en est faite au procès-verbal.

L'original du procès-verbal est adressé au juge des libertés et de la détention qui a autorisé la visite dès qu'il est établi. Une copie est adressée par lettre recommandée

(319) Au moment de l'édition de cet ouvrage, le projet de texte était en cours d'examen par l'Assemblée nationale et le Sénat. Il avait été voté en première lecture avant que l'Assemblée nationale ne soit dissoute au mois de juin 2024.
(320) La forme et le contenu de ce rapport sont définis par le directeur de l'ANSM en coopération avec l'Agence européenne des médicaments (CSP, art. R. 5313-3, al. 1er).
(321) En ce qui concerne les recherches biomédicales, le rapport est tenu à la disposition du promoteur à l'exception des éléments confidentiels et peut être communiqué sur demande motivée au comité de protection des personnes concerné par la recherche (CSP, art. R. 5313-3, al. 2).
(322) CSP, art. R. 5313-3-2.

avec demande d'avis de réception à l'occupant des lieux ou à son représentant[323]. Le même document est également transmis sous cinq jours au procureur de la République[324].

→ Conseils pratiques

• Relire attentivement et intégralement le procès-verbal ou le rapport et le faire relire par l'avocat si celui-ci est présent.

• Vérifier attentivement que le PV décrit correctement la visite : si ce n'est pas le cas, vous pouvez proposer les modifications qui vous semblent nécessaires et légitimes, ou faire des réserves. Ces réserves peuvent être ajoutées par les enquêteurs au PV ou faire l'objet d'une note à part pouvant être annexée au PV à la demande de l'entreprise. En dernier ressort, il est possible de refuser de signer le PV.

• En cas de difficulté ayant pu avoir lieu lors de la visite, notamment en ce qui concerne le respect du secret professionnel et les droits de la défense, le faire mentionner au PV sous forme de réserve.

H. – Voies de recours

488. – L'ordonnance du juge des libertés et de la détention autorisant la visite domiciliaire peut faire l'objet d'un appel devant le premier président de la cour d'appel compétente dans un délai de quinze jours à compter de la notification de l'ordonnance (en pratique, cela correspond généralement au jour de la visite). L'appel n'est pas suspensif. L'ordonnance rendue sur appel par le premier président de la cour d'appel est susceptible d'un pourvoi en cassation dans un délai de quinze jours[325].

Le déroulement des opérations de visite peut également faire l'objet d'un recours devant le premier président de la cour d'appel. Ce recours doit être formé dans un délai de quinze jours à compter de la remise ou de la réception du procès-verbal. Il n'est pas suspensif. L'ordonnance du premier président de la cour d'appel est également susceptible d'un pourvoi en cassation qui doit être formé dans un délai de quinze jours[326].

Il n'existe pas de recours *stricto sensu* à l'encontre de la visite sur pouvoirs propres des inspecteurs de l'ANSM.

Pour en savoir plus :

• www.ansm.sante.fr

(323) CSP, art. L. 1421-2-1, IV.
(324) CSP, art. L. 5411-2.
(325) CSP, art. L. 1421-2-1, V.
(326) CSP, art. L. 1421-2-1, VI.

FICHE PRATIQUE 24
COMMISSION NATIONALE DE L'INFORMATIQUE ET DES LIBERTÉS[327]

A. – Généralités

489. – Textes applicables. Articles 8.12(g) et 19 de la loi n° 78-17 du 6 janvier 1978 et articles 25 à 32 du décret du 29 mai 2019 pris pour l'application de la loi (version consolidée au 11 avril 2022).

490. – Pourquoi ? Vérifier le respect par l'entreprise de ses obligations au titre de la loi n° 78-17 du 6 janvier 1978 relative à l'informatique, aux fichiers et aux libertés (telle que modifiée) et au RGPD lorsqu'elle met en œuvre des traitements de données à caractère personnel.

Les visites de la Commission nationale de l'informatique et des libertés (CNIL) peuvent être la suite de plaintes ou de réclamations de particuliers[328]. La CNIL opère également des contrôles dans des secteurs d'activité particuliers (banques, assurances, grande distribution, transport, santé)[329].

491. – Qui se présente ? Les membres de la CNIL[330] ainsi que les agents de ses services habilités[331], après information du procureur de la République territorialement compétent[332] ou après autorisation du juge des libertés et de la détention du tribunal judiciaire compétent[333].

492. – Comment ? La loi prévoit un droit d'opposition à la visite de la CNIL, qui permet à l'entreprise de refuser l'entrée des agents dans ses locaux. La décision de faire usage de ce droit doit être prise avec la direction juridique et les avocats de l'entreprise. Les enquêteurs doivent indiquer au responsable des locaux[334] (ou son représentant) le droit d'opposition à la visite dont il dispose[335].

Ce droit d'opposition disparaît si la CNIL est munie d'une ordonnance du juge des libertés et de la détention est exécutoire au seul vu de la minute[336].

493. – Quand ? Le contrôle peut commencer entre 6 heures et jusqu'à 21 heures[337].

494. – Où ? Tous les lieux, locaux, enceintes, installations ou établissements servant à la mise en œuvre d'un traitement de données à caractère personnel et qui sont à usage professionnel, à l'exclusion des parties de ceux-ci affectées au domicile privé[338].

(327) La fiche a été établie avec la contribution de Grégory Sroussi, avocat counsel chez Clifford Chance.
(328) L. 6 janv. 1978 telle que modifiée, art. 8.
(329) En 2012, plus de 450 contrôles ont été effectués par la CNIL.
(330) L. 6 janv. 1978 telle que modifiée, art. 19, I, al. 1er.
(331) Les enquêteurs sont astreints au secret professionnel pour les faits, actes ou renseignements dont ils ont pu avoir connaissance en raison de leurs fonctions (L. 6 janv. 1978 telle que modifiée, art. 11).
(332) L. 6 janv. 1978, art. 19, I, al. 2.
(333) L. 6 janv. 1978 telle que modifiée, art. 19, I, al. 3.
(334) Une personne ayant reçu délégation pour représenter l'entreprise et mission de gérer les locaux où est conduite la visite. Il peut s'agir, au moment de la visite, de la personne la plus haut placée dans la hiérarchie de l'entreprise et présente dans ses locaux.
(335) L. 6 janv. 1978, art. 19, I, al. 3.
(336) L. 6 janv. 1978, art. 19, II, al. 3.
(337) L. 6 janv. 1978, art. 19, I, al. 1er.
(338) L. 6 janv. 1978, art. 19, I, al. 3.

→ Conseils pratiques

À l'arrivée de la CNIL :

- vérifier si les agents agissent sur pouvoir propre ou avec une ordonnance du JLD ;
- noter l'identité, les fonctions et le service des enquêteurs, ainsi que l'heure de leur arrivée ;
- prévenir les employés et dirigeants concernés du déroulement du contrôle et de leur obligation de prêter concours ;
- les ordres de mission de la CNIL sont généralement rédigés de façon très large et ne permettent pas d'appréhender avec précision l'objet de la visite. Il est souhaitable de demander des précisions aux enquêteurs ;
- prévenir immédiatement le cabinet d'avocats ;
- si les enquêteurs se déplacent dans l'entreprise, les accompagner.

B. - Qui doit être présent ?

495. - La visite s'effectue en présence du responsable des locaux (ou son représentant) ou, à défaut, en présence de deux témoins qui ne sont pas placés sous l'autorité des personnes chargées de procéder au contrôle[339].

C. - Refuser la visite ?

496. - Les personnes chargées du contrôle doivent informer le responsable de son droit d'opposition[340]. Il convient de n'en faire usage qu'en présence de motifs de nature à les justifier.

497. - Toutefois, si le responsable des locaux s'oppose à la visite, celle-ci pourra quand même avoir lieu avec l'autorisation du juge des libertés et de la détention du tribunal judiciaire compétent[341].

498. - Lorsque l'urgence, la gravité des faits à l'origine du contrôle ou le risque de destruction ou de dissimulation de documents le justifie, la visite peut avoir lieu sans que le responsable des locaux en ait été informé, sur autorisation préalable du juge des libertés et de la détention compétent. Dans ce cas, le représentant des lieux ne peut s'opposer à la visite[342].

→ Conseils pratiques

• Ne s'opposer à la visite que dans des hypothèses le justifiant (par ex. : absence du responsable des locaux ou du responsable juridique). Si le droit d'opposition existe en principe, son intérêt pratique est limité.

• Il est recommandé de prendre toutes mesures utiles afin de coopérer avec les enquêteurs.

• Le fait d'entraver l'action des enquêteurs (par ex. : opposition à l'action des enquêteurs hors des cas prévus par la loi, refus de communiquer, dissimulation ou destruction des renseigne-

(339) L. 6 janv. 1978, art. 19, II, al. 2.
(340) L. 6 janv. 1978, art. 19, I, al. 3.
(341) L. 6 janv. 1978, art. 19, II, al. 1er.
(342) L. 6 janv. 1978, art. 19, II, al. 1er.

ments et documents utiles à la mission de contrôle, communication d'informations non conformes) est sanctionné pénalement[343].

D. – Peut-on être assisté d'un avocat ?

499. – Le responsable des locaux ou son représentant peut se faire assister du conseil de son choix[344]. Toutefois, la visite peut commencer sans attendre son arrivée.

E. – Pouvoirs des enquêteurs

500. – Les enquêteurs peuvent :

1° **demander communication de tous documents** (quel qu'en soit le support) nécessaires à l'accomplissement de leur mission[345] ;

→ Conseils pratiques

• Chaque demande de communication de documents doit être précise.

• Seul un médecin[346] peut requérir la communication de données médicales individuelles incluses dans un traitement de données à caractère personnel[347].

• Ne pas détruire ou dissimuler de documents.

2° emporter des copies des documents demandés[348] ;

→ Conseils pratiques

• Si toutefois un délai est nécessaire à la communication de certains documents, il est possible de les transmettre à la CNIL ultérieurement.

• Vérifier attentivement l'inventaire et en demander une copie. À défaut, dresser une liste précise de toutes les copies demandées.

3° recueillir sur place ou sur convocation[349] tout renseignement et toute justification utiles à la réalisation de leur mission[350] ;

(343) Les sanctions sont d'un an d'emprisonnement et jusqu'à 15 000 € d'amende (C. pén., art. 226-22-2).
(344) L. 6 janv. 1978, art. 19, II, al. 2.
(345) L. 6 janv. 1978, art. 19, III, al. 1er.
(346) Un médecin inspecteur du travail, un médecin chargé de requérir la communication de ces données ou encore un médecin inscrit sur une liste d'experts judiciaires (D. 29 mai 2019 tel que modifié, art. 36, al. 1er).
(347) L. 6 janv. 1978, art. 19, III, al. 2.
(348) L. 6 janv. 1978, art. 19, III, al. 1er. Par ex. : copie des contrats de location de fichiers, contrats de sous-traitance informatique, formulaires, dossiers papier, bases de données.
(349) La convocation, adressée par lettre remise contre signature, ou remise en main propre contre récépissé ou acte de commissaire de justice, doit parvenir au moins huit jours avant la date de l'audition. La personne convoquée est en droit de se faire assister d'une personne de son choix (L. 6 janv. 1978, art. 19, III, al. 1er).
(350) L. 6 janv. 1978 telle que modifiée, art. 19, III, al. 1er.

→ Conseils pratiques

- Les personnes interrogées sont tenues de répondre[351].
- Noter précisément toutes les questions posées et les réponses données.
- S'il ne peut être répondu à une question immédiatement, demander du temps pour consulter les personnes compétentes ou faire des recherches. Les enquêteurs devraient normalement accepter une réponse ultérieure par écrit.
- Ne pas tenter de répondre aux questions dont on n'a pas la réponse.
- Fournir des réponses factuelles et synthétiques, sans donner d'opinion personnelle.
- S'en tenir strictement aux faits.

4° accéder aux programmes informatiques et aux données[352] ;

→ Conseils pratiques

- Ne donner accès qu'aux programmes informatiques utilisés pour les besoins du traitement faisant l'objet de l'enquête.
- Ne donner accès qu'aux données dont le traitement fait l'objet de l'enquête.

5° être assistés par des experts[353] à la demande du président de la CNIL[354].

→ Conseil pratique

- Noter précisément l'identité et la fonction de chaque expert.

6° muni d'une ordonnance du JLD, les agents de la CNIL disposent de pouvoirs coercitifs et peuvent fouiller les locaux de l'entreprise et saisir toute information utile à l'enquête.

F. – Limites des pouvoirs des enquêteurs

501. – Les enquêteurs ne peuvent pas :

1° fouiller les locaux de l'entreprise et saisir des documents non remis par l'entreprise (sauf s'ils sont munis d'une autorisation du juge des libertés et de la détention) ;

(351) Sauf si elles sont astreintes au secret professionnel (D. 29 mai. 2019 tel que modifié, art. 37).

(352) Les enquêteurs peuvent également demander la transcription des données par tout traitement approprié dans des documents directement utilisables (L. 6 janv. 1978 telle que modifiée, art. 19, III, al. 1er).

(353) L. 6 janv. 1978 telle que modifiée, art. 19, III, al. 5.

(354) Les frais et honoraires des experts, dont l'assistance est sollicitée par le président de la CNIL, sont à la charge de la CNIL (Règlement intérieur de la CNIL, art. 55 – Délib. CNIL, 4 juill. 2013).

2° exiger la communication de documents qui n'ont pas de relation avec l'objet de l'enquête[355] ;

3° poser des questions sans lien avec l'objet de l'enquête ;

4° consulter ou emporter les correspondances entre la société et ses avocats, car elles sont confidentielles ;

5° accéder[356] aux informations/zones classifiées « Secret-Défense »[357].

▲ REMARQUE

Si des documents demandés par les enquêteurs sont couverts par le secret professionnel, vous devez indiquer sur le procès-verbal le fondement légal, la nature des données couvertes ou des fichiers concernés, ainsi qu'une liste précise des documents concernés.

G. – À l'issue de la visite

502. – Un procès-verbal (PV) est dressé contradictoirement par les enquêteurs. Il mentionne[358] :

- la nature, le jour, l'heure et le lieu de la visite ;
- l'objet de la mission ;
- les enquêteurs présents ;
- les personnes rencontrées et leurs déclarations ;
- les demandes formulées par les enquêteurs ;
- les éventuelles difficultés rencontrées ;
- les documents et pièces remis[359].

503. – Dans le cas où la visite n'a pas pu se dérouler, le procès-verbal mentionne les motifs qui ont empêché ou entravé son déroulement, ainsi que, le cas échéant, les motifs de l'opposition du responsable des locaux[360].

→ Conseils pratiques

• Vérifier avec attention l'exactitude du procès-verbal.

• Conserver tout élément de preuve qui pourrait démontrer le caractère erroné ou incomplet des mentions du PV[361].

(355) L'objet de l'enquête est défini dans la décision de la CNIL autorisant l'enquête qui est remise aux personnes concernées.

(356) Sauf nécessité et autorisation émanant de l'autorité ayant procédé à la classification.

(357) Tout niveau : « Secret » ou « Très Secret ».

(358) L. 6 janv. 1978 telle que modifiée, art. 19, III, al. 6.

(359) D. 29 mai 2019, art. 31, al. 2.

(360) D. 29 mai 2019, art. 31, al. 3.

(361) Selon le Conseil d'État, il est possible de contester un PV devant un juge à condition de fournir des éléments ou indications au soutien de sa contestation qui permettront au juge d'établir, le cas échéant, le caractère erroné ou incomplet des mentions du PV au regard de la réalité des faits ressortant du

504. – Le procès-verbal est signé par les enquêteurs et le responsable des locaux (ou son représentant)[362].

→ Conseils pratiques

• Avant de signer, exiger que soient portées sur le procès-verbal toutes remarques ou réserves nécessaires. Ces réserves peuvent être ajoutées par les enquêteurs au PV ou faire l'objet d'une note à part pouvant être annexée au PV à la demande de l'entreprise. Si des documents litigieux ont été saisis, le mentionner sur le PV, et ce pour faciliter l'exercice d'éventuels recours ultérieurs.

• Il est préférable de signer le PV en y portant des réserves, plutôt que de refuser de le signer[363]. Si vous rencontrez des difficultés lors de l'établissement des réserves, ne pas hésiter à écrire au procureur pour acter les difficultés rencontrées.

505. – Le procès-verbal est notifié au responsable des locaux et au responsable des traitements concernés par lettre recommandée avec demande d'avis de réception[364].

506. – Si l'enquête n'appelle pas d'observations particulières, le contrôle est clôturé par un courrier de la CNIL qui peut contenir des recommandations.

507. – En cas de manquement(s) sérieux, le dossier est transmis à la formation contentieuse de la CNIL, qui peut prononcer les sanctions et également être transmis au parquet pour des poursuites pénales.

H. – Voies de recours

508. – L'ordonnance du juge des libertés et de la détention autorisant la visite peut faire l'objet d'un appel devant le premier président de la cour d'appel[365]. Cet appel est formé dans un délai de quinze jours à compter de la notification de l'ordonnance. Cet appel n'est pas suspensif[366].

L'ordonnance du premier président de la cour d'appel est susceptible d'un pourvoi en cassation[367] dans un délai de quinze jours.

509. – Le premier président de la cour d'appel connaît également des recours contre le déroulement des opérations de visite[368]. Le recours doit être formé dans un délai de quinze jours à compter de la notification du procès-verbal de visite[369]. Ce recours n'est pas suspensif.

dossier issu du débat entre les parties (CE, 27 juill. 2012, n° 340026, *Sté AIS 2 : JCP* A 2012, n° 35, act. 570, note C.-A. Dubreuil ; *Gaz. Pal.* 30 août 2012, n° 243, p. 28).

(362) D. 29 mai 2019, art. 31, al. 4.

(363) En cas de refus de signature, mention en est faite au PV (D. 29 mai 2019, art. 31, al. 4).

(364) D. 29 mai 2019, art. 31, al. 5.

(365) Suivant les règles prévues par les articles 931 et suivants du Code de procédure civile (D. 29 mai 2019, art. 28, al. 1er).

(366) D. 29 mai 2019, art. 28, al. 2.

(367) Selon les règles prévues par les articles 974 et suivants du Code de procédure civile (D. 29 mai 2019, art. 28, al. 2).

(368) D. 29 mai 2019, art. 29, al. 1er.

(369) D. 29 mai 2019, art. 29, al. 2.

510. – L'ordonnance du premier président de la cour d'appel est susceptible d'un pourvoi en cassation[370] dans un délai de quinze jours.

Pour en savoir plus :

• Le site de la CNIL : www.cnil.fr/

(370) D. 29 mai 2019, art. 29, al. 3.

FICHE PRATIQUE 25

AGENCE FRANÇAISE ANTICORRUPTION[371] : LE CONTRÔLE DU DISPOSITIF DE MISE EN CONFORMITÉ À LA LOI SAPIN 2

511. - L'Agence française anticorruption a été créée par la loi n° 2016-1691 du 9 décembre 2016, relative à la transparence, à la lutte contre la corruption et à la modernisation de la vie économique. Il s'agit d'une nouvelle agence administrative, placée auprès du ministre de la Justice et du ministre chargé du budget, ayant pour principale mission d'assister et de contrôler les entreprises dans le déploiement de leur programme anticorruption[372]. L'AFA prévient systématiquement de son contrôle et n'agit pas de manière inopinée.

A. – Généralités

512. - Pourquoi ? L'objet de la visite est de contrôler le respect de l'ensemble ou d'une partie des mesures de prévention de la corruption et du trafic d'influence imposées par l'article 17 de la loi Sapin 2. L'AFA peut également contrôler la mise en œuvre des mesures de mise en conformité, ordonnées par la justice, dans le cadre de condamnations ou de conventions judiciaires d'intérêt public, ou par des autorités étrangères aux sociétés dont le siège est situé sur le territoire français. Les huit mesures de prévention imposées par l'article 17 sont :

- le code de conduite anticorruption ;
- le dispositif d'alerte interne ;
- la cartographie des risques de corruption et trafic d'influence ;
- les procédures d'évaluation des tiers, dites de *due diligence* ;
- les procédures de contrôles comptables ;
- les formations anticorruption ;
- le régime disciplinaire de l'entité ; et
- les contrôles internes mis en place (au-delà des contrôles comptables).

La finalité principale des contrôles de l'AFA est de s'assurer que le risque a bien été identifié et est maîtrisé. Le contrôle porte non seulement sur l'existence du dispositif anticorruption mais également sur sa pertinence et sur l'effectivité de sa mise en œuvre.

513. - Qui décide du contrôle ? Le directeur de l'AFA. Le contrôle peut être effectué à la demande du président de la Haute Autorité pour la transparence de la vie publique (HATVP), du Premier ministre et des ministres[373]. Le contrôle peut également être la conséquence d'un signalement par une association de prévention de la corruption.

(371) L'Agence française anticorruption a été créée par la loi n° 2016-1691 du 9 décembre 2016 relative à la transparence, à la lutte contre la corruption et à la modernisation de la vie économique, dite loi « Sapin 2 ». Il s'agit d'un service à compétence nationale, placée auprès du ministre de la Justice et du ministre chargé du budget.

(372) V. L. n° 2016-1691, art. 3, 3° (dite « loi Sapin 2 »). Également personnes publiques.

(373) Pour les collectivités territoriales et leurs établissements publics et sociétés d'économie mixte, il peut être effectué à la demande du représentant de l'État.

514. - Qui procède au contrôle ? Les agents de l'AFA. Ceux-ci peuvent être assistés par des experts et des personnes ou autorités qualifiées.

515. - Peut-on s'opposer au contrôle ? Bien que les agents de l'AFA ne disposent pas de pouvoirs coercitifs, leur refuser l'accès aux locaux de la société exposerait celle-ci à des risques de sanctions pénales pour entrave.

516. - Quelle sanction en cas d'entrave ? Le fait d'entraver l'action des agents (par ex., dissimulation ou destruction des renseignements et documents utiles à la mission de contrôle, communication d'informations non conformes) est sanctionné d'une amende de 30 000 €.

B. - Pouvoirs des agents de l'AFA

517. - Les agents de l'AFA peuvent :

1° **se voir transmettre toute la documentation utile**[374] au contrôle du bon fonctionnement du programme anticorruption, mais elle n'a pas de pouvoir d'enquête à proprement parler : les agents de l'AFA doivent vérifier l'existence et l'efficacité des procédures internes et n'ont pas vocation à enquêter sur des faits de corruption. Ils peuvent obtenir la copie des documents sous forme électronique et avoir accès aux outils et données informatiques ;

2° et doivent en principe **transmettre les faits dont ils ont eu connaissance au procureur de la République**[375] s'ils découvrent des faits pouvant être qualifiés pénalement ;

3° avoir accès aux locaux professionnels de l'entité contrôlée[376] ;

4° **s'entretenir avec toute personne dont le concours paraît nécessaire au déroulement du contrôle**, dans des conditions assurant la confidentialité des échanges[377] (par ex., les fournisseurs, les intermédiaires, les clients, etc.).

C. - Limites aux pouvoirs des agents de l'AFA

518. - Les agents de l'AFA sont soumis au secret professionnel[378].

Ils doivent également s'abstenir de tout conflit d'intérêts puisqu'ils ne peuvent procéder à un contrôle à l'égard d'une entité auprès de laquelle ils détiennent ou ont détenu un intérêt direct ou indirect[379].

Les experts et les personnes auxquelles ils peuvent avoir recours, dans le cadre du contrôle, sont également astreints à ces obligations[380].

Enfin, lors de leur visite dans les locaux de la société, **les agents de l'AFA ne peuvent pas** :

– se faire remettre les correspondances entre la société et ses avocats, car elles sont confidentielles ;

(374) V. L. n° 2016-1691, art. 4, al. 1er.

(375) V. CPP, art. 40, al. 2 : « Toute autorité constituée, tout officier public ou fonctionnaire qui, dans l'exercice de ces fonctions, acquiert la connaissance d'un crime ou d'un délit est tenu d'en donner avis sans délai au procureur de la République et de transmettre à ce magistrat tous les renseignements, procureur de la République et de transmettre à ce magistrat tous les renseignements, procès-verbaux et actes qui y sont relatifs ».

(376) V. L. n° 2016-1691, art. 4, al. 2.

(377) V. L. n° 2016-1691, art. 4, al. 2.

(378) V. L. n° 2016-1691, art. 4, al. 3.

(379) V. L. n° 2016-1691, art. 4, al. 4.

(380) V. L. n° 2016-1691, art. 4, al. 3, 4.

– fouiller les locaux ;

– sauf nécessité et autorisation ayant procédé à la classification, avoir accès aux informations/zones classifiées « Secret-Défense ».

NB : La nouvelle proposition de loi, dans l'état dans laquelle elle se trouvait au moment de la dissolution décidée en juin 2024, prévoit une protection des avis juridiques des juristes d'entreprise. Elle exclut toutefois expressément une telle protection en matière pénale et fiscale.

D. – Le secret professionnel avocat-client est-il opposable à l'AFA ?

519. – Les personnes contrôlées peuvent, en principe, opposer le secret professionnel avocat-client aux agents de l'AFA pour refuser de communiquer un document et/ou une information. Si vous avez un doute sur le fait qu'une information ou un document qui vous est demandé au cours du contrôle pourrait contenir un avis juridique ou un échange avec un avocat, il est recommandé d'engager un dialogue de principe et de prendre conseil auprès de son avocat.

E. – Le secret des affaires est-il opposable à l'AFA ?

520. – Les agents de l'AFA sont astreints au secret professionnel et, à ce titre, considèrent que le secret des affaires ne peut leur être opposé. Toutefois, si vous estimez qu'un document ou qu'une question posée sort du cadre de leur mission de contrôle, qui est circonscrit à la vérification de la qualité et l'efficacité du programme anticorruption, il est recommandé de prendre conseil auprès de votre avocat.

F. – Le secret bancaire est-il opposable à l'AFA ?

521. – Juridiquement, le secret bancaire est opposable à l'AFA[381]. Pour autant l'AFA considère qu'il ne l'est pas[382]. Il convient donc d'ouvrir un dialogue avec l'AFA pour tenter d'obtenir la possibilité de « canceller » les informations couvertes par le secret bancaire sur les documents demandés par l'AFA. En cas de désaccord avec l'AFA, il est recommandé de prendre conseil auprès de son avocat ou de faire intervenir le directeur juridique.

G. – Comment se déroulent les contrôles de l'AFA ?

522. – Les contrôles de l'AFA se déroulent en deux phases successives : la première phase du contrôle a pour objectif de vérifier l'existence, la qualité et l'efficacité du dispositif anticorruption de l'entité contrôlée. La seconde phase, optionnelle pour l'AFA, a pour objectif d'approfondir l'étude du profil de risque et l'analyse du dispositif anticorruption. Les deux phases peuvent exceptionnellement être fusionnées. À l'issue des opérations de contrôle, l'AFA rend son rapport de contrôle, précédé d'une phase contradictoire.

(381) Seule la loi peut prévoir les exceptions à l'opposabilité du secret bancaire. Elle en prévoit par exemple pour certaines autorités comme l'Autorité des marchés financiers (C. mon. fin., art. L. 621-9-3), l'ACPR (C. mon. fin., art. L. 511-33) ou l'administration fiscale (C. mon. fin., art. L. 83). La loi Sapin 2 qui crée l'AFA ne prévoit pas une telle exception.

(382) La Charte des droits et devoirs des parties prenantes au contrôle de l'AFA, disponible en ligne sur le site Internet de l'AFA, prévoit expressément que le secret professionnel n'est pas opposable aux agents de l'AFA. Toutefois, cette charte ne relève ni de la loi ni du règlement et ne peut donc juridiquement prévoir une exception valable au secret bancaire.

H. – La première phase de contrôle

523. – L'avis de notification de contrôle. L'AFA adresse généralement une notification de contrôle à laquelle est joint un questionnaire-type, par ailleurs, disponible en ligne[383]. En principe, le contrôle débute donc toujours par cet avis de contrôle, envoyé au dirigeant de la société. Toutefois, l'AFA se réserve le droit de venir dans les locaux de l'entreprise de manière inopinée pour débuter son contrôle.

524. – La désignation d'un représentant. L'entité contrôlée doit désigner une personne pour la représenter dans le cadre des opérations de contrôle. Il lui appartiendra de répondre aux courriers et aux demandes de pièces. Ce représentant peut se faire assister par une personne de son choix, notamment lors de l'entretien initial organisé par l'AFA afin que celle-ci lui présente les objectifs du contrôle et sa possible durée.

525. – Le questionnaire-type. L'entité contrôlée a un délai d'un mois suivant sa réception pour répondre au questionnaire-type de cent soixante-trois questions joint à l'avis de notification de contrôle. Le questionnaire est structuré autour des huit mesures de l'article 17 de la loi Sapin 2, avec des sections supplémentaires sur l'entité contrôlée, le service de conformité et l'engagement de l'instance dirigeante.

526. – Les suites du questionnaire-type. Les agents de l'AFA peuvent adresser un ou plusieurs questionnaire(s) complémentaire(s) et solliciter des réunions de travail pour permettre à l'entité contrôlée de présenter son fonctionnement ou certains points précis de son programme anticorruption.

→ Conseils pratiques

• Dès réception de l'avis de notification de contrôle :

– désigner au plus vite un représentant (directeur de la conformité, directeur juridique) qui sera le principal interlocuteur de l'AFA et en informer l'agence ;

– informer les avocats de la société ;

– communiquer en interne sur le début du contrôle afin de mobiliser les équipes pour répondre au questionnaire dans le délai imparti ;

– solliciter l'organisation d'une réunion dans le délai d'un mois afin de présenter son fonctionnement.

• Compte tenu du délai très court d'un mois, et du volume d'information et de documentation à réunir et à transmettre aux agents, il est fort recommandé de se préparer en amont avant de recevoir la notification de contrôle, en remplissant le questionnaire-type disponible en ligne, en réunissant la documentation pertinente, et en préparant les fonctions clés aux entretiens.

527. – Les entretiens. L'AFA peut réaliser un ou plusieurs entretiens avec les personnes de son choix, par exemple le représentant désigné, les dirigeants et/ou tous autres salariés. À ce stade, les agents ont déjà eu l'occasion de prendre connaissance de la documentation préparée et transmise par l'entité contrôlée. Les agents de l'AFA cherchent généralement (i) à vérifier que l'implication réelle de la personne interrogée dans le déploiement du programme de conformité est en adéquation avec

(383) https://www.agence-francaise-anticorruption.gouv.fr/files/2021-07/Questionnaire%20art.17%20juillet%202021%20vdef%202.pdf

ce qui a été écrit dans les réponses écrites lors de la première phase de contrôle, (ii) à mieux comprendre les procédures internes dans lesquelles la personne intervient et qui participent au programme de conformité et (iii) à s'imprégner de la culture de conformité de l'entité contrôlée.

• **Qui conduit les entretiens ?** Les agents de l'AFA en charge du contrôle munis de leur carte d'habilitation.

• **Quand ?** La liste des fonctions à interroger et le calendrier des entretiens sont déterminés à l'avance , souvent d'un commun accord entre les agents de l'AFA et l'entité contrôlée et ne peuvent se dérouler que pendant les heures ouvrables[384]. En règle générale, l'entité contrôlée propose une liste de fonctions pertinentes à interroger que l'AFA accepte, en ajoutant potentiellement d'autres personnes.

• **Où ?** Les entretiens se tiennent dans les locaux de l'entité contrôlée et peuvent également se dérouler par vidéoconférence ou par téléphone, notamment lorsqu'ils ont lieu avec des dirigeants et/ou salariés de filiales de l'entité contrôlée.

• **Durée.** Les entretiens durent en moyenne une heure et peuvent durer de trente minutes à trois heures en fonction de l'implication de la personne dans le déploiement du programme de prévention de la corruption.

• **Droits de la personne interrogée.** La personne interrogée dispose des droits suivants :

1° **de se faire assister** par l'avocat de l'entité contrôlée et/ou par un juriste de la société si elle le souhaite. Certains agents de l'AFA considèrent néanmoins que chaque personne auditionnée ne peut être assistée que d'une seule personne (avocat ou juriste de la société).

Il est aussi à noter que l'AFA est généralement peu encline à laisser participer aux entretiens les personnes responsables de la conformité. Les agents de l'AFA considèrent que la présence d'une personne occupant une telle fonction pourrait être de nature à porter atteinte à l'indépendance du propos de la personne faisant l'objet de l'entretien (cette position n'est en revanche pas valable pour les supérieurs hiérarchiques des responsables en question) ;

2° **d'opposer le secret des affaires** si elle estime qu'une question sort du cadre de la mission de contrôle des agents qui est circonscrite à la vérification de la qualité et l'efficacité du programme anticorruption. Elle peut le souligner et s'en référer à la personne qui l'assiste pour apprécier l'opportunité d'une réponse ;

3° **d'opposer le secret professionnel avocat-client et/ou du *legal privilege*** si elle a un doute sur le fait qu'une information ou un document qui lui est demandé au cours de l'entretien pourrait contenir un avis juridique ou un échange avec un avocat. Il est recommandé de s'en référer à la personne qui l'assiste pour apprécier l'opportunité d'une réponse.

528. – La durée de la première phase du contrôle. Cette première phase de contrôle n'a pas de durée déterminée, elle inclut nécessairement le délai d'un mois pour répondre au questionnaire, et en règle générale, se poursuit encore plusieurs mois en raison de demandes d'informations supplémentaires de la part de l'AFA.

(384) D. n° 2017-329, 14 mars 2017, art. 7, 3e al.

I. – La seconde phase de contrôle

529. – **La décision de lancement de la seconde phase.** La décision de poursuivre l'analyse du dispositif anticorruption de l'entité contrôlée appartient au directeur de l'AFA, sur avis de la sous-direction du contrôle, à partir des constats effectués par l'équipe de contrôle de la première phase.

530. – **La réunion intermédiaire.** Une réunion intermédiaire est organisée avec le représentant de l'entité contrôlée. Il s'agit de faire un point d'étape sur les premiers constats à l'issue de la première phase du contrôle et d'évoquer la suite des opérations de contrôle. La décision de poursuivre l'analyse du dispositif anticorruption de l'entité contrôlée appartient au directeur de l'AFA. Pour rappel, cette seconde phase est optionnelle.

531. – **La durée.** Tout comme la première phase de contrôle, cette seconde phase n'a pas de durée déterminée. En règle générale, sa durée correspond *a minima* à celle du calendrier fixé à l'avance entre l'entité contrôlée et les agents de l'AFA. Toutefois, cette durée peut être prolongée lorsque les agents de l'AFA sollicitent des entretiens supplémentaires et demandent à se faire communiquer de nouveaux documents. En plus des entretiens, il est à noter que les agents demandent également à visiter, souvent, un site de production de l'entité contrôlée.

532. – **La réunion de clôture.** Qu'une seconde phase de contrôle ait lieu ou non, la fin du contrôle prend la forme d'une réunion au cours de laquelle l'entité contrôlée et les agents de l'AFA font un point sur la liste des demandes de pièces et des réponses obtenues, les entretiens souhaités et ceux réalisés. Lors de cette réunion, l'entité contrôlée peut encore communiquer à l'AFA tout document ou toute information qu'elle jugerait utile. Après cette réunion, les agents de l'AFA ne pourront plus demander de document à l'entité contrôlée, et cette dernière ne pourra plus en transmettre avant la phase contradictoire du rapport de contrôle.

J. – Le rapport de contrôle

533. – **Le rapport provisoire.** L'AFA rédige un rapport contenant ses observations sur l'existence, l'efficacité et la qualité du dispositif de lutte contre la corruption de l'entité, des recommandations destinées à améliorer ses procédures (généralement assorties d'un délai pour les mettre en œuvre)[385], et le cas échéant des manquements. Le rapport est descriptif et structuré autour des huit aspects de la loi Sapin 2 (c'est-à-dire code de conduite, ligne d'alerte, cartographie des risques, etc.). Ce rapport est adressé à l'entité par lettre recommandée avec accusé de réception.

534. – **Observations de la société.** Suite à l'envoi du rapport préliminaire, il est possible de formuler des observations dans un **délai de deux mois** à compter de la réception du rapport préliminaire. Durant ce délai de deux mois, la société est en droit de solliciter un entretien avec les agents de l'AFA afin de présenter également ses observations oralement.

535. – **Le rapport final.** À l'issue de cette phase contradictoire de deux mois, l'AFA délivre son rapport de contrôle définitif par lettre recommandée avec accusé de réception.

(385) V. L. n° 2016-1691, art. 3, 3°, al. 3.

→ Conseils pratiques

Il est recommandé :

– de formuler des observations écrites dans le délai de deux mois imparti afin de (i) faire rectifier des erreurs matérielles, (ii) suggérer d'autres modalités de mise en œuvre des recommandations et (iii) obtenir l'abandon d'une qualification de manquement ;

– de solliciter la réunion avec l'AFA afin de présenter ses observations à l'oral, en complément des observations écrites ;

– de continuer à faire évoluer son programme anticorruption après la clôture du contrôle sur place, car ces éléments peuvent être mis en avant dans les observations en réponse au rapport préliminaire.

K. – Issues procédurales à la suite du rapport final

536. - Les agents de l'AFA peuvent :

1° **ne constater aucun manquement :** dans ce cas-là, il n'y a aucune suite procédurale, mais l'entité pourra toujours faire l'objet d'un nouveau contrôle dans les dix-huit mois pour vérifier la mise en œuvre des recommandations éventuelles;

2° **constater un ou plusieurs manquements :** dans ce cas-là, le directeur de l'AFA peut notamment[386] :

– **adresser un avertissement** notifié par lettre recommandée avec accusé de réception[387]. L'AFA peut ensuite revenir pour faire un contrôle de suivi de l'application de ses recommandations ;

– **saisir la Commission des sanctions de l'AFA** par une lettre de saisine. L'entité en est informée par lettre recommandée avec accusé de réception.

537. - La commission se retire pour délibérer. La décision est rendue environ un mois après l'audience et est notifiée à la personne mise en cause. À l'issue de cette procédure, la Commission des sanctions peut prononcer trois types de sanctions :

– **enjoindre à la société d'adapter les procédures de conformité internes**, selon les recommandations qu'elle leur adresse, dans un délai qu'elle fixe, inférieur à trois ans ;

– **prononcer une sanction pécuniaire** d'un montant pouvant aller jusqu'à 200 000 € pour les personnes physiques et jusqu'à 1 million d'euros pour les personnes morales ;

– ordonner la publication, la diffusion et l'affichage de sa décision, aux frais de la personne sanctionnée.

(386) En cas de manquement constaté, comme lorsqu'aucun manquement n'a été constaté, il peut n'y avoir aucune suite procédurale et le seul risque pour l'entité sera de faire l'objet d'un nouveau contrôle pour vérifier la mise en œuvre des mesures correctives.

(387) La publicité de l'avertissement n'est pas prévue par la loi.

→ Conseils pratiques

En cas de renvoi devant la Commission des sanctions, il est recommandé :

– de continuer à faire évoluer son programme anticorruption après le rapport de contrôle définitif, car la Commission des sanctions statue à date – prenant ainsi en compte les évolutions du dispositif anticorruption postérieures au contrôle[388] ;

– de formuler des observations écrites lorsque le président de la commission invite à le faire ;

– de se faire assister par le conseil de son choix.

L. – Voies de recours

538. – Contestation du contrôle. Il est possible de contester la régularité du contrôle effectué en cas de saisine de la Commission des sanctions.

539. – Contestation de la décision de la Commission des sanctions. Il est également possible de contester la décision de la Commission des sanctions en faisant un recours administratif[389].

Pour en savoir plus :

• www.agence-francaise-anticorruption.gouv.fr/fr

• Charte des droits et devoirs des parties prenantes au contrôle : www.agence-francaise-anticorruption.gouv.fr/files/2019-07/charte_droits_devoirs_unique%20controles.pdf

(388) Première décision de la Commission des sanctions en date du 4 juillet 2019.

(389) V. L. n° 2016-1691, art. 17, VII.

FICHE PRATIQUE 26 ENVIRONNEMENT

A. – Généralités

540. – L'ordonnance n° 2012-34 du 11 janvier 2012, applicable depuis le 1er juillet 2013, a réformé les dispositions de police administrative et de police judiciaire du Code de l'environnement[390] afin de permettre une simplification et une harmonisation des contrôles en matière environnementale. Depuis le 1er juillet 2013, les missions de contrôle sont confiées aux inspecteurs de l'environnement et soumises à des modalités unifiées.

541. – **Pourquoi ?** Contrôler les installations, ouvrages, travaux, opérations, objets, dispositifs et activités régis par le Code de l'environnement et sanctionner les manquements ou infractions aux prescriptions de ce même code[391]. Cela concerne notamment :

– milieux physiques : eaux et milieux aquatiques marins et air et atmosphère ;

– espaces naturels ; protection du littoral, parcs et réserves, sites classés ;

– patrimoine naturel : protection du patrimoine naturel, chasse, pêche en eau douce ;

– prévention des pollutions, des risques et des nuisances : installations classées, produits chimiques, organismes génétiquement modifiés, déchets, prévention des nuisances sonores.

542. – **Qui se présente ?** Des inspecteurs de l'environnement[392] : il s'agit des fonctionnaires et agents publics spécifiquement affectés dans les services de l'État (agents des directions régionales de l'environnement, de l'aménagement et du logement [DREAL]) ou des agences de l'État (Office national de la chasse et de la faune sauvage, Office français de la biodiversité, Office national de l'eau et des milieux aquatiques, Agence des aires maritimes protégées) à la mise en œuvre des dispositions du Code de l'environnement et des dispositions du Code pénal susvisé.

Il peut aussi s'agir d'agents spécialement habilités, notamment 1) des agents des services de l'État chargés des forêts ou de l'Office national des forêts commissionnés à raison de leurs compétences en matière forestière et assermentés à cet effet ; 2) des chercheurs, ingénieurs et techniciens assermentés de l'Institut français de recherche pour l'exploitation de la mer ; 3) ou encore les gardes champêtres, les agents des douanes, les agents des réserves naturelles, etc.

(390) Ministère de l'Écologie, du Développement durable, des Transports et du Logement, Rapp. n° 2012-34, 11 janv. 2012 : *JO* n° 10, 12 janv. 2012.

(391) C. envir., art. L. 170-1.

(392) C. envir., art. L. 172-1.

→ Conseils pratiques

À l'arrivée des enquêteurs :

- leur demander leur carte de service et dans quel cadre ils interviennent ;
- noter leur identité, fonctions et service, et l'heure de leur arrivée ;
- prendre des notes au cours de la visite : noter le déroulement des opérations, sans commentaire personnel ;
- ne pas laisser les inspecteurs se déplacer seuls dans l'entreprise. Les accompagner partout ;
- veiller à l'application des consignes en matière de sécurité (port du casque…) ;
- garder son calme et rester courtois ;
- prévenir immédiatement le directeur du site et le cabinet d'avocats.

543. - Quand ? Entre 8 heures et 20 heures, entre 6 heures et 21 heures pour les domiciles ou locaux à usage d'habitation ou à toute heure, lorsque les lieux sont ouverts au public ou lorsque sont en cours des opérations de production, de fabrication, de transformation, d'utilisation, de conditionnement, de stockage, de dépôt, de transport ou de commercialisation mentionnées par le Code de l'environnement.

544. - Où ?

• Dans les espaces clos et les locaux accueillant des installations, des ouvrages, des travaux, des aménagements, des opérations, des objets, des dispositifs et des activités soumises au Code de l'environnement.

• Dans les véhicules, navires, bateaux, embarcations et aéronefs utilisés à titre professionnel pour la détention, le transport, la conservation ou la commercialisation des animaux, des végétaux ou de tout autre produit.

• Aux domiciles et à la partie des locaux à usage d'habitation.

B. – Qui doit être présent ?

545. - Pour les locaux professionnels et les installations classées, la présence du responsable n'est pas obligatoire. Néanmoins, en son absence, les agents chargés de la visite ne peuvent procéder à celle-ci qu'en présence de deux témoins qui ne sont pas placés sous leur autorité.

→ Conseil pratique

• S'assurer toutefois qu'un responsable assiste au contrôle.

Les visites dans les domiciles et les locaux comportant des parties à usage d'habitation ne peuvent être opérées qu'en présence de l'occupant et avec son assentiment[393].

Les enquêteurs peuvent se présenter sur pouvoirs propres ou munis d'une ordonnance du juge des libertés et de la détention. Le cas échéant, ils disposent de pouvoirs coercitifs leur permettant de fouiller les locaux de l'entreprise et de saisir les éléments utiles à l'enquête.

(393) C. envir., art. L. 171-1.

C. – Refuser la visite ?

546. - Ne pas s'opposer à la visite, sous peine de sanction : le fait de faire obstacle aux fonctions exercées par les fonctionnaires et agents habilités à exercer des missions de contrôle administratif ou de recherche et de constatation des infractions en application du Code de l'environnement est puni de six mois d'emprisonnement et de 15 000 € d'amende[394].

En cas de difficulté ou si les conditions d'accès ne sont pas remplies, les visites peuvent être autorisées par ordonnance du juge des libertés et de la détention du tribunal judiciaire dans le ressort duquel sont situés les lieux ou les locaux à visiter[395].

L'ordonnance est notifiée sur place au moment de la visite à l'occupant des lieux, qui en reçoit copie intégrale contre récépissé ou émargement au procès-verbal de visite. En l'absence de l'occupant des lieux, l'ordonnance est notifiée, après la visite, par lettre recommandée avec demande d'avis de réception ou par acte d'un commissaire de justice de justice.

L'acte de notification mentionne que le juge ayant autorisé la visite peut être saisi d'une demande de suspension ou d'arrêt de cette visite. La saisine du juge des libertés et de la détention aux fins de suspension ou d'arrêt des opérations de visite n'a pas d'effet suspensif.

D. – Peut-on être assisté d'un avocat ?

547. - Il est possible d'être assisté d'un conseil de son choix[396]. L'administration n'est pas tenue de le rappeler par notification préalable.

E. – Pouvoirs des inspecteurs de l'environnement agissant sans ordonnance du juge des libertés et de la détention

548. - Les agents peuvent :

1° accéder aux espaces, installations, locaux dans les conditions mentionnées ci-dessus[397] ;

2° se faire communiquer et prendre des copies des documents qui sont relatifs à l'objet du contrôle, quel que soit leur support et en quelques mains qu'ils se trouvent, et qui sont nécessaires à l'accomplissement de leur mission[398] ;

3° recueillir sur convocation ou sur place les renseignements et justifications propres à l'accomplissement de leur mission[399] ;

4° les fonctionnaires et agents publics chargés des contrôles peuvent se communiquer entre eux spontanément les informations et documents recueillis dans l'exer-

(394) C. envir., art. L. 173-4.
(395) C. envir., art. L. 171-2.
(396) C. envir., art. L. 171-2, IV.
(397) C. envir., art. L. 171-1.
(398) C. envir., art. L. 171-3 : ils ne peuvent emporter les documents originaux qu'après en avoir établi la liste qui est contresignée par leur détenteur. Les documents originaux sont restitués dans le délai d'un mois après le contrôle. Lorsque les documents sont sous une forme informatisée, les fonctionnaires et agents ont accès aux logiciels et à ces données. Ils peuvent demander la transcription de ces données par tout traitement approprié dans des documents directement utilisables pour les besoins du contrôle.
(399) C. envir., art. L. 171-4.

cice de leurs missions sans qu'y fasse obstacle le secret professionnel auquel ils sont tenus[400] ;

→ Conseils pratiques

• Le refus de répondre peut être sanctionné si la personne interrogée dissimule sciemment des informations nécessaires au contrôle.

• Le cas échéant, demander la possibilité de réserver votre réponse afin de procéder à des vérifications.

• Ne pas tenter de répondre aux questions dont on n'a pas la réponse.

• Fournir des réponses factuelles et synthétiques, sans donner d'avis personnel.

• Ne pas confirmer ou nier les hypothèses émises par les agents.

5° procéder à la saisie[401] ;

6° prélever des échantillons[402].

→ Conseil pratique

• Demander d'examiner l'ordonnance autorisant la consignation.

F. – Pouvoirs des agents munis d'une autorisation du juge des libertés et de la détention

549. – Les agents peuvent :

– fouiller les locaux et saisir les documents utiles à l'enquête sur tout support ;

– pénétrer dans les domiciles ou locaux comportant des parties à usage d'habitation, même en l'absence de l'assentiment de l'occupant[403] ;

– procéder à la consignation d'objets ou dispositifs suspectés d'être non conformes aux dispositions du Code de l'environnement, le temps de l'investigation[404] ;

– procéder à la destruction 1) d'animaux ou végétaux saisis, morts ou non viables et 2) d'instruments et engins interdits ou prohibés[405].

(400) C. envir., art. L. 172-11.
(401) C. envir., art. L. 172-12.
(402) C. envir., art. L. 172-14.
(403) C. envir., art. L. 172-6.
(404) C. envir., art. L. 172-15 : la durée de la mesure de consignation ne peut excéder quinze jours. Elle peut, en cas de difficulté particulière, être renouvelée par ordonnance motivée. Le juge des libertés et de la détention peut ordonner la mainlevée de la mesure de consignation à tout moment. Cette mainlevée est de droit dans tous les cas où les agents habilités ont constaté la conformité des objets consignés ou leur mise en conformité à ces dispositions. Les objets consignés sont laissés à la garde de leur détenteur. En cas de non-conformité, les frais éventuels sont mis à la charge de l'auteur de l'infraction.
(405) C. envir., art. L. 172-13.

G. – Limites des pouvoirs des agents

550. - Les agents ne peuvent pas :

– consulter ou emporter les correspondances entre la société et ses avocats, car elles sont confidentielles ;

– dans les enceintes relevant du ministre de la Défense ou soumises à des règles de protection du secret de la défense nationale, les infractions aux dispositions du Code de l'environnement sont recherchées et constatées par le ministre de la Défense[406].

NB : Le projet de texte[407] prévoyant une protection des avis juridiques des juristes d'entreprise ne connaît de restriction qu'en matière pénale et fiscale. La protection, si le texte entre un jour en vigueur, aura donc vocation à s'appliquer ici.

H. – À l'issue de la visite

551. - Un procès-verbal est établi à l'issue de la visite. Le procès-verbal relate les modalités et le déroulement de l'opération et consigne les constatations effectuées par les agents. Il est signé par les agents et par l'occupant des lieux ou son représentant.

Lorsqu'aucun fait contraire aux prescriptions applicables n'a été constaté lors de la visite, une simple lettre de suite peut être rédigée par l'agent et est transmise à l'exploitant.

En cas de constatation du non-respect d'une prescription du Code de l'environnement, un rapport administratif est établi faisant état des faits reprochés. Une copie est remise à l'intéressé qui peut faire part de ses observations.

Dans le cas particulier des installations classées pour la protection de l'environnement (ICPE), l'inspecteur des ICPE transmet son rapport de contrôle au préfet et en fait copie simultanément à l'exploitant. Celui-ci peut faire part au préfet de ses observations[408]. La transmission à l'exploitant constitue une formalité substantielle pour assurer la régularité de la procédure. Son omission viciera automatiquement la procédure, l'acte en découlant pourra être annulé par le juge.

Sur la base du rapport, l'autorité administrative compétente peut :

– mettre en demeure l'intéressé de régulariser sa situation dans un délai déterminé[409] ;

– édicter des mesures conservatoires et suspendre le fonctionnement des installations et ouvrages ou la poursuite des travaux, opérations ou activités.

I. – Voies de recours

552. - La visite sans autorisation judiciaire ne peut faire l'objet de recours autonome ? Les constations relative à sa validité pouvant néanmoins être soulevées lors de l'examen au fond du dossier par la juridiction compétente. L'ordonnance du juge

(406) C. envir., art. L. 172-3.

(407) Au moment de l'édition de cet ouvrage, le projet de texte était en cours d'examen par l'Assemblée nationale et le Sénat. Il avait été voté en première lecture avant que l'Assemblée nationale ne soit dissoute au mois de juin 2024.

(408) C. envir., art. L. 514-5.

(409) Attention, ce n'est pas l'inspecteur de l'environnement qui est compétent pour adresser directement une mise en demeure à l'exploitant (CE, 28 oct. 1983, n° 19885, *SA Ets Motelet*), seul le préfet de département a ce pouvoir.

des libertés et de la détention autorisant la visite peut faire l'objet d'un appel devant le premier président de la cour d'appel dans un délai de quinze jours à compter de sa notification. Cet appel n'est pas suspensif.

Le premier président de la cour d'appel connaît également des recours contre le déroulement des opérations de visite autorisées par le juge des libertés et de la détention, formés dans un délai de quinze jours à compter de la visite.

Les décisions du premier président de la cour d'appel peuvent faire l'objet d'un pourvoi en cassation dans un délai de quinze jours.

Pour en savoir plus :

• Articles L. 170-1 à L. 173-13 du Code de l'environnement : www.legifrance.fr

• www.developpement-durable.gouv.fr

FICHE PRATIQUE 27 LE DÉFENSEUR DES DROITS

A. – Généralités

553. – Textes applicables. Article 22 de la loi organique n° 2011-333 du 29 mars 2011 relative au Défenseur des droits.

554. – Pourquoi ? Réunir des renseignements qui permettront au Défenseur des droits d'apprécier si les faits qui lui sont dénoncés appellent une intervention de sa part ou du parquet[410].

555. – Qui se présente ? Le Défenseur des droits et/ou les agents et délégués placés sous son autorité, spécialement habilités par le procureur général de la cour d'appel compétente.

556. – Quand ? Lorsque les vérifications sur place sont autorisées par une ordonnance, celle-ci mentionne les heures auxquelles les agents habilités à procéder aux opérations sont autorisés à se présenter. Il s'agit généralement des heures d'ouverture professionnelles.

→ Conseils pratiques

• Noter l'identité et la qualité des agents et délégués, et l'heure de leur arrivée.

• Vérifier qu'ils sont bien habilités à effectuer les vérifications.

• Demander les motifs de leur visite et le titre les autorisant à pénétrer dans les locaux de l'entreprise.

• En l'absence d'ordonnance rendue par le juge des libertés et de la détention, le Défenseur des droits et/ou ses agents et délégués sont habilités à solliciter des informations, mais ne peuvent pas pénétrer dans les locaux de la société sans l'assentiment de la société. Ils sont tenus de vous informer de votre droit d'opposition au contrôle au plus tard à leur arrivée sur les lieux.

• Prévenir immédiatement le cabinet d'avocats.

B. – Qui doit être présent ?

557. – La vérification sur place dans les locaux doit avoir lieu en présence de l'occupant des lieux ou de son représentant, ou à défaut, de deux témoins qui ne sont pas placés sous l'autorité des personnes chargées de procéder au contrôle[411].

C. – Refuser le contrôle ?

558. – Selon le cas :

1° si le Défenseur des droits et/ou ses agents et délégués font état d'une **autorisation spéciale** du juge des libertés et de la détention, il n'est pas possible de s'opposer à la vérification sur place dans les locaux. Dans cette situation, le contrôle s'effectue sous l'autorité et le contrôle du juge des libertés et de la détention ;

2° si le Défenseur des droits et/ou ses agents et délégués ne sont pas munis d'une autorisation spéciale du juge des libertés et de la détention, ceux-ci doivent recueillir l'assenti-

(410) Aux termes de l'article 71.1 de la Constitution, le Défenseur des droits veille au respect des droits et libertés et à la promotion de l'égalité. Entrent dans le champ de ses missions la protection des droits des usagers des services publics, la défense des droits de l'enfant, la lutte contre les discriminations et la déontologie de la sécurité.

(411) Article 22 de la loi organique n° 2011-333 du 29 mars 2011 relative au Défenseur des droits.

ment du responsable des locaux pour pouvoir procéder au contrôle. Le représentant des lieux peut donc s'y opposer et ce droit d'opposition doit lui être rappelé par les agents .

→ Conseils pratiques

• Il est possible de refuser le contrôle en l'absence d'ordonnance du juge des libertés et de la détention.

• Toutefois, ce refus peut conduire le Défenseur des droits et/ou ses agents et délégués à solliciter une autorisation du juge des libertés et de la détention qui leur permettra de revenir ultérieurement pour effectuer le contrôle sans devoir obtenir votre accord. Une telle décision doit donc être prise avec la direction juridique et les conseils de l'entreprise.

D. – Peut-on être assisté d'un avocat ?

559. – Il est possible de se faire assister par un avocat lors de la visite .

E. – Pouvoirs du Défenseur des droits et de ses agents et délégués

560. – Le Défenseur des droits et ses agents et délégués peuvent :

1° **recueillir des pièces et documents**. Les personnes mises en cause doivent, sur demande du Défenseur des droits, lui communiquer toutes les pièces utiles à l'exercice de sa mission. En cas de refus de la personne sollicitée, le Défenseur des droits peut la mettre en demeure de répondre et en cas d'échec peut saisir le juge des référés aux fins d'ordonner toute mesure lui paraissant utile ;

→ Conseil pratique

• Si possible, prendre copie de tous les documents remis, même si la société dispose déjà d'une copie par ailleurs.

2° **demander des explications** leur permettant de faciliter l'accomplissement de leur mission. Toute personne dont le concours paraît utile est tenue de répondre aux agents ;

→ Conseils pratiques

• Garder son calme et rester courtois.

• Accompagner le Défenseur des droits et/ou ses agents et délégués lorsqu'ils se déplacent dans les locaux. Ne pas les laisser seuls.

• Prendre des notes au cours du contrôle : noter le déroulement des opérations, sans commentaire personnel.

• Ne détruire ou dissimuler aucun document.

• Ne pas contacter de tiers extérieur à la société (sauf l'avocat) pour l'informer du contrôle en cours.

3° **procéder à l'audition des agents et préposés de la personne mise en cause.** Ceux-ci sont tenus de donner suite aux demandes d'explication et de déférer aux convocations. En cas d'audition, la personne concernée peut être assistée d'un avocat. Un procès-verbal d'audition est établi et remis à la personne.

→ Conseils pratiques

• Ne pas tenter de répondre aux questions auxquelles on n'a pas la réponse.

• Fournir des réponses factuelles et synthétiques, sans donner d'avis personnel.

• Relire attentivement le procès-verbal et faire les observations ou réserves que vous pourrez juger légitimes et nécessaires. En cas de difficulté ayant pu avoir lieu lors de la visite, le faire mentionner au PV sous forme de réserve. Ces réserves peuvent être ajoutées par les enquêteurs au PV ou faire l'objet d'une note à part pouvant être annexée au PV à la demande de l'entreprise. Si vous rencontrez des difficultés lors de l'établissement des réserves, ne pas hésiter à écrire au procureur pour acter les difficultés rencontrées.

F. – Limites des pouvoirs des enquêteurs

561. – Le Défenseur des droits et/ou ses agents et délégués ne peuvent pas :

– imposer le contrôle sans autorisation du juge des libertés et de la détention ;

– consulter ou emporter les correspondances entre une société et ses avocats, car elles sont confidentielles ;

– avoir accès aux informations couvertes par le secret-défense.

NB : Le projet de texte[412] prévoyant une protection des avis juridiques des juristes d'entreprise ne connaît de restriction qu'en matière pénale et fiscale. La protection, si le texte entre un jour en vigueur, aura donc vocation à s'appliquer ici.

→ Conseils pratiques

• Le Défenseur des droits et/ou ses agents et délégués ne peuvent ni prendre connaissance, ni saisir les informations couvertes par le secret professionnel des avocats.

• En particulier, ils ne peuvent saisir l'intégralité d'un classeur ou d'une boîte e-mail sans s'assurer que les éventuelles correspondances avocats/clients pouvant y être contenues en ont été extraites.

• Il est donc possible de s'opposer à toute saisie de documents massive réalisée sans distinction si la société estime que des correspondances couvertes par la confidentialité avocat/client y sont incluses.

(412) Au moment de l'édition de cet ouvrage, le projet de texte était en cours d'examen par l'Assemblée nationale et le Sénat. Il avait été voté en première lecture avant que l'Assemblée nationale ne soit dissoute au mois de juin 2024.

G. – À l'issue du contrôle

562. – Les missions de contrôle sur place font l'objet d'un procès-verbal qui :

– énonce la nature, le jour, l'heure et le lieu des vérifications ou des contrôles effectués ;

– indique l'objet de la mission, les membres de celle-ci présents, les personnes rencontrées, le cas échéant, leurs déclarations, les demandes effectuées et les éventuelles difficultés rencontrées ;

– énonce l'inventaire des pièces et documents dont les personnes chargées du contrôle ont pris copie (annexé au procès-verbal) ;

– est signé par les personnes chargées du contrôle, ainsi que par le responsable des lieux ou par toute personne désignée par celui-ci.

→ Conseils pratiques

• Relire attentivement et intégralement le procès-verbal et le faire relire par l'avocat si celui-ci est présent.

• Vérifier attentivement que le PV décrit correctement la perquisition : si ce n'est pas le cas, vous pouvez proposer les modifications qui vous semblent nécessaires et légitimes, ou faire des réserves. Ces réserves peuvent être ajoutées par les enquêteurs au PV ou faire l'objet d'une note à part pouvant être annexée au PV à la demande de l'entreprise. En dernier ressort, il est possible de refuser de signer le PV[413].

• En cas de difficulté ayant pu avoir lieu lors du contrôle, notamment en ce qui concerne le respect du secret professionnel et les droits de la défense, le faire mentionner au PV sous forme de réserve.

Pour en savoir plus :

• Le site du défenseur des droits : www.defenseurdesdroits.fr/

(413) Mention du refus est faite sur le PV.

CHAPITRE 3 MESURES D'INSTRUCTION CIVILES ET COMMERCIALES

FICHE PRATIQUE 28 VISITES D'UN COMMISSAIRE DE JUSTICE SANS AUTORISATION DU JUGE

A. – Qui se présente ?

563. - Un commissaire de justice de justice.

B. – Pourquoi ?

564. - Quatre raisons possibles :

1° Signification d'un acte (cas le plus fréquent)

565. - Pour porter officiellement à la connaissance de l'entreprise un acte, par exemple une assignation, un jugement ou encore une cession de créances.

→ Conseils pratiques

• La signification peut faire courir des délais ou informe officiellement d'une date importante.

• S'assurer que les personnes en charge de l'accueil/sécurité/courrier n'acceptent pas de recevoir des actes sans qu'une personne de la direction juridique ou direction générale ait été préalablement avisée.

• On peut refuser un acte qui n'est pas destiné à son entreprise, ou en cas d'erreur sur l'adresse indiquée.

• Dans les autres cas, il peut être risqué de s'opposer à la remise de l'acte qui sera alors déposé en mairie et réputé avoir été valablement remis.

• Sauf cas particulier, prendre l'acte signifié en accusant réception au commissaire de justice (signature sur le procès-verbal).

2° Sommation de payer/de faire/de ne pas faire

566. - Pour mettre officiellement l'entreprise en demeure de payer une somme d'argent, de restituer des marchandises ou de cesser de faire usage d'une marque protégée.

3° Sommation interpellative

567. – Pour recueillir/tenter de recueillir des déclarations.

La sommation interpellative consiste, pour une partie, à **faire poser une ou plusieurs questions** par un commissaire de justice, afin de faire recueillir par cet officier ministériel, en prévision ou dans le cadre d'un contentieux, une déclaration spontanée de son adversaire valant reconnaissance d'un fait ou d'un droit.

Ce moyen de preuve peut se révéler très efficace, en raison de l'effet de surprise et de l'« autorité » attachée aux constatations du commissaire de justice.

Il est toutefois toujours possible de refuser de répondre aux questions, ou de préciser qu'on y répondra ultérieurement.

Sans autorisation du juge, le commissaire de justice ne pourra pas pénétrer dans l'entreprise, ni interroger qui bon lui semble. En pratique, son interlocuteur sera l'hôtesse d'accueil ou toute personne qui se présente spontanément à lui.

→ Conseils pratiques

- Éviter de répondre, sauf si vous vous sentez particulièrement à l'aise sur le sujet concerné.
- Si les circonstances font qu'il est difficile de ne pas répondre, dire au commissaire de justice qu'il sera répondu ultérieurement par écrit à ses questions par les personnes les plus à même de répondre (dans un délai de quinze jours par exemple).
- Prévenir immédiatement le cabinet d'avocats.

4° Constat

568. – Un commissaire de justice ne peut pas pénétrer dans une entreprise, une usine ou un magasin sans y avoir préalablement été autorisé par un juge (se reporter dans ce cas *infra*, Fiche pratique 29).

Il est donc toujours possible de refuser l'accès à vos locaux par le commissaire de justice.

Un constat non autorisé ne pourra être effectué que depuis la voie publique.

FICHE PRATIQUE 29

VISITES D'UN COMMISSAIRE DE JUSTICE AUTORISÉES PAR LE JUGE[1]

A. – Généralités

1° Pourquoi ?

569. – La visite consiste, pour une partie, à conserver ou établir contre son futur adversaire judiciaire la preuve d'agissements ou de faits en prévision d'un contentieux (par ex. : concurrence déloyale, inexécution contractuelle délibérée ou fautive, etc.).

C'est ce qu'on appelle une « mesure d'instruction *in futurum* » de l'article 145 du Code de procédure civile.

2° Qui se présente ?

570. – Dans le cadre d'une visite autorisée par un juge sur le fondement de l'article 145 du Code de procédure civile, l'ordonnance prévoit que celle-ci sera diligentée par :

- un commissaire de justice ;
- et/ou un technicien (expert-comptable, expert informatique, etc.) ;
- assisté(s) éventuellement par la force publique.

3° Quand ?

571. – La mesure ne peut débuter qu'après 6 heures et avant 21 heures. Dans la pratique, elle est effectuée pendant les heures de bureau.

4° Comment ?

572. – En prévision d'un litige, une personne peut, en toute discrétion[2], demander au juge de rendre une ordonnance par laquelle une « mesure d'instruction » sera ordonnée, afin « de conserver ou d'établir avant tout procès la preuve de faits dont pourrait dépendre la solution [du] litige »[3].

5° Pour faire quoi ?

573. – La mesure d'instruction est en principe spécifique et en adéquation avec le but poursuivi, lequel doit être « légitime ».

574. – La mission du commissaire de justice et ses pouvoirs sont définis par le juge[4] dans l'ordonnance qu'il a rendue. Elle peut consister notamment à :

– procéder à des opérations de constat (accompagnées de prise de photographies) ;

– recueillir des dépositions (les personnes concernées sont généralement visées dans l'ordonnance) ;

(1) La fiche a été établie avec la contribution de Thibaud d'Alès, avocat associé chez Clifford Chance.

(2) Cette discrétion est assurée par le recours à une procédure sur requête, qui permet au requérant de ne pas prévenir son adversaire.

(3) Dans la pratique l'ordonnance signée du juge est pré-rédigée par le demandeur lui-même.

(4) Les juges qui rendent ce type d'ordonnance sur requête, c'est-à-dire en ne connaissant que la version d'une des parties, sont généralement prudents et veillent à ne pas être « instrumentalisés » par une partie qui souhaiterait par exemple obtenir des informations confidentielles sur l'un de ses concurrents.

– obtenir la remise de documents, à condition d'identifier clairement les pièces demandées (par ex. : le registre d'entrée et de sortie du personnel, le fichier clients, un contrat déterminé, des correspondances en rapport avec l'exécution dudit contrat)[5] ;

– consulter les documents remis et en prendre des copies (photocopies ou copies sur tout support informatique).

B. – Refuser la visite ?

575. – En principe, l'ordonnance doit être exécutée et la contestation ne peut intervenir qu'après coup. Cependant, le commissaire de justice ne dispose pas de moyens de coercition pour obtenir des documents ou des informations.

On peut donc, en pratique, s'opposer à la mesure.

Toutefois, le commissaire de justice peut être accompagné de la force publique pour procéder à l'exécution forcée de la mesure, et dans ce cas, il est difficile de s'y opposer bien que le statut juridique de cette contrainte soit incertain[6].

C. – Comment réagir ?

576. – Le commissaire de justice doit présenter l'ordonnance l'autorisant à effectuer la mesure (V. *supra*, n°s 42 et s.) ainsi que la requête ayant donné lieu à cette ordonnance.

→ Conseils pratiques

• Lire attentivement l'ordonnance afin d'identifier le juge ayant autorisé la mesure et les actes que le commissaire de justice est autorisé à effectuer.

• Demander la possibilité de conserver une copie de l'ordonnance.

• Demander au commissaire de justice d'attendre l'arrivée du responsable concerné par la mesure d'instruction.

• Prévenir immédiatement le cabinet d'avocats[7].

577. – Il n'existe aucune obligation de coopérer à la mesure. Afin de décider de coopérer ou non, il convient d'essayer d'apprécier rapidement, avec l'avocat, la régularité des conditions de l'intervention et les conséquences qui pourraient résulter d'un défaut de coopération.

→ Conseils pratiques

• Identifier si les faits donnant lieu à la mesure ne font pas déjà l'objet d'un contentieux : un procès ne doit pas avoir été déjà engagé (car l'ordonnance serait alors irrégulière).

• Identifier aussi les risques que présente l'exécution de la mesure quant à votre position dans le cadre du litige envisagé par le requérant.

• Vérifier que le juge ayant ordonné la mesure est bien le président de la juridiction qui aura à connaître ultérieurement du litige.

(5) Car la mesure ordonnée ne peut permettre qu'il soit procédé à une perquisition générale.

(6) Il convient en tout état de cause de garder à l'esprit que, en cas de difficulté dans le déroulé de la mesure, le commissaire de justice en réfère au juge l'ayant ordonnée.

(7) Mais la visite peut débuter avant l'arrivée de l'avocat.

• Vérifier que le motif justifiant la mesure d'instruction est légitime et que la mesure elle-même est « légalement admissible ». Par exemple, elle ne doit pas porter atteinte à l'intimité de la vie privée ou entraîner une violation du secret professionnel. Cependant, le secret des affaires ne constitue pas en lui-même un obstacle, dès lors que le juge constate que les mesures qu'il ordonne procèdent d'un motif légitime et sont nécessaires à la protection des droits de la partie qui les a sollicitées.

578. - Il est essentiel d'évaluer les conséquences d'un refus de coopération, car le tribunal ultérieurement saisi pourra tirer toute conséquence du défaut de communication des pièces ou informations demandées à l'entreprise.

579. - Si vous acceptez la mesure :

→ Conseils pratiques

• Prévenir l'avocat et faire patienter le commissaire de justice jusqu'à son arrivée.

• Lire attentivement l'ordonnance pour vous assurer tout au long de la visite que le commissaire de justice en respecte scrupuleusement les contours.

• S'opposer à toute mesure d'instruction qui ne serait pas prévue par l'ordonnance.

• S'opposer à la présence de personnes non autorisées par l'ordonnance, en particulier tout représentant du demandeur.

• Prendre des notes au cours de la visite : noter le déroulement des opérations.

• Accompagner le commissaire de justice partout.

• Ne pas tenter de répondre aux questions dont on n'a pas la réponse.

• Fournir des réponses factuelles et synthétiques, sans donner d'avis personnel.

• Ne pas confirmer ou nier les hypothèses émises par le commissaire de justice.

• Fournir uniquement les documents demandés : sauf indication contraire du commissaire de justice, remettre des copies plutôt que des originaux et fournir des versions papier plutôt que des versions électroniques.

• Conserver une liste précise des documents remis.

• Garder son calme et rester courtois.

Il n'y a pas de procès-verbal à signer.

D. - Peut-on être assisté d'un avocat ?

580. - Oui, la société peut prévenir son avocat et lui demander de se rendre sur place. Le commissaire de justice ne peut s'opposer à sa présence.

E. – Limites des pouvoirs du commissaire de justice

581. – Le commissaire de justice ne peut pas :

– outrepasser les mesures d'instruction spécifiées dans l'ordonnance ;

– fouiller les locaux de l'entreprise ;

– consulter ou emporter les correspondances entre la société et ses avocats, car elles sont confidentielles ;

– avoir accès[8] aux informations/zones classifiées « Secret-Défense »[9].

F. – Voies de recours

582. – Il est possible de demander la rétractation de l'ordonnance autorisant la mesure auprès du juge l'ayant rendue. Cette procédure prend la forme d'un référé. La décision rendue peut faire l'objet d'un appel.

583. – Dans l'intervalle, les éléments saisis par le commissaire de justice sont, dans la plupart des cas, dans un premier temps, placés sous séquestre et non pas directement remis à la partie adverse.

(8) Sauf nécessité et autorisation de l'autorité ayant procédé à la classification.
(9) Tout niveau : « Très Secret-Défense », « Secret-Défense » ou « Confidentiel-Défense ».

FICHE PRATIQUE 30 SAISIE-CONTREFAÇON

A. - Généralités

584. - **Pourquoi ?** Pour prouver la violation de droits de propriété intellectuelle[10].

585. - **Qui se présente ?** Les différentes personnes intervenant dans cette visite sont :

- un commissaire de justice[11] qui se présente à l'entreprise pour opérer la visite. Il se présente, muni de l'ordonnance du président du tribunal judiciaire qui a autorisé la saisie à la requête d'un tiers. Il remet à l'entreprise une copie de l'ordonnance, ainsi qu'une copie de la requête aux fins de saisie-contrefaçon ;
- éventuellement assisté par la force publique, de salariés du demandeur à la saisie, d'experts, de photographes, de serruriers, etc., si l'ordonnance ayant autorisé la saisie le prévoit.

586. - **Quand ?** La saisie doit commencer après 6 heures et avant 21 heures et peut durer plusieurs jours si nécessaire[12].

587. - **Où ?** Dans les lieux visés par l'ordonnance, par exemple tous les locaux de l'entreprise.

→ Conseils pratiques

• Prévenir immédiatement le responsable de la propriété intellectuelle ou la direction générale et le cabinet d'avocats.

• Demander au commissaire de justice d'attendre l'arrivée du responsable concerné par la mesure d'instruction et de l'avocat[13].

• Lire attentivement les documents remis par le commissaire de justice afin d'identifier :

- les droits de propriété intellectuelle concernés ;
- si l'ordonnance autorise la présence d'autres personnes que le commissaire de justice, et dans ce cas, vérifier leur identité ;
- les actes visés dans l'ordonnance que le commissaire de justice est autorisé à effectuer[14].

• S'opposer à la présence de personnes non autorisées, en particulier tout représentant du demandeur.

• Noter l'identité du commissaire de justice et l'heure de son arrivée.

• Si vous souhaitez essayer d'éviter que le commissaire de justice visite les locaux[15], mettre un bureau à sa disposition et lui apporter les documents qu'il demande.

(10) Brevet, certificat d'utilité, certificat complémentaire de protection (CPI, art. L. 615-5), certificat d'obtention végétale (CPI, art. L. 613-27-1), produit semi-conducteur (CPI, art. L. 622-7), marque (CPI, art. L. 716-7), indication géographique (CPI, art. L. 722-4), dessin et modèle (CPI, art. L. 521-4), droits d'auteur (CPI, art. L. 332-1 et s.), logiciels (CPI, art. L. 332-4).

(11) En matière de droits d'auteur, la saisie peut être effectuée par un commissaire de police.

(12) CPC, art. 664.

(13) Le commissaire de justice n'est pas tenu d'attendre leur arrivée.

(14) Par ex. : visiter les lieux, poser des questions, prendre des copies de documents, de logiciels, faire fonctionner des équipements, des ordinateurs, acheter des échantillons, etc.

(15) Par ex. pour des raisons de sécurité, de confidentialité ou pour éviter de perturber le travail des employés.

B. – Qui doit être présent ?

588. – Le représentant de l'entreprise[16] peut être présent ou désigner un représentant de son choix pour assister à la saisie. Néanmoins, aucun texte n'impose que la saisie ait lieu en présence du saisi. Dans ce cas, il convient que le commissaire de justice soit accompagné de policiers ou de gendarmes lorsqu'il pénètre dans les lieux et opère ses perquisitions.

C. – Refuser la visite ?

589. – Si le commissaire de justice vient sans être accompagné de la force publique et d'un serrurier, il est théoriquement possible de s'opposer à la visite dès lors que rien ne permet au commissaire de justice de forcer l'entrée de l'entreprise. Ceci n'est toutefois pas recommandé, car 1) le juge tirera toute conséquence de ce refus et pourra même en déduire un aveu judiciaire de contrefaçon[17] et 2) le commissaire de justice pourrait revenir accompagné de policiers et d'un serrurier si, comme c'est souvent le cas, l'ordonnance le prévoit.

D. – Peut-on être assisté d'un avocat ?

590. – La présence de l'avocat n'est pas un droit expressément reconnu en matière pénale[18]. Toutefois, le commissaire de justice, s'il peut commencer ses opérations sans attendre l'avocat, ne peut refuser sa présence.

Il est recommandé de le prévenir immédiatement.

E. – Pouvoirs du commissaire de justice

591. – Le commissaire de justice peut :

1° demander des explications lui permettant de réaliser la saisie ;

2° rechercher lui-même des preuves de la contrefaçon dans les limites de sa mission et saisir tout document quel que soit son support (écrit, informatique, audio, etc.). Les pièces et objets saisis sont immédiatement inventoriés et placés sous scellés ;

3° le commissaire de justice peut poursuivre ses opérations pendant tout le temps nécessaire. Il peut ainsi ne pas clore ses opérations à la fin de la journée et, sans discontinuer, les reprendre le lendemain et même quelques jours plus tard pour terminer sa mission.

(16) Le représentant légalou toute personne bénéficiant d'une délégation de pouvoir à cet effet.

(17) CA Paris, 10 juin 1982 : *PIBD* 1982, III, 2015.

(18) Néanmoins, dans un arrêt récent du 5 mars 2024, la Chambre criminelle a précisé que le fait qu'un droit ne soit pas explicitement prévu par le code de procédure pénale ne permet pas pour autant de l'exclure. Cette motivation pourrait permettre de consacrer implicitement la présence d'un avocat au cours d'une perquisition pénale (Cass, Crim, 5 mars 2024, n°23-80.229).

→ Conseils pratiques

• Garder son calme et rester courtois.

• Accompagner le commissaire de justice durant toute la saisie-contrefaçon et s'assurer, le cas échéant, qu'il observe les règles de sécurité.

• Prendre des notes au cours de la visite : noter le déroulement des opérations sans commentaire personnel, noter les documents recueillis par le commissaire de justice.

• Ne détruire ou dissimuler aucun document.

• Si possible, prendre copie de tous les documents saisis, même si la société dispose déjà d'une copie par ailleurs.

• Ne pas tenter de répondre aux questions auxquelles on n'a pas la réponse.

• Fournir des réponses factuelles et synthétiques, sans donner d'avis personnel.

• Fournir uniquement les documents ou produits demandés ; sauf indication contraire du commissaire de justice, remettre des copies plutôt que des originaux, et dans la mesure du possible, fournir plutôt des versions papier que des versions électroniques.

• Conserver une liste précise des documents et produits remis au commissaire de justice.

F. – Limite des pouvoirs du commissaire de justice

592. – Le commissaire de justice ne peut pas :

1° réaliser des actes qui ne sont pas expressément autorisés par l'ordonnance et strictement nécessaires pour établir la contrefaçon alléguée ;

2° consulter ou emporter les correspondances entre une société et ses avocats, car elles sont confidentielles ;

3° avoir accès[19] aux informations/zones classifiées « Secret-Défense »[20] ;

4° le commissaire de justice ne doit pas transformer la saisie-contrefaçon en enquête : le commissaire de justice ne peut pas poser des questions qui ne sont pas nécessaires à l'accomplissement de sa mission[21] ;

5° le commissaire de justice ne peut pas apporter une pièce étrangère à la saisie à moins d'y avoir expressément été autorisé par le juge dans son ordonnance ;

6° le commissaire de justice ne peut refuser de retranscrire les contestations émises lors de la saisie.

(19) Sauf nécessité et autorisation de l'autorité ayant procédé à la classification.
(20) Tout niveau : « Très Secret-Défense », « Secret-Défense » ou « Confidentiel-Défense ».
(21) Cass. com., 12 févr. 2013, n° 11-26.361.

→ Conseils pratiques

• Si les opérations effectuées sont hors autorisation et/ou sans rapport avec la contrefaçon alléguée, émettre des réserves ou tenter de s'y opposer[22].

• Concernant les documents couverts par la confidentialité des correspondances entre la société et ses avocats, le commissaire de justice ne peut ni en prendre connaissance, ni les saisir.

• Si le déroulement de la saisie perturbe, voire empêche le travail ou si les informations et documents demandés sont confidentiels[23], émettre des réserves et observations afin que le commissaire de justice en prenne note dans le procès-verbal (PV) de saisie.

G. – À l'issue de la saisie

593. – Le commissaire de justice dresse un procès-verbal (PV) qui :

– relate les constatations effectuées, ainsi que les déclarations spontanées ;

– est accompagné d'un inventaire des pièces saisies ;

– est signé par le commissaire de justice, le cas échéant les personnes qui l'assistent ;

– le procès-verbal est généralement notifié sur place par le commissaire de justice à la personne faisant l'objet de la saisie. Un accusé réception (formulaire intitulé « Modalité de remise de l'acte ») est, dans ce cas, signé par celle-ci.

→ Conseils pratiques

• Relire attentivement et intégralement le procès-verbal et le faire relire par l'avocat si celui-ci est présent.

• Vérifier attentivement que le PV décrit correctement les opérations effectuées : lieux visités, questions posées, réponses données, documents et produits saisis, déclarations de l'entreprise (notamment sur la perturbation du travail), réserves relatives à la saisie de documents inutiles et/ou confidentiels[24].

• Si le PV ne décrit pas correctement la manière dont les opérations se sont déroulées, vous pouvez faire part de vos observations/réserves au commissaire de justice qui devra les intégrer à son PV.

• En cas de difficulté ayant pu avoir lieu lors de la visite, notamment en ce qui concerne le respect du secret professionnel et les droits de la défense, le faire également mentionner au PV sous forme de réserve.

(22) Si le commissaire de justice insiste, il est préférable de répondre en s'assurant qu'il a noté la réserve. Le cas échéant, proposer de masquer des parties de documents.

(23) La confidentialité ne permet pas de refuser de répondre à l'exception du secret-défense et des correspondances entre la société et le cabinet d'avocats.

(24) Si nécessaire, refaire une déclaration aussi précise que possible en fin de saisie.

H. – Voies de recours

594. – **Recours en rétractation ou en modification d'ordonnance[25].** Afin de solliciter des mesures nécessaires à la protection des secrets industriels et commerciaux, afin de faire rétracter une ordonnance ayant autorisé une saisie-contrefaçon alors que les conditions d'autorisation n'étaient pas remplies, afin de solliciter la suppression de l'ordonnance des dispositions qui s'avéreraient excessives, etc. La demande en rétractation ou en modification de l'ordonnance doit être soumise au juge qui a statué sur la requête.

595. – **Demande de nullité de l'ordonnance et/ou du procès-verbal de saisie-contrefaçon.** C'est une défense au fond, le tribunal saisi de l'assignation statuera sur la nullité de ces actes s'ils ont été contestés lors de la procédure au fond.

(25) CPC, art. 496, al. 2 et art. 497.

Index alphabétique

(Les chiffres renvoient aux numéros des paragraphes)

F

G

H

I

J

L

M

N

O

P

R

S

T

U

V

Table des matières

TROISIÈME PARTIE

TOUS LES CAS DE VISITES (FICHES THÉMATIQUES)

Photocomposition et impression
dans les ateliers d'Evoluprint - Groupe Sprint
31150 Bruguières